BASA와 함께하는
수학능력 증진 개별화 프로그램

수학나침반

❷-❷ 수학 연산편

| 김동일 저 |

학지사

머리말

우리 학교 현장에서는 난독증, 학습부진 및 학습장애뿐만 아니라 다양한 문화 · 경제 · 언어 특성과 같은 요인들로 인하여 학습에 어려움을 겪는 교육사각지대 학생들이 여전히 존재하고 있습니다. 이에 따라 학습에 어려움을 보이는 학습자들을 정확하게 진단하고, 적절한 교육적 지원의 필요성이 대두됩니다.

많은 교사와 상담자가 노력하고 있지만, 모든 학습자의 개별적인 수행 수준에 맞추어 탄력적으로 수업을 진행하기는 어려운 것이 현실이며, 개별 학습자에게 가장 효과적인 교수 방법을 찾는 일 또한 이상적으로 여겨집니다. 이에 BASA와 함께하는『수학 나침반』시리즈는 초기수학부터 연산과 문장제와 같이 수학 영역에서 심각한 어려움을 겪는 학습자들의 현재 수행 수준과 발달 패턴을 살펴보면서 개별화 교육이 가능하도록 연구 작업을 통하여 개발되고 수정되었습니다. 이 시리즈는 기초학습기능 수행평가체제(Basic Academic Skills Assessment: BASA)에 맞추어 각각 초기수학, 수학 연산, 수학 문장제 검사의 결과에 따라 추가적인 중재가 필요한 학습자에 초점을 맞추고 있습니다.

『수학 나침반』시리즈는 찬찬히 꼼꼼하게 공부하는 학습자를 먼저 생각하여 교과서 및 다양한 학습자료를 기반으로 개별화 학습이 가능하도록 하였습니다. 학습자가 의미 있는 증거기반 중재 탐색의 기회에 지속적으로 참여하면서 자신의 눈높이에서 배우고 즐기기를 진심으로 기대합니다.

이 책을 내놓기까지 매우 많은 분의 도움이 있었습니다. 한국연구재단의 SSK 연구를 기반으로 경기도 난독증 우수 중재프로그램과 시흥시 새라배움 프로젝트를 통하여 직접 현장에서 개별화 교육프로그램을 운영해 온 서울대학교 특수교육연구소 연구원들과 정성 어린 손길로 책을 만들어 준 학지사 임직원 여러분께 진심으로 고마운 마음을 전합니다. 특히 교육 프로그램에 참여하여 우리에게 귀한 배움의 기회를 제공해 준 여러 현장 교사와 상담자를 기억하고자 합니다.

2020년 7월

서울대학교 교육종합연구원 특수교육연구소(SNU SERI) 소장

오름 김동일

일러두기

1. 수학 연산이란

초등학교 수학 교육과정 '수와 연산' 영역에서는 자연수, 분수, 소수의 개념과 사칙연산을 다루고 있습니다. 수는 수학에서 다루는 가장 기본적인 개념으로 실생활뿐만 아니라 타 교과나 도형, 측정, 규칙성 등 수학의 다양한 영역을 학습하는 데 필수적입니다. 또한 사칙계산인 덧셈, 뺄셈, 곱셈, 나눗셈은 수학 학습에서 습득해야 할 가장 기본적인 기능이며 이후 학습을 위한 기초가 됩니다(교육부, 2018). 이 워크북에서는 초등학교 3학년 수준의 자연수 사칙연산을 범위로 내용을 구성하였습니다.

2. 수학 연산 학습의 선행 요건

(1) 수 세기

아동은 초등학교에 입학하기 전부터 덧셈, 뺄셈, 곱셈, 나눗셈을 포함하는 문제를 해결하기 위해 수 세기를 사용합니다(Baroody & Standifer, 1993). 충분한 시간이 주어진다면 자연수를 다루는 문제는 수 세기를 통해서 풀 수 있을지도 모릅니다. 그러나 수 세기를 통해 문제를 풀 만큼 시간적 여유가 없는 경우가 많기에 보다 어려운 계산을 해낼 수 있는 방법과 효율적인 연산을 사용할 수 있어야 합니다. 한편, 수 세기는 아동이 연산을 다루는 초기 활동의 통합적인 면이 되는데 앞으로 세고, 거꾸로 세며, 2씩, 3씩, 여러 방법으로 세는 방법을 알아야 합니다. 또한 묶음과 배열을 비교하고 분석하면서 수 세기를 할 필요가 있습니다.

(2) 구체적인 경험

아동은 실생활에서 연산에 대해 이해를 발달시키기 위한 구체물을 다루어 볼 필요가 있습니다. 아동은 수학 기호를 자신이 겪었거나 볼 수 있는 경험과 관련시킴으로써 보다 쉽게 이해할 수 있을 것입니다. 사칙연산 구구를 의미 있는 상황 속에서 경험해 보지 못하면 의미 있게 배울 수 없습니다. 아동이 문제의 답이 맞는지 알고 싶을 때 조작물의 사용은 확신을 갖도록 도와줄 수 있습니다.

(3) 문제 상황

다른 수학 내용과 마찬가지로, 문제해결 상황이 도입 단계뿐만 아니라 숙달을 위한 연습 이전까지 계속 사용되어야 합니다. 결국 수학은 우리 생활에 적용되는 하나의 도구이기 때문입니다.

(4) 언어적 능력

아동은 수학에 대해 이야기로 표현하고 싶어 하며 의미를 발달시키는 경험을 언어로 나타내 보일 필요가 있습니다. 언어적 능력은 연산과 구구법에 대한 수업의 모든 초기 단계에서 그것을 습득하는 데 중요합니다. 종종 기호로의 전환이 너무 빨리 이루어지고 있으며 구체물의 사용이 너무 일찍 중단되고 있습니다. 구체물의 사용이 우선시되어야 하며, 기호의 사용과 병행되어야 합니다. 기호를 쓰는 일은 구체물이 충분히 다루어진 후 이루어져야 합니다.

3. 수학 연산의 효과적인 지도 방법

많은 연구자는 수학 학습에 어려움이 있는 학생들의 수학적 능력을 향상시키는 데 효과가 입증된 중재를 증거기반 중재(Evidence-Based Intervention: EBI)라 정의하고, 다양한 수학 중재의 특성과 결과 그리고 그 중재들의 효과 크기를 분석하여 증거기반 중재를 찾고자 하였습니다(김동일, 이대식, 신종호, 2016). 손승현 등(2011)에 따르면, 덧셈과 뺄셈, 곱셈과 나눗셈의 식과 답을 망설이지 않고 작성하는 능력은 사실적 지식에 해당하는 것으로, 이러한 수와 연산 영역에서 사실적 지식을 가르치는 데 효과성이 높은 중재는 직접교수, 놀이 활동, 또래교수로 나타났습니다. 간단한 연산 문제뿐 아니라 실제 상황에서 접할 수 있는 수학 문제를 해결하기 위한 지식은 절차적 지식으로, 이를 가르치는 데 효과적인 중재는 인지 · 메타인지 전략, 수학 문제 만들기 활동 그리고 도식기반 표상 전략으로 나타났습니다. 이 워크북은 이러한 효과적인 지도 방법들을 바탕으로 활동을 구성하였습니다.

 4. RTI 교수법

RTI(Response-to-Intervention, 중재반응모형)는 2001년부터 학습장애 판별을 위해 새롭게 적용된 모델입니다. 1수준은 정규 수업시간 모든 일반 아동을 대상으로 실시하는 대집단 교수(약 20~30명)도, 진전도를 점검하여 지속적인 어려움을 보이는 아동을 선별한 후, 2수준 교수를 받도록 합니다. 2수준은 소집단 교수(약 5~7명)로, 보다 집중적으로 교육받을 수 있는 환경과 교재가 제공됩니다. 2수준에서 충분한 교수를 받았음에도 여전히 진전이 없는 아동은 3수준 교수를 받도록 합니다. 3수준 교수는 일대일 교수를 제공하도록 권고되며, 아동의 수준에 맞게 개별적으로 설계된 강도 높은 중재를 제공합니다. 이 교재는 2수준 또는 3수준 교수가 필요한 아동을 대상으로 교사와 아동의 소집단 또는 일대일 수업을 진행하는 데 효과적으로 활용할 수 있도록 제작되었으며, 아동의 개별적인 특성과 수준에 맞는 학습을 계획하고 진행해 나갈 수 있도록 1단계 수, 2단계 덧셈과 뺄셈, 3단계 곱셈, 4단계 나눗셈으로 구성되어 있습니다.

 5. 수학 연산편 단계별 소개

1단계 수 (25차시)	2단계 덧셈과 뺄셈 (15차시)	3단계 곱셈 (21차시)	4단계 나눗셈 (12차시)
• 1~9까지 수와 0 알기 • 두 자리 수 알기 • 세 자리 수 알기 • 네 자리 수 알기	• 한 자리 수의 덧셈과 뺄셈 • 두 자리 수의 덧셈과 뺄셈 • 세 자리 수의 덧셈과 뺄셈	• 곱셈구구 • 두 자리 수와 한 자리 수의 곱셈 • 세 자리 수와 한 자리 수의 곱셈 • 두 자리 수와 두 자리 수의 곱셈	• 나눗셈식으로 나타내기 • 곱셈과 나눗셈의 관계 알기 • 두 자리 수와 한 자리 수의 나눗셈 • 나머지가 있는 나눗셈의 검산

〈참고문헌〉

교육부(2018). 교사용 지도서: 수학 3-1. 수학 3-2.

김동일, 이대식, 신종호(2016). DSM-5에 기반한 학습장애아동의 이해와 교육. 서울: 학지사.

손승현, 이주영, 문주영, 서유진(2011). 증거기반 중재 구축을 위한 초등수학 중재연구의 질 분석. 특수아동교육연구, 13(1), 291-321.

Baroody, A. J., & Standifer, D. J. (1993). Addition and subtraction in the primary grades. *Research ideas for the classroom: Early childhood mathematics*, 72-102.

교사 활용 팁

1. 수학 연산 편 활용 팁

하나, 워크북을 시작하기 전 '기초학습기능 수행평가체제(BASA) 수학'을 활용하여 현재 수행 수준을 평가하고, 기초선을 확인하여 앞으로의 학습목표를 설정합니다. 현재 수행 수준에 알맞은 단계를 선택하여 학습을 진행합니다. 단계를 순서대로 진행하거나 필요에 따라 동시에 여러 단계를 진행할 수도 있습니다.

둘, 워크북은 크게 매 차시 교사와 함께하는 활동과 스스로 하는 활동으로 나뉘어 구성되어 있습니다. 교사와 함께하는 활동에서는 아동의 학습 흥미를 유발하고 이해를 돕기 위해 다양한 교구를 활용할 수 있으며, 스스로 하는 활동에서는 교사와 함께 학습한 내용을 충분히 습득하였는지 확인하도록 합니다.

셋, 워크북에서는 매 차시 마무리 활동으로 놀이 활동을 제시하여 수학에 흥미를 느끼며 학습한 내용을 반복할 수 있는 기회를 제공합니다. 제시된 놀이 활동뿐만 아니라 각 단계 개관에 제시된 보드게임이나 학습용 애플리케이션을 활용하여 학습한 내용을 생활 속에서 반복적으로 익힐 수 있도록 합니다.

넷, 워크북에 제시된 내용은 초등학교 수학 교육과정(수학 교과서와 수학 익힘책)을 바탕으로 기본적인 내용을 중심으로 구성하였습니다. 보충이나 심화 학습을 하고자 한다면 교과서나 다른 자료를 활용할 수 있습니다.

다섯, 2~3주 간격으로 '기초학습기능 수행평가체제(BASA) 수학'을 활용하여 진전도를 확인합니다. 아동의 학습속도가 예상목표보다 느리거나 빠를 경우 학습목표나 학습방법을 수정할 수 있습니다.

2. 구성과 특징

이 워크북은 수, 덧셈과 뺄셈, 곱셈, 나눗셈의 4단계로 구성되어 있으며, 기본적인 자연수 연산이 확립되는 초등학교 3학년 수준까지의 연산을 다루고 있습니다. 단계별 각 차시는 직접 교수 모형을 토대로,

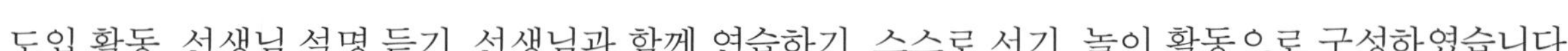

도입 활동, 선생님 설명 듣기, 선생님과 함께 연습하기, 스스로 서기, 놀이 활동으로 구성하였습니다.

도입 활동

생활 속에서 연산과 관련한 문제 상황을 제시하여 수학의 가치와 필요성을 인식하고 흥미를 유발하고자 하였습니다. 그리고 학습자 스스로 해결 방법에 대해 생각해 보도록 하는 기회를 제공하며, 어림셈 등의 수 감각을 익히는 활동을 제시하였습니다. 수업 시작 시 도입 활동을 하기에 앞서 지난 시간에 배운 내용을 복습하고 시작하도록 합니다.

선생님 설명 듣기

교사가 직접적으로 실물이나 구체적인 모형을 사용하여 수학적 개념이나 연산 방법을 시범해 보이고 제시합니다. 이와 함께 학생이 개념이나 알고리즘을 기계적으로 받아들이도록 하는 것이 아니라, 수의 감각을 발달시킬 수 있도록 연결큐브나 베이스텐과 같은 수 모형을 학생이 직접 조작해 보는 경험을 반복적으로 한 후에 설명을 제시하는 것이 좋습니다.

선생님과 함께 연습하기

교사의 주도적 설명 이후, 학생이 학습과정에 점차적으로 주도권을 가지고 참여하도록 합니다. 학생은 교사의 안내하에 수학적 개념이나 기능을 연습합니다. 교사는 학생의 반응을 살피며 질문, 피드백 등을 제공하면서 학습내용을 정확하게 습득할 수 있도록 돕습니다.

스스로 서기

스스로 서기는 선생님과 함께 연습하기 활동을 통해서 학습한 내용을 복습할 수 있는 기본적인 문제로 구성하였습니다. 매 차시 학습내용에 대한 형성평가로서, 학습목표 달성 여부를 파악합니다. 평가 결과, 정답률이 80%에 미치지 못한다면 재학습의 기회가 제공되어야 합니다.

놀이 활동

매 차시 마지막 부분에 제시된 놀이 활동을 통해서 학습내용을 혼자 또는 짝과 함께 즐겁게 연습하며 다질 수 있도록 하였습니다. 놀이 활동을 위해서는 색연필, 주사위, 계산기 등의 준비물이 필요합니다.

차례

단계 04 나눗셈

단계 03

곱셈

1. 개관

일상생활에서는 배열이나 묶음과 같이 같은 수가 반복되는 곱셈 상황의 문제를 많이 발견할 수 있다. 초기 수학에서 구체물 조작을 통하여 동수 누가, 뛰어 세기, 묶어 세기의 개념에 관련된 곱셈의 기초 활동을 하였다. 이 단계에서는 곱셈구구와 (두 자리 수) × (한 자리 수), (두 자리 수) × (두 자리 수), (세 자리 수) × (한 자리 수)를 배우게 된다. 이 단계를 지도할 때는 학생들이 곱셈의 계산 원리와 방법을 익히는 데 중점을 두며, 교사는 학생이 보이는 오류 유형에 따라 알맞은 지도 방법을 익히는 데 중점을 둔다.

2. 차시 구성

차시	차시명	학습목표
1	2의 단 곱셈구구를 알아볼까요?	곱셈의 필요성을 알 수 있다. 2의 단 곱셈구구의 구성원리를 알고 곱셈구구를 완성할 수 있다.
2	5의 단 곱셈구구를 알아볼까요?	5의 단 곱셈구구의 구성원리를 알고 곱셈구구를 완성할 수 있다.
3	3의 단 곱셈구구를 알아볼까요?	3의 단 곱셈구구의 구성원리를 알고 곱셈구구를 완성할 수 있다.
4	6의 단 곱셈구구를 알아볼까요?	6의 단 곱셈구구의 구성원리를 알고 곱셈구구를 완성할 수 있다.
5	4의 단 곱셈구구를 알아볼까요?	4의 단 곱셈구구의 구성원리를 알고 곱셈구구를 완성할 수 있다.
6	8의 단 곱셈구구를 알아볼까요?	8의 단 곱셈구구의 구성원리를 알고 곱셈구구를 완성할 수 있다.
7	7의 단 곱셈구구를 알아볼까요?	7의 단 곱셈구구의 구성원리를 알고 곱셈구구를 완성할 수 있다.
8	9의 단 곱셈구구를 알아볼까요?	9의 단 곱셈구구의 구성원리를 알고 곱셈구구를 완성할 수 있다.
9	1의 단 곱셈구구와 0의 곱을 알아볼까요?	1의 단 곱셈구구와 0의 곱의 원리를 알고 곱셈구구를 완성할 수 있다.
10	(몇십)×(몇)을 구해 볼까요?	(몇십)×(몇)의 계산 원리와 계산 형식을 이해하고 계산할 수 있다.
11	(몇십몇)×(몇)을 구해 볼까요?(1)	올림이 없는 (몇십몇)×(몇)의 계산 원리와 계산 형식을 이해하고 계산할 수 있다.
12	(몇십몇)×(몇)을 구해 볼까요?(2)	십의 자리에서 올림이 있는 (몇십몇)×(몇)의 계산 원리와 계산 형식을 이해하고 계산할 수 있다.
13	(몇십몇)×(몇)을 구해 볼까요?(3)	일의 자리에서 올림이 있는 (몇십몇)×(몇)의 계산 원리와 계산 형식을 이해하고 계산할 수 있다.

14	(몇십몇)×(몇)을 구해 볼까요?(4)	십의 자리와 일의 자리에서 올림이 있는 (몇십몇)×(몇)의 계산 원리와 계산 형식을 이해하고 계산할 수 있다.
15	(세 자리 수)×(한 자리 수)(1)	올림이 없는 (세 자리 수)×(한 자리 수)의 계산 원리와 계산 형식을 이해하고 계산할 수 있다.
16	(세 자리 수)×(한 자리 수)(2)	일의 자리에서 올림이 있는 (세 자리 수)×(한 자리 수)의 계산 원리와 계산 형식을 이해하고 계산할 수 있다.
17	(세 자리 수)×(한 자리 수)(3)	십의 자리와 백의 자리에서 올림이 있는 (세 자리 수)×(한 자리 수)의 계산 원리와 계산 형식을 이해하고 계산할 수 있다.
18	(몇십)×(몇십), (몇십몇)×(몇십)	(몇십)×(몇십), (몇십몇)×(몇십)의 계산 원리와 계산 형식을 이해하고 계산할 수 있다.
19	(몇)×(몇십몇)	(몇)×(몇십몇)의 계산 원리와 계산 형식을 이해하고 계산할 수 있다.
20	(몇십몇)×(몇십몇)(1)	올림이 한 번 있는 (몇십몇)×(몇십몇)의 계산 원리와 계산 형식을 이해하고 계산할 수 있다.
21	(몇십몇)×(몇십몇)(2)	올림이 여러 번 있는 (몇십몇)×(몇십몇)의 계산 원리와 계산 형식을 이해하고 계산할 수 있다.

3. 곱셈 계산 지도 방법

계산 기능의 숙달은 유연한 단기 기억력에 의해 결정된다. 이를 위해서는 행동주의적 훈련 방식에 따른 지도가 효과적이지만 계산력의 효용성은 정확하고 빠른 계산력에만 있는 것이 아니라 그것을 상황에 맞추어 해석하고 적용할 수 있는 수 감각에 의존하고 있다. 따라서 계산 기능의 신장과 수 감각의 향상을 위해서는 균형적인 시각과 접근이 필요하다.

우선 수 감각의 향상을 위해서는 구성주의적 접근이 효과적이다. 이를 위해서는 학생들이 먼저 계산 알고리즘에 접하기 전에 계산의 결과가 얼마일지를 어림해 보게 하는 것이 중요하다. 예를 들어, 21 × 3이라는 곱셈 상황이 주어졌을 때 곧바로 계산하기보다 이 곱셈의 결과가 약 60에 가까울 것이라는 어림을 하는 것이 좋다. 계산 결과의 어림 외에도 계산 방법에 대해 열린 마음을 가지도록 하는 것이 중요하다. 주어진 알고리즘에만 따르는 것은 풍부하고 다양한 수학적 상상력을 기르는 데 방해가 된다. 따라서 표준 계산 알고리즘을 배우기 전에 나름대로의 계산 방법을 말해 보는 것이 도움이 된다. 이때 앞서 한 어림하기 활동이 효과적으로 적용될 수 있다. 사실, '어림하기'와 '여러 가지 방법으로 계산하기'는 같은 맥락의 활동이라고 할 수 있다. '어림하기'나 '여러 가지 방법으로 계산하기' 외에도 '실생활과 관련 짓기' 활동을 생각해 볼 수 있다. 그러나 계산이 복잡해질수록 그 계산이 실생활과 얼마나 관련

이 있는지는 관심을 가지고 살펴보아야 한다. 특히 계산기가 발달한 현대 사회에서 복잡한 계산을 필산으로 해결하려고 하는 것은 그다지 효율적인 방법이 아니다. 계산의 빠르기도 유리하지만 계산의 정확성 또는 계산 오류의 방지를 위해서도 계산기를 사용하도록 권장하는 것이 결코 잘못된 것은 아니다. 곱셈의 기초 개념은 생활과 밀접한 관련을 가져야 하지만 복잡한 계산의 경우는 이제 실생활과 구태여 밀접하게 연관 지을 필요가 없다. 사실, 복잡한 계산 알고리즘은 순수한 수학적 사고의 산물이다.

계산 기능의 숙달을 위한 행동주의 접근에서는 학습과제에 대한 세밀한 분석이 필요하다. 곱셈 지도 단계는 곱셈의 기초, 곱셈구구, (몇십몇) × (몇), (세 자리 수) × (한 자리 수), (몇십몇) × (몇십몇)로 구분될 수 있다. 이와 같은 접근에서 역시 수 감각을 익히기 위해서는 계산 알고리즘의 지도에 앞서 구체적인 조작 활동을 통하여 계산 원리를 이해하도록 하는 것이 중요하다. 특히 세로 계산 알고리즘이 도입이 될 때, 위치적 기수법에 따른 수 값의 의미에 유의하도록 지도해야 한다. 이 워크북은 이러한 행동주의 접근을 바탕으로 구성주의 접근의 요소를 결합하여 구성하였다.

4. 오류 유형에 따른 지도 방법

오류 유형	지도 방법
자릿값을 무시하고 계산하는 경우 $\begin{array}{r} 3\ 6 \\ \times\quad\ 4 \\ \hline 2\ 4 \\ 1\ 2 \\ \hline 3\ 6 \end{array}$	• 이러한 학생의 경우 자릿값의 의미를 정확하게 지도한다. 예를 들어, 30×2=60, 30×3=90, 30×4=120과 같이 더 작은 수에서 출발하여 지도하거나 3×4=12, 30×4=120과 같이 일의 자리 계산과 십의 자리 계산이 다름을 이해하는 방법으로 지도할 수 있다. 세로 계산을 하기 전에 곱해지는 수에서 '3은 십의 자리 숫자이고 30을 나타낸다는 것과 6은 일의 자리 숫자이고 6을 나타낸다.'와 같이 자릿값을 먼저 말하게 한다. 그리고 '6×4와 30×4를 계산하여 더하는 방법으로 계산한다.'와 같이 사고 구술하며 계산을 하도록 지도한다. • 수 모형을 이용하여 곱셈을 해 보며 자릿값의 개념을 충분히 익히도록 한다.
자릿값을 정확한 위치에 적지 않고 계산하는 경우 $\begin{array}{rrrr} & & 3 & 6 \\ \times & & & 4 \\ \hline & & 2 & 4 \\ 1 & 1 & 2 & \\ \hline 1 & 2 & 2 & 4 \end{array}$	• 이러한 학생의 경우 보조선을 그어 계산한 값을 정확한 위치에 적는 연습을 하여 자릿값을 혼동하지 않도록 돕는다.

 올림을 계산하지 않은 경우 $\begin{array}{r} 3\ 6 \\ \times\quad 4 \\ \hline 1\ 2\ 4 \end{array}$	• 곱셈의 계산을 수 모형으로 알아보는 과정에서 십진 기수법에 따라 수 모형을 교환하는 연습을 충분히 하도록 한다. 수 모형 조작 과정과 기호적 단계를 연결 지어 계산 과정을 형식화하도록 돕는다. • 부분 곱셈식으로 계산한 후 표준 곱셈 알고리즘으로 계산할 때 올림한 값을 어떻게 기록하여 기억할 것인지 생각해 보도록 한다. • 일의 자리 계산에서 올림하는 수를 십의 자리 숫자 위에 작게 기록하여 계산하도록 지도한다.

5. 지도 시 유의사항

- 계산 원리와 계산 형식을 지도하기 전에 학생이 어떠한 방법으로 계산하는지 이야기해 볼 수 있도록 한다.
- 수 모형을 사용한 활동과 세로 계산을 연결하여 자릿값을 잘 이해할 수 있게 한다. 또한 보조선을 활용하여 자릿값을 구분하도록 돕는다.
- 올림을 사용하는 방법을 어려워하는 경우 자릿값이 나타나는 부분 곱의 방법에서 점진적으로 올림을 사용하는 방법으로 이해할 수 있게 한다.
- 올림이 있는 경우 올림을 나타내는 수를 적을 수 있도록 한다.

6. 평가

- 매 차시 '스스로 서기'에서 제시된 문제를 활용하여 해당 차시에 학습한 내용에 대해 평가한다.
- 매 차시 '놀이 활동'을 통해 즐겁게 놀이하며 평가하는 과정을 갖고, 자신이 아는 것과 모르는 것을 분명히 인지할 수 있도록 하여 자기 주도적으로 학습할 수 있게 한다.
- 매 차시별 평가 결과를 통해 다음 차시의 학습 내용을 선택함으로써 평가와 교수가 유기적이고 순환적으로 연계되도록 한다.
- 2~3주 간격으로 BASA 수학을 활용하여 연산 유창성(속도와 정확도)을 평가한다.

7. 지도 시 참고자료

1) 애플리케이션

- 구구단 외우기-곱셈힐링 구구톡, 스피드 구구단(곱셈, 연산, 수학), 곱셈구구표, 곱셈 챌린지, 기적의 연산스도쿠, 연산왕, 토도 수학 등

2) 보드게임

- 로보77, 셈셈 테니스, 마헤 등

8. 참고문헌

교육부(2015). 교사용지도서: 수학 3-1, 수학 3-2.

교육부(2018). 교사용지도서: 수학 3-1. 수학 3-2.

김동일(2006). 기초학습기능 수행평가체제: 수학검사. 서울: 학지사.

01 차시 2의 단 곱셈구구를 알아볼까요?

학습목표
- 곱셈의 필요성을 알 수 있다.
- 2의 단 곱셈구구의 구성원리를 알고 곱셈구구를 완성할 수 있다.

도입: 곱셈의 필요성

1. 다음 문제를 풀어 보세요.

번호	문제	답
1	2 + 2 + 2 + 2 =	
2	2 + 2 + 2 + 2 + 2 =	
3	2 + 2 + 2 =	
4	2 + 2 =	
5	2 + 2 + 2 + 2 + 2 + 2 + 2 + 2 =	
6	2 + 2 + 2 + 2 + 2 + 2 =	
7	2 + 2 + 2 + 2 + 2 + 2 + 2 =	
8	2 + 2 + 2 + 2 + 2 + 2 + 2 + 2 + 2 =	

2. 똑같은 수를 여러 번 더할 때 어떤 생각이 들었나요?

3. 이러한 덧셈을 간단하게 하는 방법은 무엇일까요?

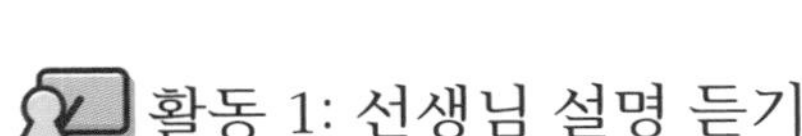

활동 1: 선생님 설명 듣기

1. 빵이 한 묶음에 2개씩 들어 있습니다. 빵이 8묶음 있다면 빵은 모두 몇 개일까요? 그림을 보며 빵의 개수 빈칸을 채워 봅시다.

묶음 수	빵의 개수	
1		2
2		
3		6
4		
5		10
6		12
7		
8		
9		

2. 빵 한 묶음이 늘어날 때 빵은 몇 개씩 많아집니까?

3. 빵이 8묶음 있을 때 빵은 모두 몇 개인가요?

4. 이러한 덧셈을 간단하게 하는 방법을 활동 2에서 알아봅시다.

활동 2: 선생님 설명 듣기

◆ 빵이 2개씩 1묶음입니다. 빵은 모두 몇 개일까요?

빵은 2개입니다.

이것은 $2 \times 1 = 2$(2 곱하기 1은 2)로 나타낼 수 있습니다.

◆ 빵이 2개씩 2묶음입니다. 빵은 모두 몇 개일까요?

$2 + 2 = 4$로 빵은 4개입니다.

이것은 $2 \times 2 = 4$(2 곱하기 2는 4)로 나타낼 수 있습니다.

◆ 빵이 2개씩 3묶음입니다. 빵은 모두 몇 개일까요?

$2 + 2 + 2 = 6$으로 빵은 6개입니다.

이것은 $2 \times 3 = 6$(2 곱하기 3은 6)으로 나타낼 수 있습니다.

◆ 빵이 2개씩 4묶음입니다. 빵은 모두 몇 개일까요?

$2 + 2 + 2 + 2 = 8$로 빵은 8개입니다.

이것은 $2 \times \square = 8$(2 곱하기 4는 8)로 나타낼 수 있습니다.

◆ 빵이 2개씩 5묶음입니다. 빵은 모두 몇 개일까요?

$2 + 2 + 2 + 2 + 2 = 10$으로 빵은 10개입니다.

이것은 $2 \times 5 = 10$(2 곱하기 5는 10)으로 나타낼 수 있습니다.

◆ 빵이 2개씩 6묶음입니다. 빵은 모두 몇 개일까요?

$2 + 2 + 2 + 2 + 2 + 2 = 12$로 빵은 12개입니다.

이것은 $2 \times 6 = \square$(2 곱하기 6은 12)로 나타낼 수 있습니다.

◆ 빵이 2개씩 7묶음입니다. 빵은 모두 몇 개일까요?

$2 + 2 + 2 + 2 + 2 + 2 + 2 = 14$로 빵은 14개입니다.

이것은 $2 \times \square = 14$(2 곱하기 7은 14)로 나타낼 수 있습니다.

◆ 빵이 2개씩 8묶음입니다. 빵은 모두 몇 개일까요?

2 + 2 + 2 + 2 + 2 + 2 + 2 + 2 = 16으로 빵은 16개입니다.

이것은 2 × □ = 16(2 곱하기 8은 16)으로 나타낼 수 있습니다.

◆ 빵이 2개씩 9묶음입니다. 빵은 모두 몇 개일까요?

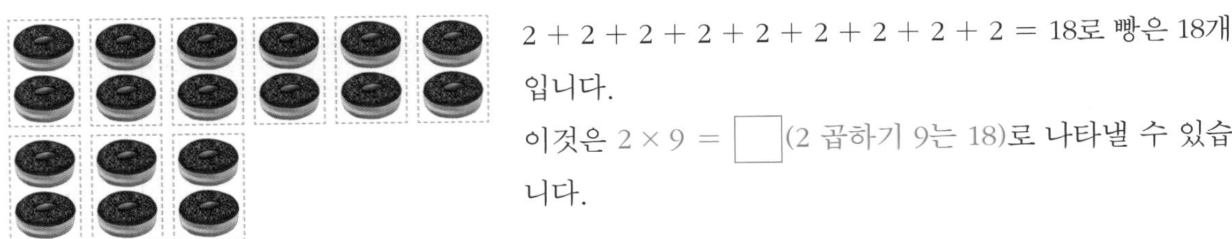

2 + 2 + 2 + 2 + 2 + 2 + 2 + 2 + 2 = 18로 빵은 18개입니다.

이것은 2 × 9 = □(2 곱하기 9는 18)로 나타낼 수 있습니다.

짜짠! 2의 단 곱셈구구가 완성되었습니다!

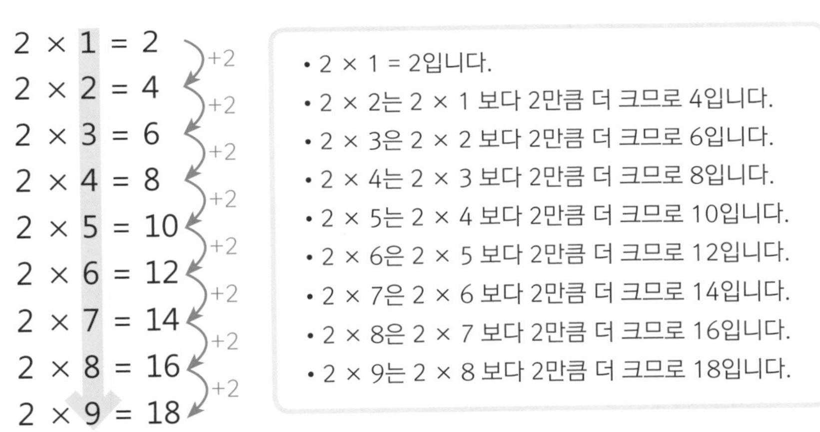

2 × 1 = 2
2 × 2 = 4
2 × 3 = 6
2 × 4 = 8
2 × 5 = 10
2 × 6 = 12
2 × 7 = 14
2 × 8 = 16
2 × 9 = 18

(+2, +2, +2, +2, +2, +2, +2, +2)

- 2 × 1 = 2입니다.
- 2 × 2는 2 × 1 보다 2만큼 더 크므로 4입니다.
- 2 × 3은 2 × 2 보다 2만큼 더 크므로 6입니다.
- 2 × 4는 2 × 3 보다 2만큼 더 크므로 8입니다.
- 2 × 5는 2 × 4 보다 2만큼 더 크므로 10입니다.
- 2 × 6은 2 × 5 보다 2만큼 더 크므로 12입니다.
- 2 × 7은 2 × 6 보다 2만큼 더 크므로 14입니다.
- 2 × 8은 2 × 7 보다 2만큼 더 크므로 16입니다.
- 2 × 9는 2 × 8 보다 2만큼 더 크므로 18입니다.

⇨ 2의 단 곱셈구구에서 곱하는 수가 1씩 커지면 그 곱은 2씩 커집니다.

⇨ 구구단송 2단을 활용하여 외워 봅시다.

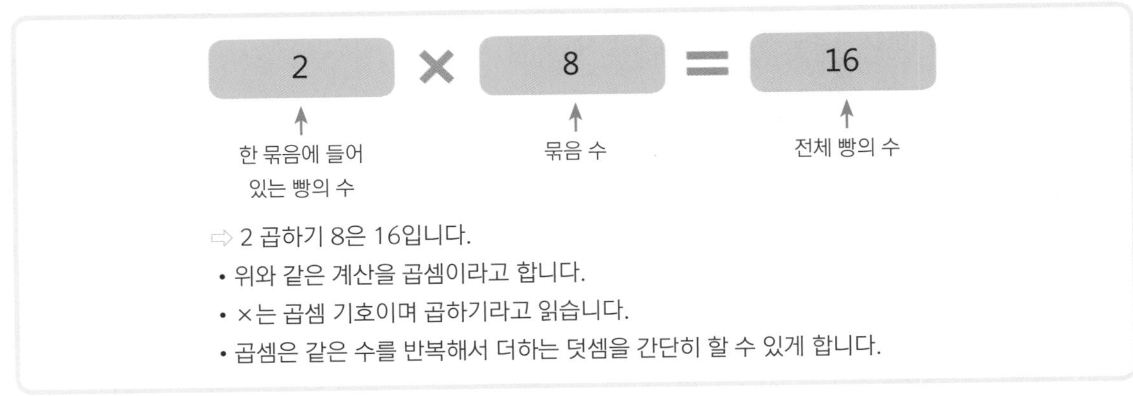

⇨ 2 곱하기 8은 16입니다.

- 위와 같은 계산을 곱셈이라고 합니다.
- ×는 곱셈 기호이며 곱하기라고 읽습니다.
- 곱셈은 같은 수를 반복해서 더하는 덧셈을 간단히 할 수 있게 합니다.

활동 3: 선생님과 함께 연습하기

1. 덧셈식을 보고 곱셈식을 완성해 보세요.

덧셈식	곱셈식
2 + 2 + 2 = 6	2 × ☐ = 6
2 + 2 + 2 + 2 = 8	2 × 4 = ☐
2 + 2 + 2 + 2 + 2 = 10	2 × ☐ = 10
2 + 2 + 2 + 2 + 2 + 2 = 12	2 × 6 = ☐

2. 그림을 보고 곱셈식을 만들어 봅시다.

그림	곱셈식
⁚ ⁚ ⁚ ⁚ ⁚	2 × ☐ = 10
⁚ ⁚ ⁚ ⁚ ⁚ ⁚	2 × 6 = ☐
⁚ ⁚ ⁚ ⁚ ⁚ ⁚ ⁚	2 × ☐ = 14

3. 2의 단 곱셈구구표를 완성해 봅시다.

2 × 1 =

2 × 2 =

2 × 3 =

2 × 4 =

2 × 5 =

2 × 6 =

2 × 7 =

2 × 8 =

2 × 9 =

 활동 4: 스스로 서기

1. 그림을 보고 ☐ 안에 알맞은 수를 써넣으세요.

  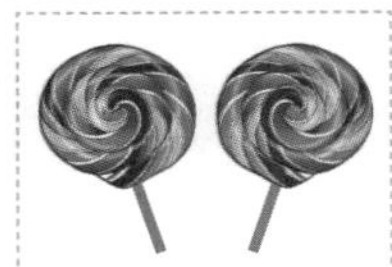

2개씩 3묶음은 ☐ 입니다. 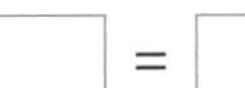 2 × ☐ = ☐

2개씩 4묶음은 ☐ 입니다. 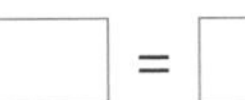 2 × ☐ = ☐

2. 곱셈을 해 보세요.

2 × 4 =	2 × 2 =
2 × 3 =	2 × 9 =
2 × 8 =	2 × 5 =
2 × 6 =	2 × 7 =

3. ☐ 안에 알맞은 수를 써넣으세요.

2 × ☐ = 10	2 × ☐ = 12
2 × ☐ = 8	2 × ☐ = 6
2 × ☐ = 14	2 × ☐ = 16

정리

◆ 2의 단 곱셈구구

○ $2 \times 1 = 2$, $2 \times 2 = 4$, $2 \times 3 = 6$, $2 \times 4 = 8$, $2 \times 5 = 10$,
$2 \times 6 = 12$, $2 \times 7 = 14$, $2 \times 8 = 16$, $2 \times 9 = 18$

○ 2의 단 곱셈구구에서는 곱하는 수가 1씩 커지면, 곱은 2씩 커집니다.

놀이 활동

◆ 가위바위보를 해서 이긴 사람이 곱셈구구표에 곱한 값을 하나씩 씁니다. 먼저 완성한 친구가 이깁니다. 바둑알이나 다른 구체물을 사용하여 바둑알을 2개씩 가져가 개수를 세면서 답을 써도 좋습니다.

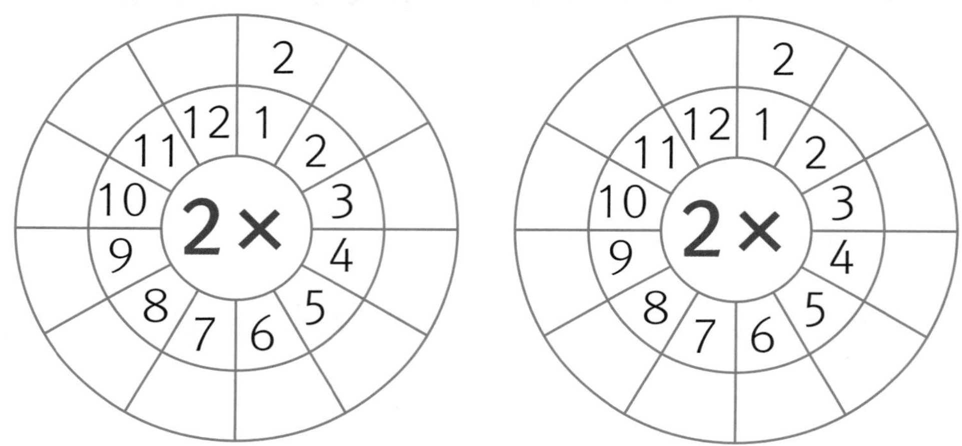

◆ 이긴 사람은 누구? 재미있었나요? 그럼 슈타이너 곱셈구구 그림을 완성해 봅시다. 2의 단을 외우면서 일의 자리 수만 차례로 연결해 봅시다. 어떤 모양이 될까요?

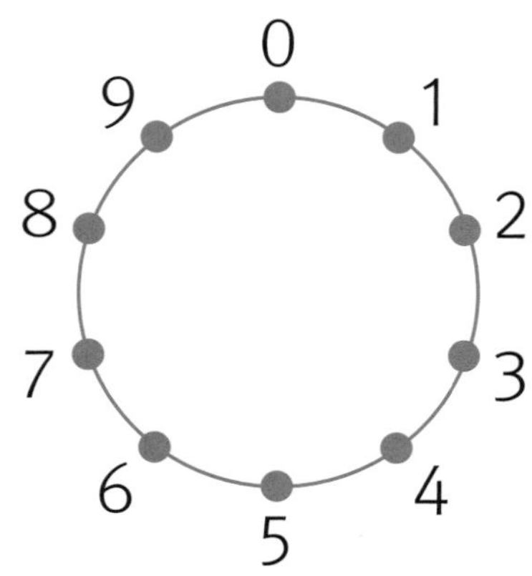

3단계 곱셈

02 차시 5의 단 곱셈구구를 알아볼까요?

학습목표 • 5의 단 곱셈구구의 구성원리를 알고 곱셈구구를 완성할 수 있다.

도입: 곱셈 문제 상황 알기

1. 미술 시간에 손바닥 찍기 놀이를 합니다. 손바닥을 9번 찍는다면 손가락은 모두 몇 개일까요? 그림을 보며 손가락의 수 빈칸을 채워 봅시다.

횟수	손가락의 수	
1		
2		
3		
4		
5		
6		
7		
8		
9		

2. 손바닥이 하나씩 늘어날수록 손가락은 몇 개씩 많아집니까?

3. 손바닥을 9번 찍으면 손가락은 모두 몇 개인가요?

4. 이것을 간단하게 식으로 나타내는 방법은 무엇일까요?

활동 1: 선생님 설명 듣기

◆ 손바닥을 1번 찍으면 손가락은 5개입니다.

곱셈으로 나타내면 $5 \times 1 = 5$(5 곱하기 1은 5)

◆ 손바닥을 2번 찍으면 손가락은 10개입니다.

$5 + 5 = 10$,
곱셈으로 나타내면 $5 \times 2 = 10$(5 곱하기 2는 10)

◆ 손바닥을 3번 찍으면 손가락은 15개입니다.

$5 + 5 + 5 = 15$,
곱셈으로 나타내면 $5 \times 3 = 15$(5 곱하기 3은 15)

◆ 손바닥을 4번 찍으면 손가락은 20개입니다.

$5 + 5 + 5 + 5 = 20$,
곱셈으로 나타내면 $5 \times 4 = 20$(5 곱하기 4는 20)

◆ 손바닥을 5번 찍으면 손가락은 25개입니다.

$5 + 5 + 5 + 5 + 5 = 25$,
곱셈으로 나타내면 $5 \times 5 = 25$(5 곱하기 5는 25)

◆ 손바닥을 6번 찍으면 손가락은 30개입니다.

$5 + 5 + 5 + 5 + 5 + 5 = 30$,
곱셈으로 나타내면 $5 \times 6 = 30$(5 곱하기 6은 30)

◆ 손바닥을 7번 찍으면 손가락은 35개입니다.

$5 + 5 + 5 + 5 + 5 + 5 + 5 = 35$,

곱셈으로 나타내면 $5 \times 7 = 35$(5 곱하기 7은 35)

◆ 손바닥을 8번 찍으면 손가락은 40개입니다.

$5 + 5 + 5 + 5 + 5 + 5 + 5 + 5 = 40$,

곱셈으로 나타내면 $5 \times 8 = 40$(5 곱하기 8은 40)

◆ 손바닥을 9번 찍으면 손가락은 45개입니다.

$5 + 5 + 5 + 5 + 5 + 5 + 5 + 5 + 5 = 45$,

곱셈으로 나타내면 $5 \times 9 = 45$(5 곱하기 9는 45)

짜잔! 5의 단 곱셈구구가 완성되었습니다!

$5 \times 1 = 5$
$5 \times 2 = 10$
$5 \times 3 = 15$
$5 \times 4 = 20$
$5 \times 5 = 25$
$5 \times 6 = 30$
$5 \times 7 = 35$
$5 \times 8 = 40$
$5 \times 9 = 45$

+5 +5 +5 +5 +5 +5 +5 +5

- 5 × 1 = 5입니다.
- 5 × 2는 5 × 1 보다 5만큼 더 크므로 10입니다.
- 5 × 3은 5 × 2 보다 5만큼 더 크므로 15입니다.
- 5 × 4는 5 × 3 보다 5만큼 더 크므로 20입니다.
- 5 × 5는 5 × 4 보다 5만큼 더 크므로 25입니다.
- 5 × 6은 5 × 5 보다 5만큼 더 크므로 30입니다.
- 5 × 7은 5 × 6 보다 5만큼 더 크므로 35입니다.
- 5 × 8은 5 × 7 보다 5만큼 더 크므로 40입니다.
- 5 × 9는 5 × 8 보다 5만큼 더 크므로 45입니다.

⇨ 5의 단 곱셈구구에서 곱하는 수가 1씩 커지면 그 곱은 5씩 커집니다.

⇨ 구구단송 5단을 활용하여 외워 봅시다.

5	×	9	=	45
↑ 한 손바닥에 있는 손가락의 수		↑ 손바닥의 수		↑ 전체 손가락의 수

⇨ 5 곱하기 9는 45입니다.

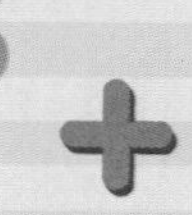

활동 2: 선생님과 함께 연습하기

1. 덧셈식을 보고 곱셈식을 완성해 보세요.

덧셈식	곱셈식
5 + 5 = 10	5 × ☐ = 10
5 + 5 + 5 = 15	☐ × 3 = 15
5 + 5 + 5 + 5 = 20	5 × 4 = ☐
5 + 5 + 5 + 5 + 5 + 5 + 5 + 5 = 40	5 × ☐ = 40

2. 그림을 보고 곱셈식을 만들어 봅시다.

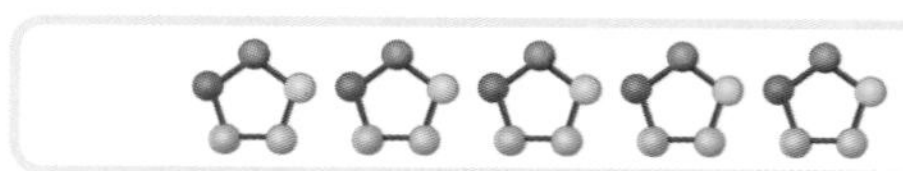

5 × 5 = ☐

5 × ☐ = 30

5 × 7 = ☐

3. 5의 단 곱셈구구표를 완성해 봅시다.

5 × 1 =

5 × 2 =

5 × 3 =

5 × 4 =

5 × 5 =

5 × 6 =

5 × 7 =

5 × 8 =

5 × 9 =

 활동 3: 스스로 서기

1. 그림을 보고 ☐ 안에 알맞은 수를 써넣으세요.

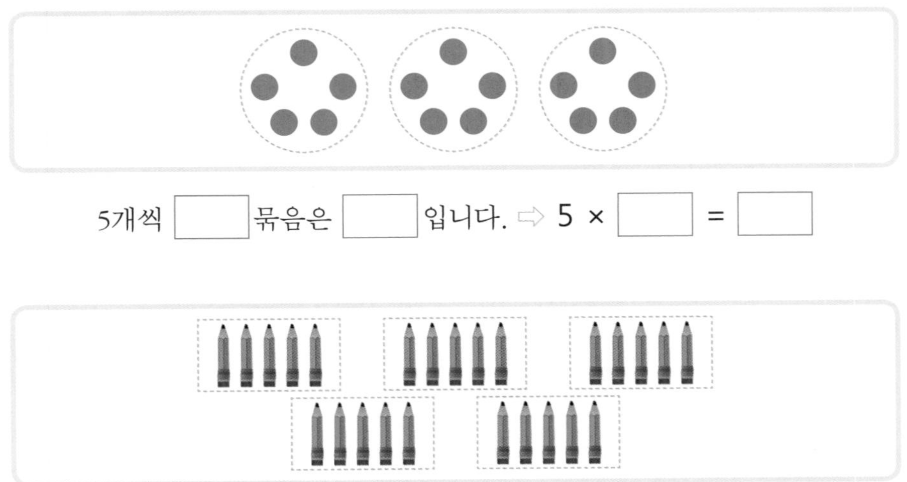

5개씩 ☐ 묶음은 ☐ 입니다. ⇨ 5 × ☐ = ☐

5개씩 ☐ 묶음은 ☐ 입니다. ⇨ 5 × ☐ = ☐

2. 동그라미 곱셈표를 먼저 채워 보세요. 그리고 5의 단 곱셈구구 그림을 완성해 봅시다. 5의 단을 외우면서 일의 자리 수만 차례로 연결합니다. 5의 단은 어떤 특징이 있나요?

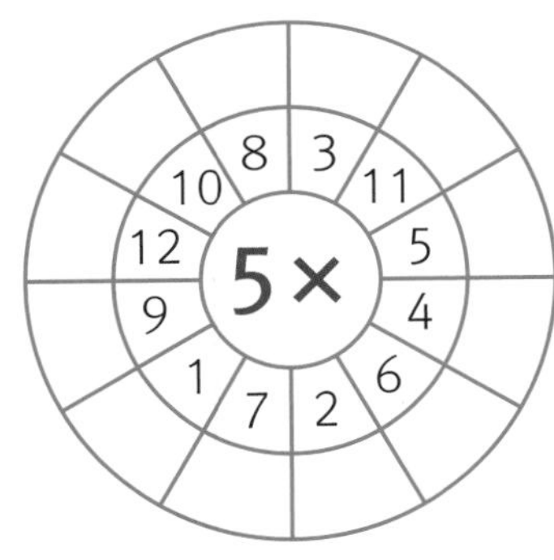

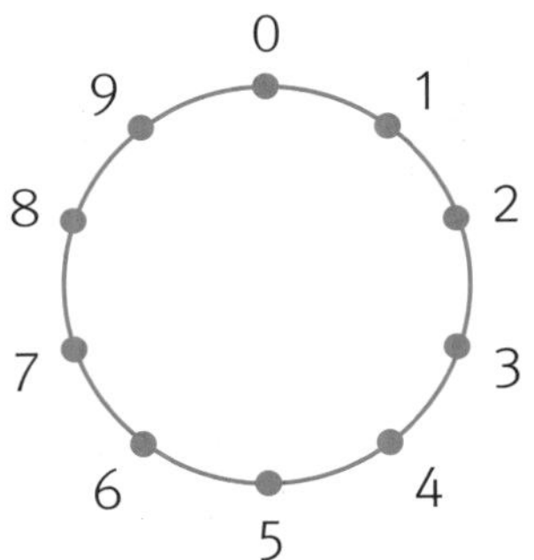

3. ☐ 안에 알맞은 수를 써넣으세요.

5 × ☐ = 10	5 × ☐ = 15
5 × ☐ = 45	5 × ☐ = 25
5 × ☐ = 30	5 × ☐ = 20

정리

◆ 5의 단 곱셈구구

○ $5 \times 1 = 5$, $5 \times 2 = 10$, $5 \times 3 = 15$, $5 \times 4 = 20$, $5 \times 5 = 25$, $5 \times 6 = 30$, $5 \times 7 = 35$, $5 \times 8 = 40$, $5 \times 9 = 45$

○ 5의 단 곱셈구구에서는 곱하는 수가 1씩 커지면, 곱은 5씩 커집니다.

놀이 활동

1. 5씩 세어 50 만들기

① 짝과 번갈아 가며 5씩 세어 50을 만들어야 합니다.
② 한 사람이 5씩 3번까지 셀 수 있습니다.
③ 50을 말하는 사람이 이깁니다.

2. 곱셈을 하고 답에 알맞은 색을 그림에 칠하여 봅시다.

3단계 곱셈

03 차시 3의 단 곱셈구구를 알아볼까요?

학습목표 • 3의 단 곱셈구구의 구성원리를 알고 곱셈구구를 완성할 수 있다.

도입: 3의 단 곱셈 문제 상황 알기

1. 세잎클로버에는 잎사귀가 세 개씩 달려 있습니다. 세잎클로버가 6줄기 있다면 잎사귀는 몇 개일까요? 그림을 그려서 답을 찾아봅시다.

줄기 수	잎사귀의 수 그림으로 나타내기	잎사귀 수
1		3
2		
3		
4		
5		
6		

2. 세잎클로버가 한 줄기 늘어날 때마다 잎사귀는 몇 개씩 늘어나나요?

3. 세잎클로버가 6줄기 있을 때 잎사귀는 모두 몇 개인가요?

4. 세잎클로버가 6줄기 있을 때 잎사귀 수를 덧셈식으로 나타내어 볼까요?

5. 세잎클로버가 6줄기 있을 때 잎사귀 수를 곱셈식으로 나타내어 볼까요?

활동 1: 선생님 설명 듣기

◆ 3의 단 곱셈구구를 확인하고 익혀 봅시다.

그림과 덧셈식	곱셈식
3	3 × 1 = 3
3 + 3	3 × 2 = 6
3 + 3 + 3	3 × ☐ = 9
3 + 3 + 3 + 3	3 × 4 = 12
3 + 3 + 3 + 3 + 3	3 × 5 = 15
3 + 3 + 3 + 3 + 3 + 3	3 × ☐ = 18
3 + 3 + 3 + 3 + 3 + 3 + 3	3 × 7 = 21
3 + 3 + 3 + 3 + 3 + 3 + 3 + 3	3 × 8 = 24
3 + 3 + 3 + 3 + 3 + 3 + 3 + 3 + 3	3 × ☐ = 27

짜짠! 3의 단 곱셈구구가 완성되었습니다!

$3 \times 1 = 3$
$3 \times 2 = 6$
$3 \times 3 = 9$
$3 \times 4 = 12$
$3 \times 5 = 15$
$3 \times 6 = 18$
$3 \times 7 = 21$
$3 \times 8 = 24$
$3 \times 9 = 27$

(+3, +3, +3, +3, +3, +3, +3, +3)

- 3 × 1 = 3입니다.
- 3 × 2는 3 × 1 보다 3만큼 더 크므로 6입니다.
- 3 × 3은 3 × 2 보다 3만큼 더 크므로 9입니다.
- 3 × 4는 3 × 3 보다 3만큼 더 크므로 12입니다.
- 3 × 5는 3 × 4 보다 3만큼 더 크므로 15입니다.
- 3 × 6은 3 × 5 보다 3만큼 더 크므로 18입니다.
- 3 × 7은 3 × 6 보다 3만큼 더 크므로 21입니다.
- 3 × 8은 3 × 7 보다 3만큼 더 크므로 24입니다.
- 3 × 9는 3 × 8 보다 3만큼 더 크므로 27입니다.

⇨ 3의 단 곱셈구구에서 곱하는 수가 1씩 커지면 그 곱은 3씩 커집니다.

⇨ 구구단송 3단을 활용하여 외워 봅시다.

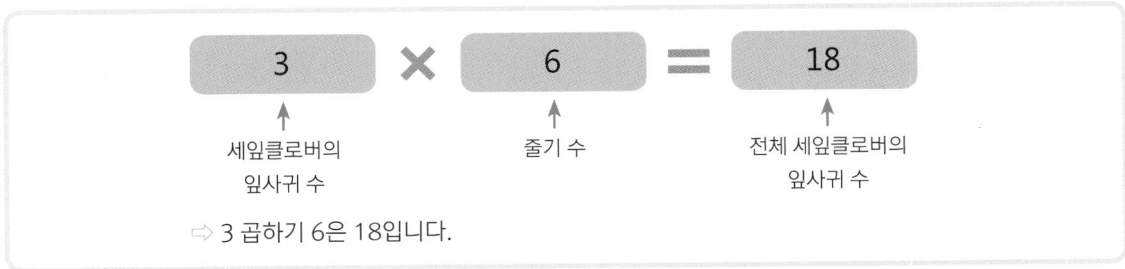

⇨ 3 곱하기 6은 18입니다.

활동 2: 선생님과 함께 연습하기

1. 덧셈식을 보고 곱셈식을 완성해 보세요.

덧셈식	곱셈식
3 + 3 + 3 = 9	3 × ☐ = 9
3 + 3 + 3 + 3 = 12	3 × 4 = ☐
3 + 3 + 3 + 3 + 3 = 15	3 × ☐ = 15
3 + 3 + 3 + 3 + 3 + 3 = 18	3 × 6 = ☐

2. 그림을 보고 곱셈식을 만들어 봅시다.

3 × ☐ = 15

3 × 6 = ☐

3 × ☐ = 21

3. 3의 단 곱셈구구표를 완성해 봅시다.

3 × 1 =

3 × 2 =

3 × 3 =

3 × 4 =

3 × 5 =

3 × 6 =

3 × 7 =

3 × 8 =

3 × 9 =

 활동 3: 스스로 서기

1. 그림을 보고 ☐ 안에 알맞은 수를 써넣으세요.

3개씩 3묶음은 ☐ 입니다. ⇨ 3 × ☐ = ☐

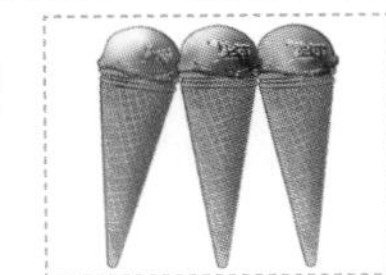

3개씩 4묶음은 ☐ 입니다. ⇨ 3 × ☐ = ☐

2. 곱셈을 해 보세요.

3 × 4 =	3 × 2 =
3 × 3 =	3 × 9 =
3 × 8 =	3 × 5 =
3 × 6 =	3 × 7 =

3. ☐ 안에 알맞은 수를 써넣으세요.

3 × ☐ = 3	3 × ☐ = 12
3 × ☐ = 9	3 × ☐ = 6
3 × ☐ = 21	3 × ☐ = 27

정리

◆ 3의 단 곱셈구구

○ $3 \times 1 = 3$, $3 \times 2 = 6$, $3 \times 3 = 9$, $3 \times 4 = 12$, $3 \times 5 = 15$, $3 \times 6 = 18$, $3 \times 7 = 21$, $3 \times 8 = 24$, $3 \times 9 = 27$

○ 3의 단 곱셈구구에서는 곱하는 수가 1씩 커지면, 곱은 3씩 커집니다.

놀이 활동 〈부록〉 2, 3, 5단 곱셈 카드와 놀이판

◆ 누가 누가 빨리 찾나?

1. 짝과 함께 하는 놀이입니다. 짝이 없다면 교사와 함께 합니다.
2. 놀이판과 곱셈 카드를 준비합니다. 곱셈 카드는 잘라서 섞습니다.
3. 곱셈 카드는 곱셈식이 보이지 않게 뒤집어 놓습니다.
4. 한 사람씩 또는 교사가 제일 위에 있는 곱셈 카드를 뒤집어 문제를 읽습니다. (예를 들어, 2×3은?)
5. 문제를 읽고/듣고 문제의 답을 빠르게 찾습니다. 찾은 친구는 '찾았다'라고 크게 외친 후 그 숫자에 자기만의 표시를 합니다. 모양이나 색깔을 달리해도 좋습니다.
6. 정해진 시간 내에 정답을 많이 찾은 친구가 이깁니다.
7. 곱셈 카드는 계속 사용하니 버리지 말고 모아 둡니다.

◆ 이긴 사람은 누구? 재미있었나요? 그럼 슈타이너 곱셈구구 그림을 완성해 봅시다. 3의 단을 외우면서 일의 자리 수만 차례로 연결해 봅시다. 어떤 모양이 될까요?

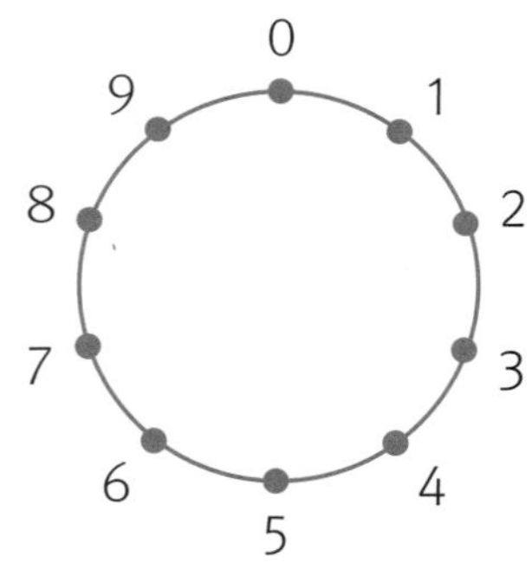

3단계 곱셈

04 차시 6의 단 곱셈구구를 알아볼까요?

학습목표 • 6의 단 곱셈구구의 구성원리를 알고 곱셈구구를 완성할 수 있다.

도입: 6의 단 곱셈 문제 상황 알기

1. 개미의 다리는 6개입니다. 개미가 6마리 있을 때 개미의 다리는 몇 개인지 그림을 그려 답을 찾아봅시다.

개미의 수	개미 다리의 수 그림으로 나타내기	개미 다리 수
1		
2		
3		
4		
5		
6		

2. 개미가 한 마리 늘어날 때마다 개미 다리의 수는 몇 개씩 늘어나나요?

3. 개미가 6마리 있을 때 개미 다리의 수는 모두 몇 개인가요?

4. 개미가 6마리 있을 때 개미 다리의 수를 덧셈식으로 나타내어 볼까요?

5. 개미가 6마리 있을 때 개미 다리의 수를 곱셈식으로 나타내어 볼까요?

활동 1: 선생님 설명 듣기

◆ 6의 단 곱셈구구를 확인하고 익혀 봅시다.

그림과 덧셈식	곱셈식
6	6 × 1 = 6
6 + 6	6 × 2 = 12
6 + 6 + 6	6 × 3 = 18
6 + 6 + 6 + 6	6 × 4 = 24
6 + 6 + 6 + 6 + 6	6 × 5 = 30
6 + 6 + 6 + 6 + 6 + 6	6 × 6 = 36
6 + 6 + 6 + 6 + 6 + 6 + 6	6 × 7 = 42
6 + 6 + 6 + 6 + 6 + 6 + 6 + 6	6 × 8 = 48
6 + 6 + 6 + 6 + 6 + 6 + 6 + 6 + 6	6 × 9 = 54

짜짠! 6의 단 곱셈구구가 완성되었습니다!

6 × 1 = 6
6 × 2 = 12
6 × 3 = 18
6 × 4 = 24
6 × 5 = 30
6 × 6 = 36
6 × 7 = 42
6 × 8 = 48
6 × 9 = 54

(+6 +6 +6 +6 +6 +6 +6 +6)

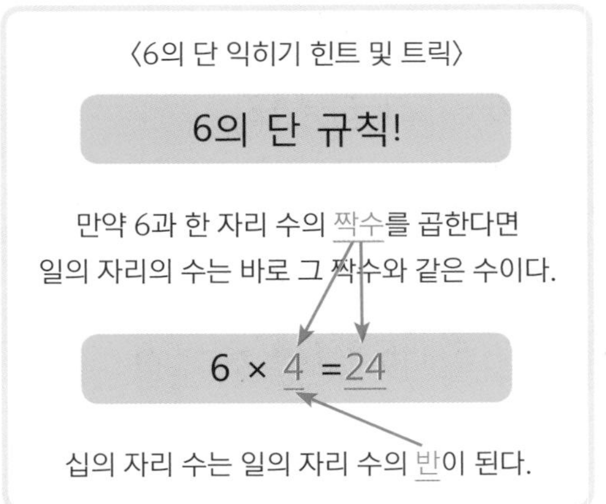

- 6 × 1 = 6입니다.
- 6 × 2는 6 × 1 보다 6만큼 더 크므로 12입니다.
- 6 × 3은 6 × 2 보다 6만큼 더 크므로 18입니다.
- 6 × 4는 6 × 3 보다 6만큼 더 크므로 24입니다.
- 6 × 5는 6 × 4 보다 6만큼 더 크므로 30입니다.
- 6 × 6은 6 × 5 보다 6만큼 더 크므로 36입니다.
- 6 × 7은 6 × 6 보다 6만큼 더 크므로 42입니다.
- 6 × 8은 6 × 7 보다 6만큼 더 크므로 48입니다.
- 6 × 9는 6 × 8 보다 6만큼 더 크므로 54입니다.

⇨ 6의 단 곱셈구구에서 곱하는 수가 1씩 커지면 그 곱은 6씩 커집니다.

⇨ 구구단송 6단을 활용하여 외워 봅시다.

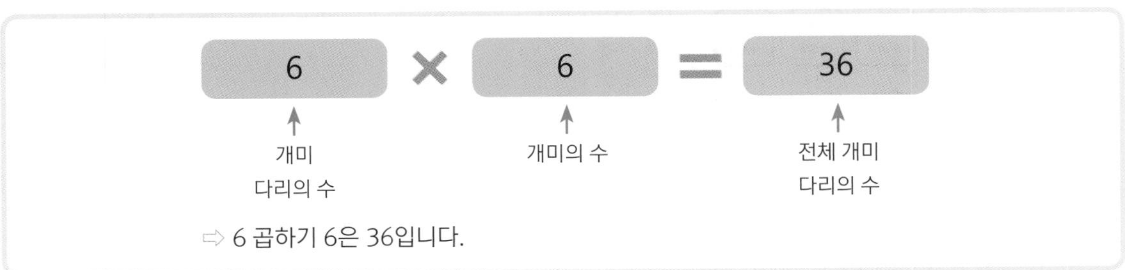

⇨ 6 곱하기 6은 36입니다.

활동 2: 선생님과 함께 연습하기

1. 덧셈식을 보고 곱셈식을 완성해 보세요.

덧셈식	곱셈식
6 + 6 + 6 = 18	6 × □ = 18
6 + 6 + 6 + 6 = 24	6 × 4 = □
6 + 6 + 6 + 6 + 6 = 30	6 × □ = 30
6 + 6 + 6 + 6 + 6 + 6 = 36	6 × 6 = □

2. 그림을 보고 곱셈식을 만들어 봅시다.

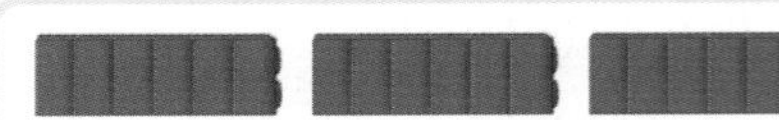

6 × □ = 18

6 × 4 = □

6 × □ = 30

3. 6의 단 곱셈구구표를 완성해 봅시다.

6 × 1 =

6 × 2 =

6 × 3 =

6 × 4 =

6 × 5 =

6 × 6 =

6 × 7 =

6 × 8 =

6 × 9 =

 활동 3: 스스로 서기

1. 그림을 보고 ☐ 안에 알맞은 수를 써넣으세요.

 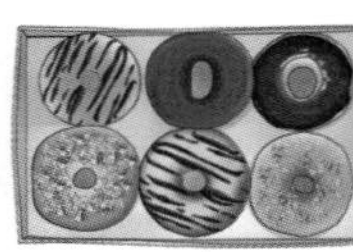  

6개씩 4묶음은 ☐ 입니다. ⇨ 6 × ☐ = ☐

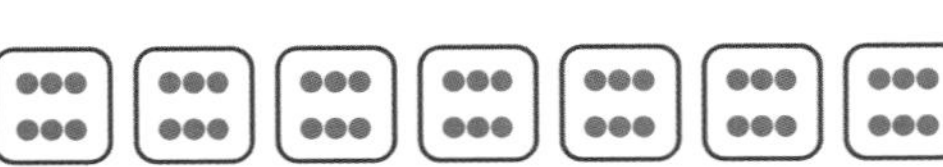

6개씩 7묶음은 ☐ 입니다. ⇨ 6 × ☐ = ☐

2. 곱셈을 해 보세요.

6 × 4 =	6 × 2 =
6 × 3 =	6 × 9 =
6 × 8 =	6 × 5 =
6 × 6 =	6 × 7 =

3. ☐ 안에 알맞은 수를 써넣으세요.

6 × ☐ = 24	6 × ☐ = 12
6 × ☐ = 48	6 × ☐ = 18
6 × ☐ = 30	6 × ☐ = 54

정리

◆ 6의 단 곱셈구구

○ $6 \times 1 = 6$, $6 \times 2 = 12$, $6 \times 3 = 18$, $6 \times 4 = 24$, $6 \times 5 = 30$, $6 \times 6 = 36$, $6 \times 7 = 42$, $6 \times 8 = 48$, $6 \times 9 = 54$

○ 6의 단 곱셈구구에서는 곱하는 수가 1씩 커지면, 곱은 6씩 커집니다.

놀이 활동 〈부록〉 3의 단 수 카드

◆ 3의 단과 6의 단인 수 찾기

1. 3의 단의 곱인 3, 6, 9, 12, 15, 18, 21, 24, 27의 수 카드를 준비합니다.
2. 한 사람이 수 카드를 하나씩 보여 줍니다.
3. 다른 사람은 3의 단의 수는 "3", 6의 단이 되는 수는 "6"이라고 외칩니다.
4. 3의 단의 수와 6의 단의 수의 공통점을 찾아봅니다.

◆ 이긴 사람은 누구? 재미있었나요? 그럼 슈타이너 곱셈구구 그림을 완성해 봅시다. 6의 단을 외우면서 일의 자리 수만 차례로 연결해 봅시다. 어떤 모양이 될까요?

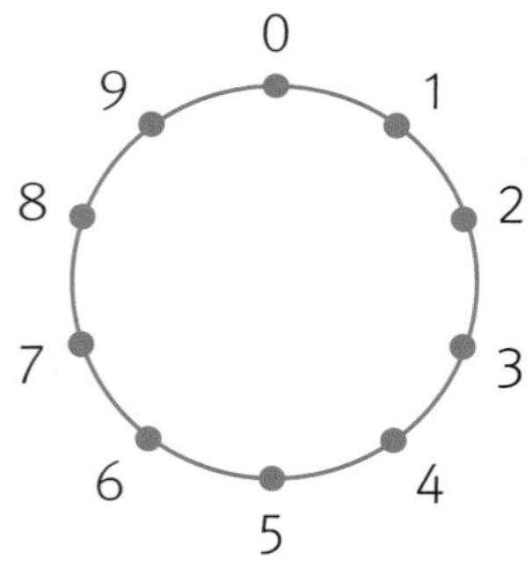

05 차시 4의 단 곱셈구구를 알아볼까요?

학습목표 • 4의 단 곱셈구구의 구성원리를 알고 곱셈구구를 완성할 수 있다.

도입: 4의 단 곱셈 문제 상황 알기

1. 바퀴가 4개 있는 자동차가 있습니다. 자동차 5대는 바퀴가 모두 몇 개인지 그림을 그려서 답을 찾아 봅시다.

자동차 수	자동차의 바퀴 수 그림으로 나타내기	바퀴 수
1		
2		
3		
4		
5		

2. 자동차가 한 대 늘어날 때마다 자동차 바퀴의 수는 몇 개씩 늘어나나요?

3. 자동차가 5대 있을 때 자동차 바퀴의 수는 모두 몇 개인가요?

4. 자동차가 5대 있을 때 자동차 바퀴의 수를 덧셈식으로 나타내어 볼까요?

5. 자동차가 5대 있을 때 자동차 바퀴의 수를 곱셈식으로 나타내어 볼까요?

활동 1: 선생님 설명 듣기

◆ 4의 단 곱셈구구를 확인하고 익혀 봅시다.

그림과 덧셈식	곱셈식
4	4 × 1 = 4
4 + 4	4 × 2 = 8
4 + 4 + 4	4 × 3 = ☐
4 + 4 + 4 + 4	4 × 4 = 16
4 + 4 + 4 + 4 + 4	4 × ☐ = 20
4 + 4 + 4 + 4 + 4 + 4	4 × 6 = 24
4 + 4 + 4 + 4 + 4 + 4 + 4	4 × 7 = 28
4 + 4 + 4 + 4 + 4 + 4 + 4 + 4	4 × 8 = ☐
4 + 4 + 4 + 4 + 4 + 4 + 4 + 4 + 4	4 × 9 = 36

짜짠! 4의 단 곱셈구구가 완성되었습니다!

$$
\begin{aligned}
4 \times 1 &= 4 \\
4 \times 2 &= 8 \\
4 \times 3 &= 12 \\
4 \times 4 &= 16 \\
4 \times 5 &= 20 \\
4 \times 6 &= 24 \\
4 \times 7 &= 28 \\
4 \times 8 &= 32 \\
4 \times 9 &= 36
\end{aligned}
$$

(+4, +4, +4, +4, +4, +4, +4, +4)

- 4 × 1 = 4입니다.
- 4 × 2는 4 × 1 보다 4만큼 더 크므로 8입니다.
- 4 × 3은 4 × 2 보다 4만큼 더 크므로 12입니다.
- 4 × 4는 4 × 3 보다 4만큼 더 크므로 16입니다.
- 4 × 5는 4 × 4 보다 4만큼 더 크므로 20입니다.
- 4 × 6은 4 × 5 보다 4만큼 더 크므로 24입니다.
- 4 × 7은 4 × 6 보다 4만큼 더 크므로 28입니다.
- 4 × 8은 4 × 7 보다 4만큼 더 크므로 32입니다.
- 4 × 9는 4 × 8 보다 4만큼 더 크므로 36입니다.

⇨ 4의 단 곱셈구구에서 곱하는 수가 1씩 커지면 그 곱은 4씩 커집니다.

⇨ 구구단송 4단을 활용하여 외워 봅시다.

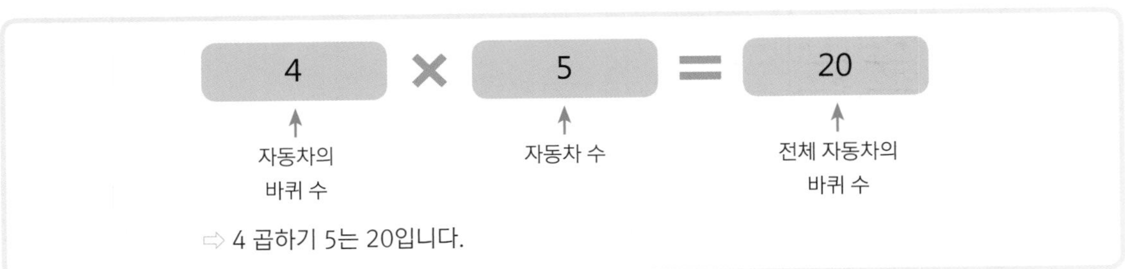

⇨ 4 곱하기 5는 20입니다.

활동 2: 선생님과 함께 연습하기

1. 덧셈식을 보고 곱셈식을 완성해 보세요.

덧셈식	곱셈식
4 + 4 + 4 = 12	4 × ☐ = 12
4 + 4 + 4 + 4 = 16	4 × 4 = ☐
4 + 4 + 4 + 4 + 4 = 20	4 × ☐ = 20
4 + 4 + 4 + 4 + 4 + 4 = 24	4 × 6 = ☐

2. 그림을 보고 곱셈식을 만들어 봅시다.

4 × ☐ = 20

4 × 6 = ☐

4 × ☐ = 28

3. 4의 단 곱셈구구표를 완성해 봅시다.

4 × 1 =

4 × 2 =

4 × 3 =

4 × 4 =

4 × 5 =

4 × 6 =

4 × 7 =

4 × 8 =

4 × 9 =

 활동 3: 스스로 서기

1. 그림을 보고 ☐ 안에 알맞은 수를 써넣으세요.

4개씩 4묶음은 ☐ 입니다. ⇨ 4 × ☐ = ☐

4개씩 6묶음은 ☐ 입니다. ⇨ 4 × ☐ = ☐

2. 곱셈을 해 보세요.

4 × 4 =	4 × 2 =
4 × 3 =	4 × 9 =
4 × 8 =	4 × 5 =
4 × 6 =	4 × 7 =

3. ☐ 안에 알맞은 수를 써넣으세요.

4 × ☐ = 20	4 × ☐ = 36
4 × ☐ = 8	4 × ☐ = 28
4 × ☐ = 24	4 × ☐ = 12

정리

◆ 4의 단 곱셈구구

○ $4 \times 1 = 4$,　$4 \times 2 = 8$,　$4 \times 3 = 12$,　$4 \times 4 = 16$,　$4 \times 5 = 20$,
$4 \times 6 = 24$,　$4 \times 7 = 28$,　$4 \times 8 = 32$,　$4 \times 9 = 36$

○ 4의 단 곱셈구구에서는 곱하는 수가 1씩 커지면, 곱은 4씩 커집니다.

놀이 활동: 내 땅을 만들어라

• 준비물: 십면체 주사위 1개, 색이 다른 색연필 2개

◆ 짝과 가위바위보를 하여 순서를 정합니다. 십면체 주사위를 던져 나온 수와 4를 곱한 수를 찾아 그 수를 둘러싸고 있는 점 중 두 개를 자신의 색연필로 잇습니다. 계속해서 순서대로 놀이를 하면서 점을 이어 자신만의 색으로 된 사각형을 많이 만드는 사람이 이깁니다.

4	10	24	3	12	4	25	2	15	20
20	30	36	8	15	5	18	30	12	32
18	5	1	24	20	25	6	1	24	8
12	16	25	6	36	3	36	5	4	24
2	9	24	18	12	8	10	4	28	12
5	15	4	30	6	24	12	2	18	3
8	20	36	5	15	4	40	1	3	12

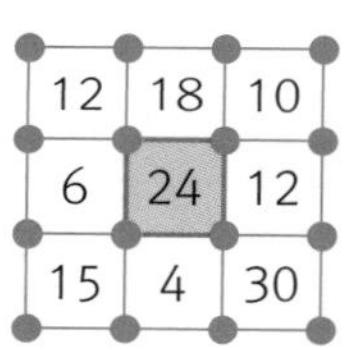

12	18	10
6	24	12
15	4	30

◆ 이긴 사람은 누구? 재미있었나요? 그럼 슈타이너 곱셈구구 그림을 완성해 봅시다. 4의 단을 외우면서 일의 자리 수만 차례로 연결해 봅시다. 어떤 모양이 될까요?

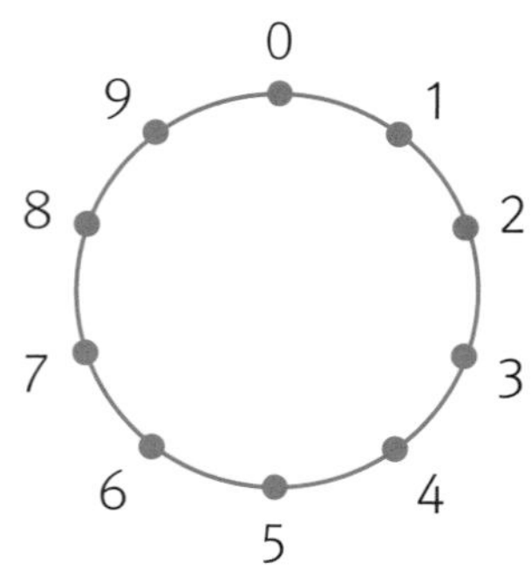

06 차시 8의 단 곱셈구구를 알아볼까요?

학습목표 • 8의 단 곱셈구구의 구성원리를 알고 곱셈구구를 완성할 수 있다.

도입: 8의 단 곱셈 문제 상황 알기

1. 문어의 다리는 8개입니다. 문어가 5마리 있을 때 문어의 다리는 몇 개인지 그림을 그려 답을 찾아봅시다.

문어의 수	문어 다리의 수 그림으로 나타내기	문어 다리 수
1		
2		
3		
4		
5		

2. 문어가 한 마리 늘어날 때마다 문어 다리의 수는 몇 개씩 늘어나나요?

3. 문어가 5마리 있을 때 문어 다리의 수는 모두 몇 개인가요?

4. 문어가 5마리 있을 때 문어 다리의 수를 덧셈식으로 나타내어 볼까요?

5. 문어가 5마리 있을 때 문어 다리의 수를 곱셈식으로 나타내어 볼까요?

활동 1: 선생님 설명 듣기

◆ 8의 단 곱셈구구를 확인하고 익혀 봅시다.

그림과 덧셈식	곱셈식
8	8 × 1 = 8
8 + 8	8 × 2 = 16
8 + 8 + 8	8 × 3 = 24
8 + 8 + 8 + 8	8 × 4 = 32
8 + 8 + 8 + 8 + 8	8 × 5 = 40
8 + 8 + 8 + 8 + 8 + 8	8 × 6 = 48
8 + 8 + 8 + 8 + 8 + 8 + 8	8 × 7 = 56
8 + 8 + 8 + 8 + 8 + 8 + 8 + 8	8 × 8 = 64
8 + 8 + 8 + 8 + 8 + 8 + 8 + 8 + 8	8 × 9 = 72

짜짠! 8의 단 곱셈구구가 완성되었습니다!

$8 \times 1 = 8$
$8 \times 2 = 16$
$8 \times 3 = 24$
$8 \times 4 = 32$
$8 \times 5 = 40$
$8 \times 6 = 48$
$8 \times 7 = 56$
$8 \times 8 = 64$
$8 \times 9 = 72$

(+8 +8 +8 +8 +8 +8 +8 +8)

- 8 × 1 = 8입니다.
- 8 × 2는 8 × 1 보다 8만큼 더 크므로 16입니다.
- 8 × 3은 8 × 2 보다 8만큼 더 크므로 24입니다.
- 8 × 4는 8 × 3 보다 8만큼 더 크므로 32입니다.
- 8 × 5는 8 × 4 보다 8만큼 더 크므로 40입니다.
- 8 × 6은 8 × 5 보다 8만큼 더 크므로 48입니다.
- 8 × 7은 8 × 6 보다 8만큼 더 크므로 56입니다.
- 8 × 8은 8 × 7 보다 8만큼 더 크므로 64입니다.
- 8 × 9는 8 × 8 보다 8만큼 더 크므로 72입니다.

⇨ 8의 단 곱셈구구에서 곱하는 수가 1씩 커지면 그 곱은 8씩 커집니다.

⇨ 구구단송 8단을 활용하여 외워 봅시다.

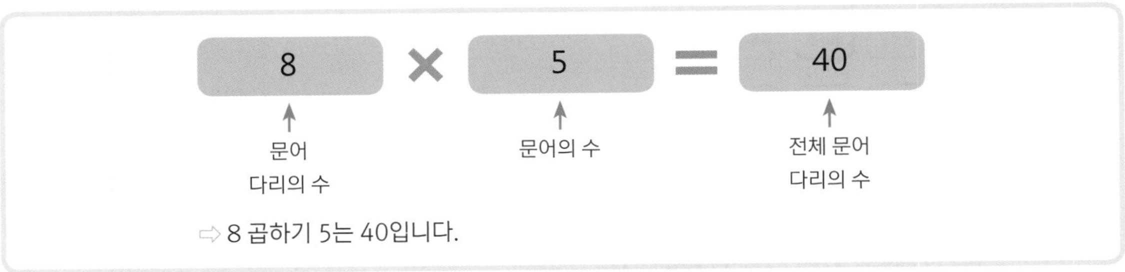

⇨ 8 곱하기 5는 40입니다.

활동 2: 선생님과 함께 연습하기

1. 덧셈식을 보고 곱셈식을 완성해 보세요.

덧셈식	곱셈식
8 + 8 + 8 = 24	8 × □ = 24
8 + 8 + 8 + 8 = 32	8 × 4 = □
8 + 8 + 8 + 8 + 8 + 8 = 48	8 × □ = 48
8 + 8 + 8 + 8 + 8 + 8 + 8 + 8 = 64	8 × 8 = □

2. 그림을 보고 곱셈식을 만들어 봅시다.

8 × □ = 16

8 × 3 = □

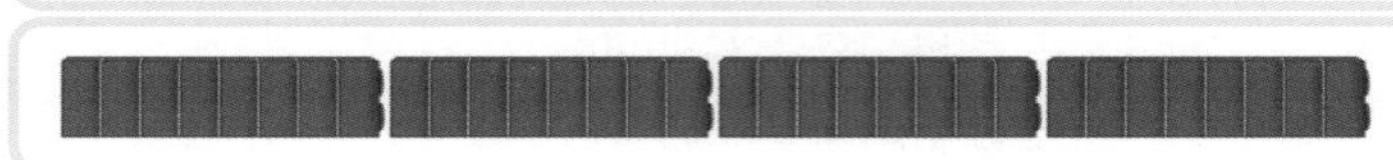

8 × □ = 32

3. 8의 단 곱셈구구표를 완성해 봅시다.

8 × 1 =

8 × 2 =

8 × 3 =

8 × 4 =

8 × 5 =

8 × 6 =

8 × 7 =

8 × 8 =

8 × 9 =

 활동 3: 스스로 서기

1. 그림을 보고 □ 안에 알맞은 수를 써넣으세요.

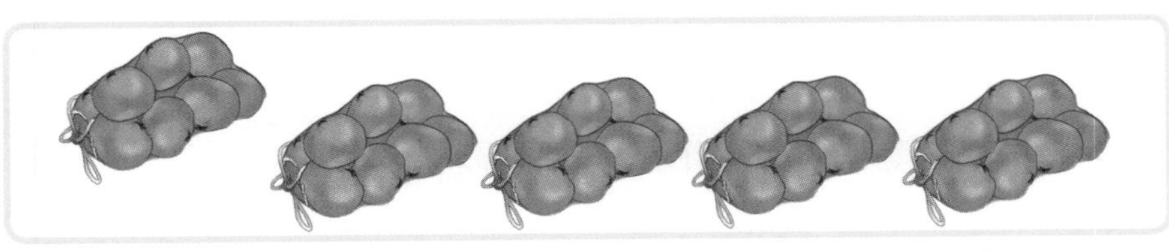

8개씩 5묶음은 □ 입니다. ⇨ 8 × □ = □

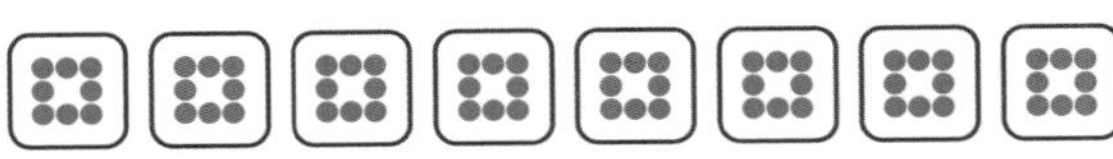

8개씩 8묶음은 □ 입니다. ⇨ 8 × □ = □

2. 곱셈을 해 보세요.

8 × 4 =	8 × 2 =
8 × 3 =	8 × 9 =
8 × 8 =	8 × 5 =
8 × 6 =	8 × 7 =

3. □ 안에 알맞은 수를 써넣으세요.

8 × □ = 24	8 × □ = 72
8 × □ = 32	8 × □ = 64
8 × □ = 40	8 × □ = 56

정리

◆ 8의 단 곱셈구구

○ $8 \times 1 = 8$, $8 \times 2 = 16$, $8 \times 3 = 24$, $8 \times 4 = 32$, $8 \times 5 = 40$, $8 \times 6 = 48$, $8 \times 7 = 56$, $8 \times 8 = 64$, $8 \times 9 = 72$

○ 8의 단 곱셈구구에서는 곱하는 수가 1씩 커지면, 곱은 8씩 커집니다.

놀이 활동: 내 땅을 만들어라

• 준비물: 십면체 주사위 1개, 색이 다른 색연필 2개

◆ 짝과 가위바위보를 하여 순서를 정합니다. 십면체 주사위를 던져 나온 수와 8을 곱한 수를 찾아 그 수를 둘러싸고 있는 점 중 두 개를 자신의 색연필로 잇습니다. 계속해서 순서대로 놀이를 하면서 점을 이어 자신만의 색으로 된 사각형을 많이 만드는 사람이 이깁니다.

4	56	24	3	12	4	25	2	15	32
20	30	36	72	15	5	18	30	12	9
18	5	1	24	20	64	6	1	24	8
12	16	25	6	40	3	36	5	32	24
2	9	24	48	12	8	10	64	15	12
5	15	4	30	56	24	40	2	18	3
8	20	72	5	15	4	30	1	3	12

12	18	10
6	24	12
15	4	30

◆ 이긴 사람은 누구? 재미있었나요? 그럼 슈타이너 곱셈구구 그림을 완성해 봅시다. 8의 단을 외우면서 일의 자리 수만 차례로 연결해 봅시다. 어떤 모양이 될까요?

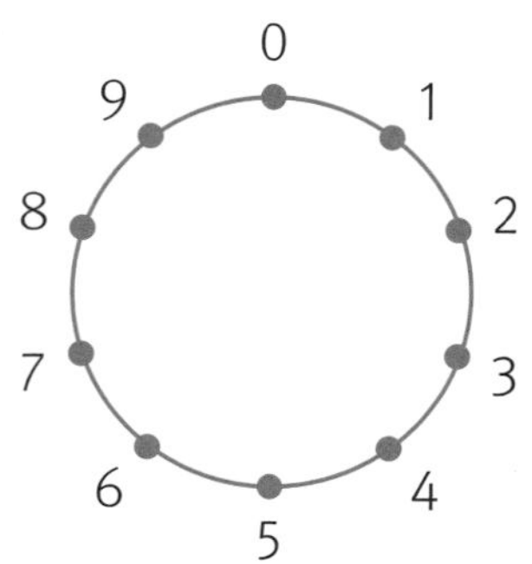

3단계 곱셈

07 차시 7의 단 곱셈구구를 알아볼까요?

학습목표 • 7의 단 곱셈구구의 구성원리를 알고 곱셈구구를 완성할 수 있다.

도입: 7의 단 곱셈 문제 상황 알기

1. 한 다발이 7개인 바나나가 있습니다. 바나나가 5다발 있을 때 바나나는 몇 개인지 그림을 그려 답을 찾아봅시다.

다발 수	바나나의 수 그림으로 나타내기	바나나의 수
1		
2		
3		
4		
5		

2. 바나나가 한 다발 늘어날 때마다 바나나의 수는 몇 개씩 늘어나나요?

3. 바나나가 5다발 있을 때 바나나의 수는 모두 몇 개인가요?

4. 바나나가 5다발 있을 때 바나나의 수를 덧셈식으로 나타내어 볼까요?

5. 바나나가 5다발 있을 때 바나나의 수를 곱셈식으로 나타내어 볼까요?

활동 1: 선생님 설명 듣기

◆ 7의 단 곱셈구구를 확인하고 익혀 봅시다.

그림과 덧셈식	곱셈식
7	7 × 1 = 7
7 + 7	7 × 2 = 14
7 + 7 + 7	7 × 3 = 21
7 + 7 + 7 + 7	7 × 4 = 28
7 + 7 + 7 + 7 + 7	7 × 5 = 35
7 + 7 + 7 + 7 + 7 + 7	7 × 6 = 42
7 + 7 + 7 + 7 + 7 + 7 + 7	7 × 7 = 49
7 + 7 + 7 + 7 + 7 + 7 + 7 + 7	7 × 8 = 56
7 + 7 + 7 + 7 + 7 + 7 + 7 + 7 + 7	7 × 9 = 63

짜짠! 7의 단 곱셈구구가 완성되었습니다!

$7 \times 1 = 7$
$7 \times 2 = 14$
$7 \times 3 = 21$
$7 \times 4 = 28$
$7 \times 5 = 35$
$7 \times 6 = 42$
$7 \times 7 = 49$
$7 \times 8 = 56$
$7 \times 9 = 63$

(+7, +7, +7, +7, +7, +7, +7, +7)

- $7 \times 1 = 7$입니다.
- 7×2는 7×1 보다 7만큼 더 크므로 14입니다.
- 7×3은 7×2 보다 7만큼 더 크므로 21입니다.
- 7×4는 7×3 보다 7만큼 더 크므로 28입니다.
- 7×5는 7×4 보다 7만큼 더 크므로 35입니다.
- 7×6은 7×5 보다 7만큼 더 크므로 42입니다.
- 7×7은 7×6 보다 7만큼 더 크므로 49입니다.
- 7×8은 7×7 보다 7만큼 더 크므로 56입니다.
- 7×9는 7×8 보다 7만큼 더 크므로 63입니다.

⇨ 7의 단 곱셈구구에서 곱하는 수가 1씩 커지면 그 곱은 7씩 커집니다.

⇨ 구구단송 7단을 활용하여 외워 봅시다.

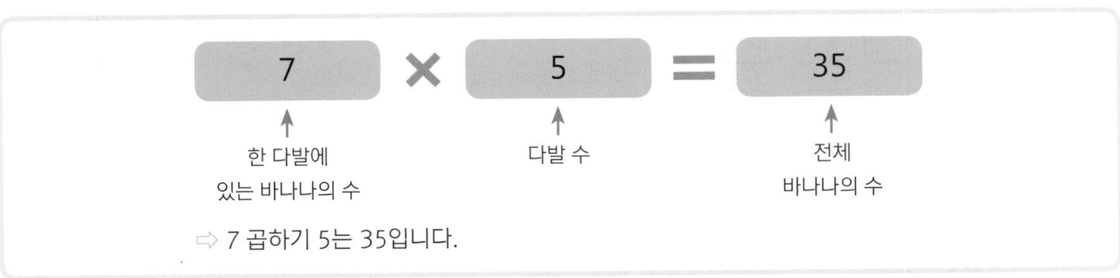

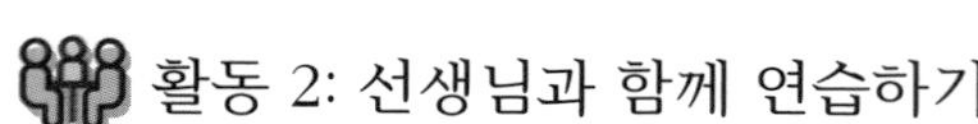

활동 2: 선생님과 함께 연습하기

1. 덧셈식을 보고 곱셈식을 완성해 보세요.

덧셈식	곱셈식
7 + 7 = 14	7 × ☐ = 14
7 + 7 + 7 + 7 = 28	7 × 4 = ☐
7 + 7 + 7 + 7 + 7 + 7 = 42	7 × ☐ = 42
7 + 7 + 7 + 7 + 7 + 7 + 7 = 49	7 × 7 = ☐

2. 그림을 보고 곱셈식을 만들어 봅시다.

- 7 × 3 = ☐
- 7 × ☐ = 28
- 7 × 5 = ☐

3. 7의 단 곱셈구구표를 완성해 봅시다.

- 7 × 1 =
- 7 × 2 =
- 7 × 3 =
- 7 × 4 =
- 7 × 5 =
- 7 × 6 =
- 7 × 7 =
- 7 × 8 =
- 7 × 9 =

 활동 3: 스스로 서기

1. 그림을 보고 ☐ 안에 알맞은 수를 써넣으세요.

7개씩 4묶음은 ☐ 입니다. ⇨ 7 × ☐ = ☐

7개씩 8묶음은 ☐ 입니다. ⇨ 7 × ☐ = ☐

2. 곱셈을 해 보세요.

7 × 4 =	7 × 2 =
7 × 3 =	7 × 9 =
7 × 8 =	7 × 5 =
7 × 6 =	7 × 7 =

3. ☐ 안에 알맞은 수를 써넣으세요.

7 × ☐ = 35	7 × ☐ = 14
7 × ☐ = 28	7 × ☐ = 63
7 × ☐ = 42	7 × ☐ = 21

정리

◆ 7의 단 곱셈구구

○ $7 \times 1 = 7$, $7 \times 2 = 14$, $7 \times 3 = 21$, $7 \times 4 = 28$, $7 \times 5 = 35$,
$7 \times 6 = 42$, $7 \times 7 = 49$, $7 \times 8 = 56$, $7 \times 9 = 63$

○ 7의 단 곱셈구구에서는 곱하는 수가 1씩 커지면, 곱은 7씩 커집니다.

놀이 활동

◆ 7의 단 곱셈구구의 값을 찾아 색칠해 봅시다. 무엇이 보이나요?

14	28	49	21
7	6	12	56
10	11	24	42
9	18	31	63
4	26	30	35

◆ 슈타이너 곱셈구구 그림을 완성해 봅시다. 7의 단을 외우면서 일의 자리 수만 차례로 연결해 봅시다. 어떤 모양이 될까요?

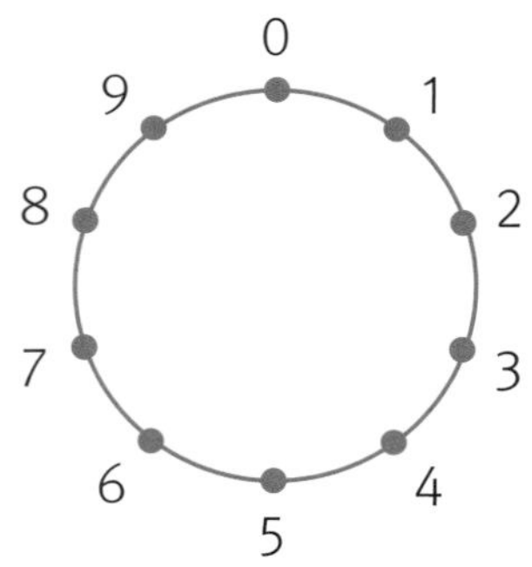

08 차시 9의 단 곱셈구구를 알아볼까요?

학습목표 • 9의 단 곱셈구구의 구성원리를 알고 곱셈구구를 완성할 수 있다.

도입: 9의 단 곱셈 문제 상황 알기

1. 초코칩 쿠키 하나에 초코칩이 9개 있습니다. 초코칩 쿠키가 4개 있을 때 초코칩의 개수는 몇 개인지 그림을 그려 답을 찾아봅시다.

쿠키의 수	초코칩 쿠키에 있는 초코칩의 수 그림으로 나타내기	초코칩의 수
1		
2		
3		
4		

2. 초코칩 쿠키가 한 개씩 늘어날 때마다 초코칩의 수는 몇 개씩 늘어나나요?

3. 초코칩 쿠키가 4개 있을 때 초코칩의 수는 모두 몇 개인가요?

4. 초코칩 쿠키가 4개 있을 때 초코칩의 수를 덧셈식으로 나타내어 볼까요?

5. 초코칩 쿠키가 4개 있을 때 초코칩의 수를 곱셈식으로 나타내어 볼까요?

활동 1: 선생님 설명 듣기

◆ 9의 단 곱셈구구를 확인하고 익혀 봅시다.

그림과 덧셈식	곱셈식
9	9 × 1 = 9
9 + 9	9 × 2 = 18
9 + 9 + 9	9 × 3 = 27
9 + 9 + 9 + 9	9 × 4 = 36
9 + 9 + 9 + 9 + 9	9 × 5 = 45
9 + 9 + 9 + 9 + 9 + 9	9 × 6 = 54
9 + 9 + 9 + 9 + 9 + 9 + 9	9 × 7 = 63
9 + 9 + 9 + 9 + 9 + 9 + 9 + 9	9 × 8 = 72
9 + 9 + 9 + 9 + 9 + 9 + 9 + 9 + 9	9 × 9 = 81

짜짠! 9의 단 곱셈구구가 완성되었습니다!

$9 \times 1 = 9$
$9 \times 2 = 18$
$9 \times 3 = 27$
$9 \times 4 = 36$
$9 \times 5 = 45$
$9 \times 6 = 54$
$9 \times 7 = 63$
$9 \times 8 = 72$
$9 \times 9 = 81$

(+9 +9 +9 +9 +9 +9 +9 +9)

- 9 × 1 = 9입니다.
- 9 × 2는 9 × 1 보다 9만큼 더 크므로 18입니다.
- 9 × 3은 9 × 2 보다 9만큼 더 크므로 27입니다.
- 9 × 4는 9 × 3 보다 9만큼 더 크므로 36입니다.
- 9 × 5는 9 × 4 보다 9만큼 더 크므로 45입니다.
- 9 × 6은 9 × 5 보다 9만큼 더 크므로 54입니다.
- 9 × 7은 9 × 6 보다 9만큼 더 크므로 63입니다.
- 9 × 8은 9 × 7 보다 9만큼 더 크므로 72입니다.
- 9 × 9는 9 × 8 보다 9만큼 더 크므로 81입니다.

⇨ 9의 단 곱셈구구에서 곱하는 수가 1씩 커지면 그 곱은 9씩 커집니다.

⇨ 구구단송 9단을 활용하여 외워 봅시다.

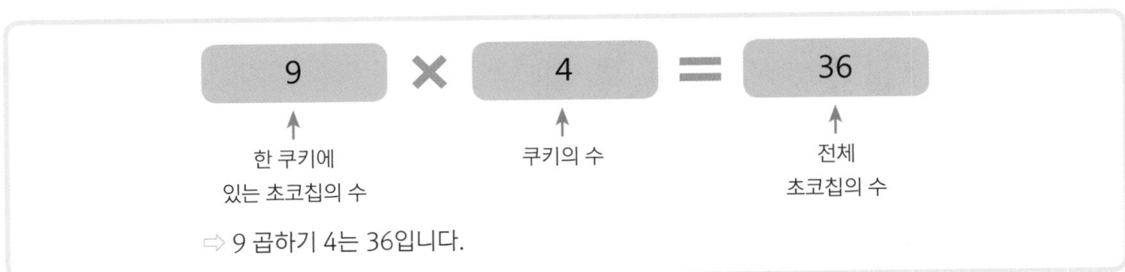

◆ 9의 단 곱셈구구를 이렇게도 외울 수 있어요!

1. 손가락에 숫자 매기기

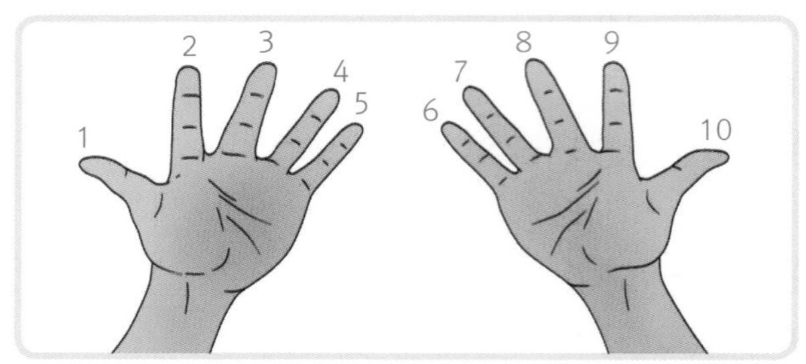

그림과 같이 각 손가락에 숫자를 정합니다.

2. 손가락 선택하기

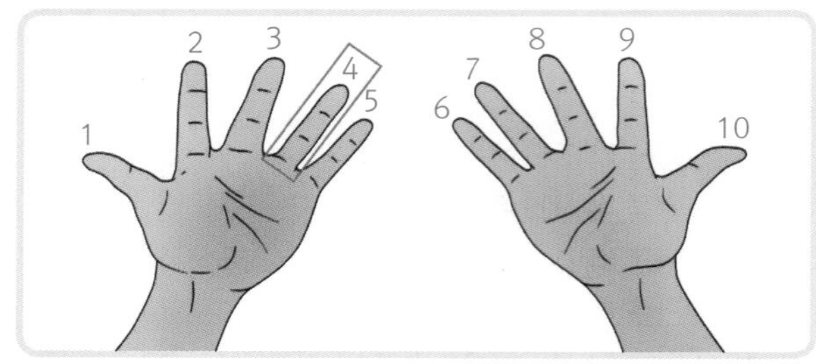

9와 곱할 수를 선택합니다. 그림에서는 4를 선택하여 9 × 4를 합니다.

3. 손가락 세기

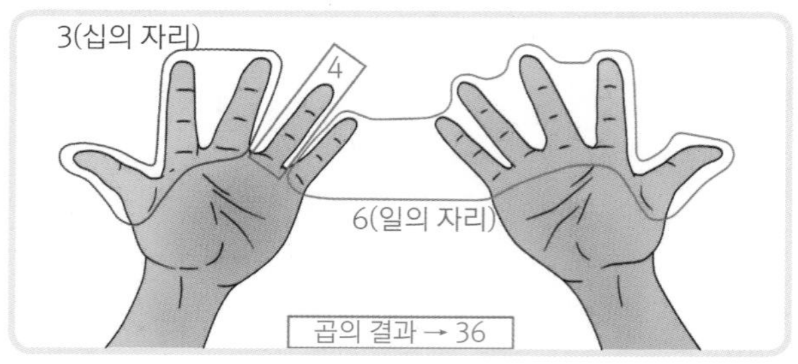

4를 기준으로 왼쪽과 오른쪽의 손가락을 셉니다. 왼쪽 손가락은 십의 자리, 오른쪽 손가락은 일의 자리를 나타냅니다. 따라서 왼쪽은 3, 오른쪽은 6이므로 9 × 4 = 36입니다.

9와 다른 수의 곱도 손가락 곱셈으로 해 보고 곱셈구구의 결과와 비교해 봅시다.

◆ 9의 단 곱셈구구의 규칙을 알아봅시다.

$9 \times 1 = 9$ → $0 + 9 = 9$

$9 \times 2 = 18$ → $1 + 8 = 9$

$9 \times 3 = 27$ → $2 + 7 = 9$

$9 \times 4 = 36$ → $3 + 6 = 9$

$9 \times 5 = 45$ → $4 + 5 = 9$

$9 \times 6 = 54$ → $5 + 4 = 9$

$9 \times 7 = 63$ → $6 + 3 = 9$

$9 \times 8 = 72$ → $7 + 2 = 9$

$9 \times 9 = 81$ → $8 + 1 = 9$

1. 위의 곱셈구구에서 그려진 화살표를 보고 찾을 수 있는 규칙을 말해 봅시다.

2. 9의 단 곱셈구구 결과의 일의 자리와 십의 자리 수를 더한 값은 얼마입니까?

3. 9의 단 곱셈구구에서 찾을 수 있는 규칙 두 가지를 정리해 봅시다.

활동 2: 선생님과 함께 연습하기

1. 덧셈식을 보고 곱셈식을 완성해 보세요.

덧셈식	곱셈식
9 + 9 + 9 = 27	9 × ☐ = 27
9 + 9 + 9 + 9 = 36	9 × 4 = ☐
9 + 9 + 9 + 9 + 9 + 9 = 54	9 × ☐ = 54
9 + 9 + 9 + 9 + 9 + 9 + 9 + 9 = 72	9 × 8 = ☐

2. 그림을 보고 곱셈식을 만들어 봅시다.

9 × ☐ = 18

9 × 3 = ☐

9 × ☐ = 36

3. 9의 단 곱셈구구표를 완성해 봅시다. 곱의 결과 일의 자리 수와 십의 자리 수의 합이 9가 되는지 확인합니다.

9 × 1 =

9 × 2 =

9 × 3 =

9 × 4 =

9 × 5 =

9 × 6 =

9 × 7 =

9 × 8 =

9 × 9 =

 활동 3: 스스로 서기

1. 그림을 보고 □ 안에 알맞은 수를 써넣으세요.

9개씩 4묶음은 □ 입니다. ⇨ 9 × □ = □

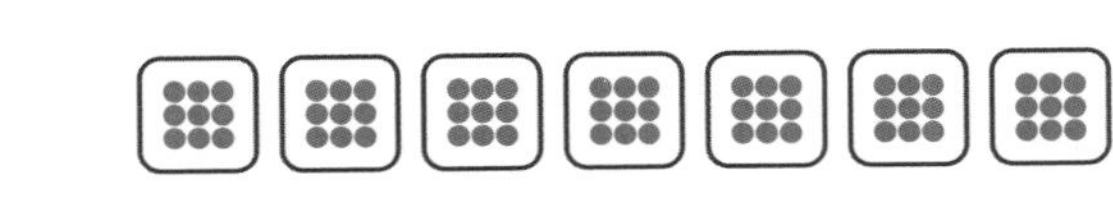

9개씩 7묶음은 □ 입니다. ⇨ 9 × □ = □

2. 곱셈을 해 보고 곱의 결과 일의 자리 수와 십의 자리 수의 합이 9가 되는지 확인해 보세요.

9 × 4 =	9 × 2 =
9 × 3 =	9 × 9 =
9 × 8 =	9 × 5 =
9 × 6 =	9 × 7 =

3. □ 안에 알맞은 수를 써넣으세요.

9 × □ = 27	9 × □ = 72
9 × □ = 36	9 × □ = 54
9 × □ = 45	9 × □ = 81

정리

◆ 9의 단 곱셈구구

○ $9 \times 1 = 9$, $9 \times 2 = 18$, $9 \times 3 = 27$, $9 \times 4 = 36$, $9 \times 5 = 45$, $9 \times 6 = 54$, $9 \times 7 = 63$, $9 \times 8 = 72$, $9 \times 9 = 81$

○ 9의 단 곱셈구구에서는 곱하는 수가 1씩 커지면, 곱은 9씩 커집니다.

놀이 활동

◆ 9의 단 곱셈구구로 빙고놀이 하기

1. 가로, 세로 3칸의 놀이판에 9의 단 곱을 자유롭게 씁니다.
2. 번갈아 가면서 곱셈식을 말하고 곱을 찾아 색칠합니다.
3. 세 줄을 먼저 색칠하는 사람이 이깁니다.
4. 지금까지 배운 다른 단을 섞어서 빙고놀이를 다시 할 수 있습니다.

◆ 이긴 사람은 누구? 재미있었나요? 그럼 슈타이너 곱셈구구 그림을 완성해 봅시다. 9의 단을 외우면서 일의 자리 수만 차례로 연결해 봅시다. 어떤 모양이 될까요?

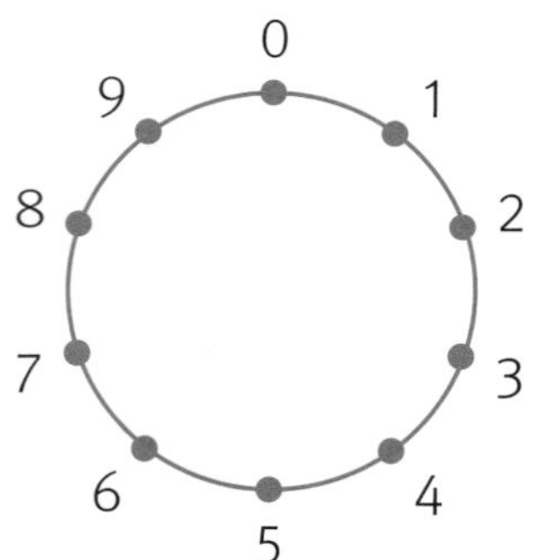

3단계 곱셈

09 차시 1의 단 곱셈구구와 0의 곱을 알아볼까요?

학습목표 • 1의 단 곱셈구구와 0의 곱의 원리를 알고 곱셈구구를 완성할 수 있다.

도입: 1의 단 곱셈 문제 상황 알기

1. 어항에 물고기가 한 마리씩 들어 있습니다. 어항이 7개 있을 때 물고기의 수는 몇 마리인지 알아봅시다.

어항의 수	어항에 있는 물고기의 수 그림으로 나타내기	물고기의 수
1		
2		
3		
4		
5		
6		
7		

2. 어항이 한 개씩 늘어날 때마다 물고기의 수는 몇 마리씩 늘어나나요?

3. 어항이 7개 있을 때 물고기의 수는 모두 몇 마리인가요?

4. 어항이 7개 있을 때 물고기의 수를 덧셈식으로 나타내어 볼까요?

5. 어항이 7개 있을 때 물고기의 수를 곱셈식으로 나타내어 볼까요?

활동 1: 선생님 설명 듣기

1. 1의 단 곱셈구구를 확인하고 익혀 봅시다.

그림과 덧셈식	곱셈식
1	1 × 1 = 1
1 + 1	1 × 2 = 2
1 + 1 + 1	1 × 3 = 3
1 + 1 + 1 + 1	1 × 4 = 4
1 + 1 + 1 + 1 + 1	1 × 5 = 5
1 + 1 + 1 + 1 + 1 + 1	1 × 6 = 6
1 + 1 + 1 + 1 + 1 + 1 + 1	1 × 7 = 7
1 + 1 + 1 + 1 + 1 + 1 + 1 + 1	1 × 8 = 8
1 + 1 + 1 + 1 + 1 + 1 + 1 + 1 + 1	1 × 9 = 9

2. 1의 단 곱셈표를 완성해 봅시다.

×	1	2	3	4	5	6	7	8	9
1	1	2		4		6			9

윗줄의 수와 아랫줄의 수가 같아요.
곱하는 수 = 곱의 결과

⇨ 1의 단 곱셈구구에서 곱하는 수가 1씩 커지면 그 곱은 1씩 커집니다.

⇨ 1과 어떤 수의 곱은 항상 어떤 수가 됩니다. ☆의 단에서 ☆ × 1 = ☆이므로 어떤 수와 1의 곱도 항상 어떤 수가 된답니다!

1 × ☆ = ☆, ☆ × 1 = ☆

활동 2: 선생님 설명 듣기

1. 어항에 물고기가 한 마리도 없습니다. 어항이 5개 있을 때 물고기의 수는 몇 마리인지 알아봅시다.

어항의 수	어항에 들어 있는 물고기의 수 그림으로 나타내기	물고기의 수
1		
2		
3		
4		
5		

○ 어항이 5개 있을 때 물고기의 수는 모두 몇 마리인가요?

○ 어항이 5개 있을 때 물고기의 수를 곱셈식으로 나타내어 볼까요?

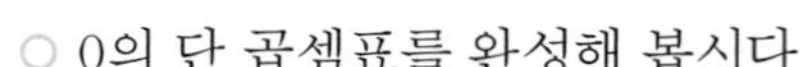

○ 0의 단 곱셈표를 완성해 봅시다.

×	1	2	3	4	5	6	7	8	9
0	0		0	0		0			0

⇨ 0과 어떤 수의 곱은 항상 0입니다.

0 × ☆ = 0

2. 공을 꺼내어 공에 적힌 수만큼 점수를 얻는 놀이를 하였습니다. 다음 표를 완성해 봅시다.

공에 적힌 수	0	1	2	3
꺼낸 횟수(번)	2	3	0	0
점수(점)		1 × 3 = 3		

○ 0이 적힌 공을 2번 꺼내었을 때 점수는 몇 점일까요? 이를 곱셈식으로 표현해 봅시다.

○ 1이 적힌 공을 3번 꺼내었을 때 점수는 몇 점일까요?

○ 2가 적힌 공을 0번 꺼내었을 때(한 번도 꺼내지 못했을 때) 점수는 몇 점일까요? 이를 곱셈식으로 표현해 봅시다.

○ 3이 적힌 공을 0번 꺼내었을 때(한 번도 꺼내지 못했을 때) 점수는 몇 점일까요? 이를 곱셈식으로 표현해 봅시다.

⇨ 0과 어떤 수의 곱은 항상 0입니다.

☆ × 0 = 0

활동 3: 선생님과 함께 연습하기

1. 덧셈식을 보고 곱셈식을 완성해 봅시다.

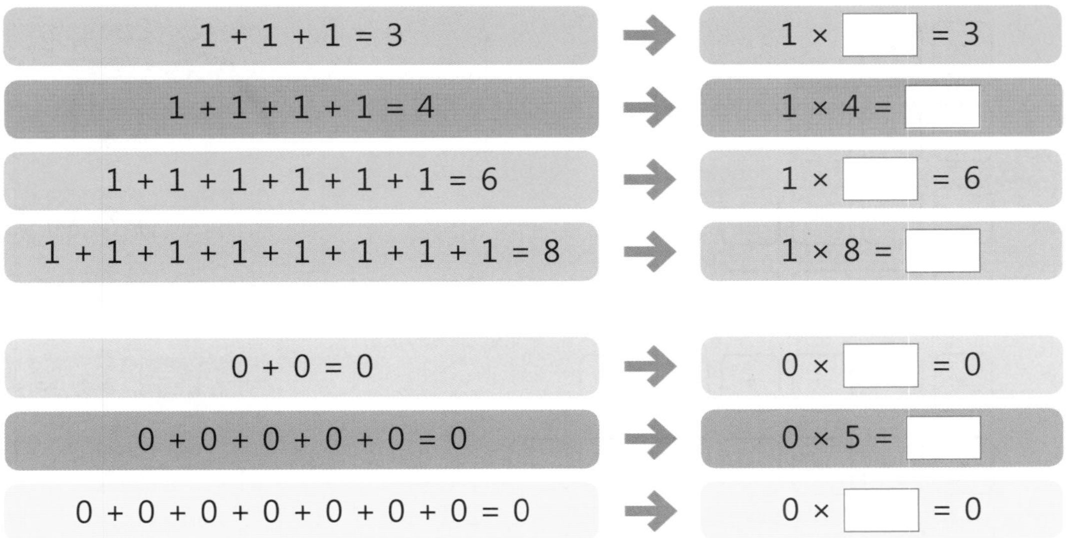

2. 그림을 보고 ☐ 안에 알맞은 수를 써 봅시다.

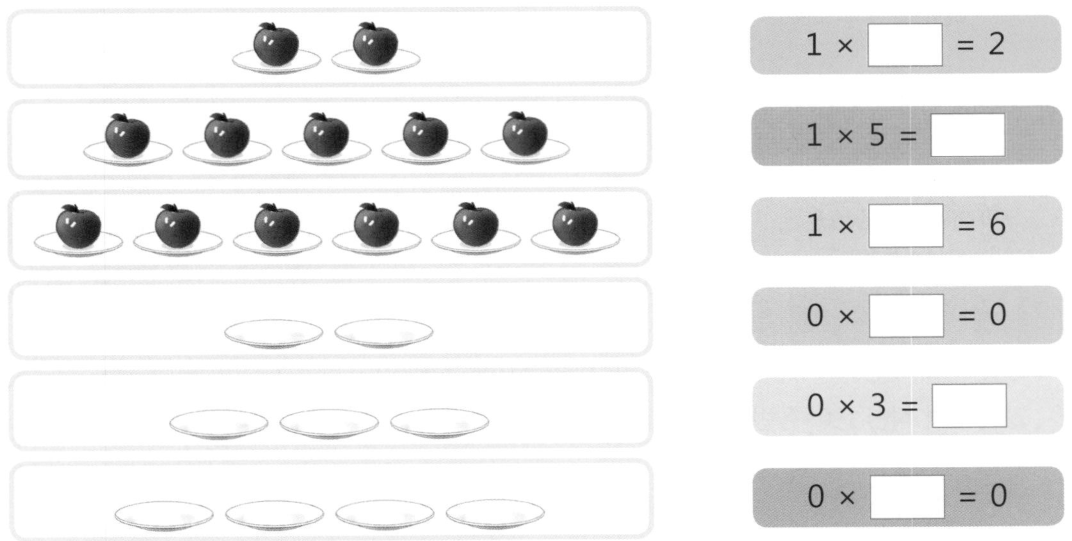

3. 1의 단 곱셈구구표를 완성해 봅시다.

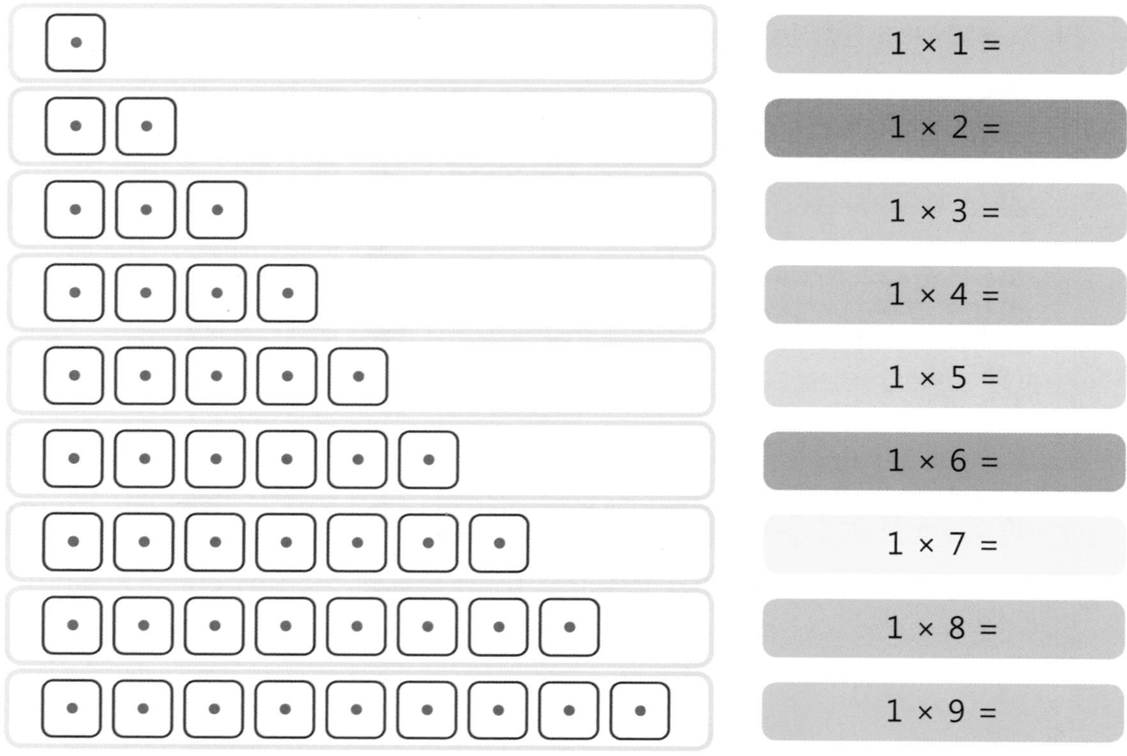

⇨ 1 곱하기 ☆은 항상 ☆입니다.

4. 빈칸에 알맞은 수를 써 봅시다.

0과 어떤 수의 곱은 항상 ☐ 입니다

0	×	3	=	☐
		6	=	☐
		9	=	☐

5. 공을 꺼내어 공에 적힌 수만큼 점수를 얻는 놀이를 하였습니다. 1이 적힌 공이 1번, 2가 적힌 공이 2번, 3이 적힌 공이 한번도 나오지 않았다면 몇 점을 얻는지 구해 봅시다.

공에 적힌 수	1	2	3
꺼낸 횟수(번)	1	2	0
점수(점)			
총점			

⇨ 어떤 수 곱하기 0은 항상 0입니다.

 활동 4: 스스로 서기

1. 그림을 보고 ☐ 안에 알맞은 수를 써넣으세요.

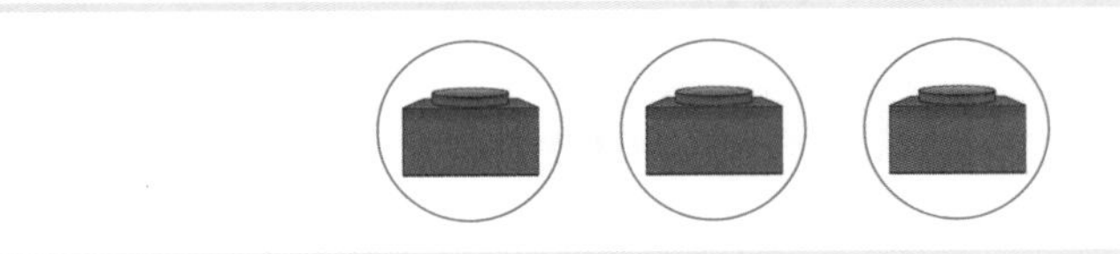

1개씩 3묶음은 ☐ 입니다. ⇨ 1 × ☐ = ☐

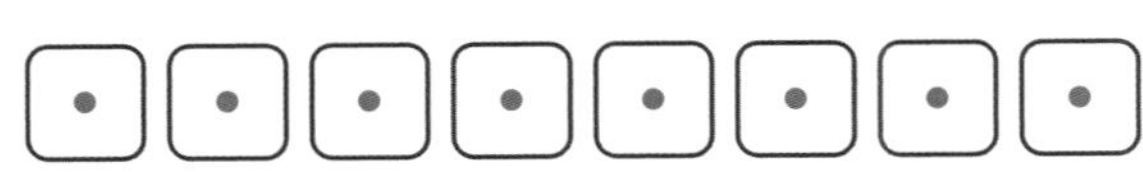

1개씩 8묶음은 ☐ 입니다. ⇨ 1 × ☐ = ☐

☐ × 2 = ☐

☐ × 2 = ☐

☐ × 4 = ☐

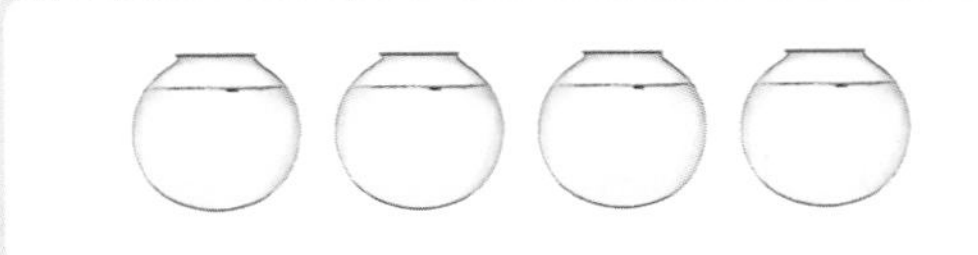

☐ × 4 = ☐

2. 곱셈을 해 보세요.

1 × 4 =	1 × 1 =	0 × 4 =	2 × 0 =
0 × 3 =	9 × 1 =	1 × 3 =	0 × 7 =
1 × 8 =	0 × 5 =	8 × 0 =	1 × 5 =
6 × 1 =	1 × 7 =	0 × 6 =	0 × 9 =

3. ☐ 안에 알맞은 수를 써 봅시다.

1 × ☐ = 2	3 × 0 = ☐	6 × ☐ = 0	3 × 0 = ☐
☐ × 1 = 3	0 × 2 = ☐	☐ × 1 = 8	0 × 7 = ☐
1 × ☐ = 5	9 × ☐ = 9	1 × ☐ = 0	4 × ☐ = 0

4. 예준이는 화살 12개를 쏘았습니다. 예준이가 얻은 점수를 알아봅시다.

점수판의 수	0	1	2	3	4
맞힌 횟수(번)	4	4	3	1	0
점수(점)					

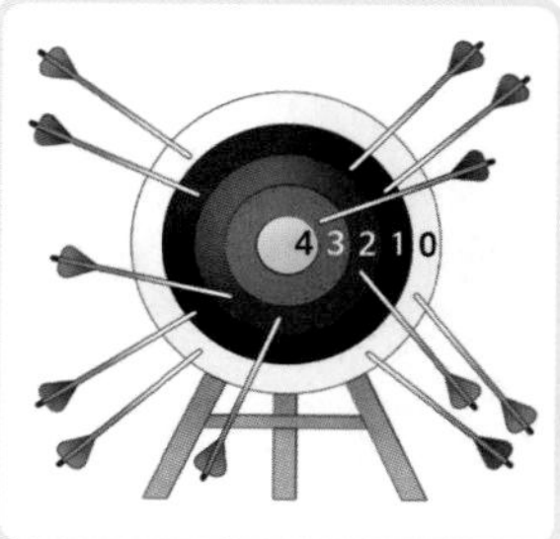

○ 예준이가 얻은 점수는 몇 점인가요?

정리

1. 1의 단 곱셈구구

○ $1 \times 1 = 1$, $1 \times 2 = 2$, $1 \times 3 = 3$, $1 \times 4 = 4$, $1 \times 5 = 5$,
$1 \times 6 = 6$, $1 \times 7 = 7$, $1 \times 8 = 8$, $1 \times 9 = 9$

○ $1 \times 1 = 1$, $2 \times 1 = 2$, $3 \times 1 = 3$, $4 \times 1 = 4$, $5 \times 1 = 5$,
$6 \times 1 = 6$, $7 \times 1 = 7$, $8 \times 1 = 8$, $9 \times 1 = 9$

- 1의 단 곱셈구구에서는 곱하는 수가 1씩 커지면, 곱은 1씩 커집니다.
- 1과 어떤 수의 곱은 항상 어떤 수가 됩니다. ☆의 단에서 ☆ × 1 = ☆이므로 어떤 수와 1의 곱도 항상 어떤 수가 됩니다.

2. 0의 곱

○ $0 \times 1 = 0$, $0 \times 2 = 0$, $0 \times 3 = 0$, $0 \times 4 = 0$, $0 \times 5 = 0$,
$0 \times 6 = 0$, $0 \times 7 = 0$, $0 \times 8 = 0$, $0 \times 9 = 0$

○ $1 \times 0 = 0$, $2 \times 0 = 0$, $3 \times 0 = 0$, $4 \times 0 = 0$, $5 \times 0 = 0$,
$6 \times 0 = 0$, $7 \times 0 = 0$, $8 \times 0 = 0$, $9 \times 0 = 0$

- 0과 어떤 수의 곱은 항상 0입니다.
- 어떤 수와 0의 곱은 항상 0입니다.

놀이 활동: 원판 돌리기 게임 〈부록〉 원판

◆ 부록에 있는 원판 가운데에 클립을 놓고 그 위에 연필을 수직으로 세워 고정한 후 다른 한 손으로 클립을 튕깁니다. 클립이 가리키는 수만큼 점수를 얻습니다. 각 숫자가 나온 횟수를 ○를 하나씩 그려 표시합니다. 짝과 서로 번갈아 가며 합니다. 제한된 시간에 가장 많은 점수를 모은 친구가 이깁니다.

〈player 1〉

원판 숫자	나온 횟수		곱셈식으로 나타내기
5	○ ○	2	5×2=10
0			
1			
2			
3			
4			
총점			

〈player 2〉

원판 숫자	나온 횟수		곱셈식으로 나타내기
5	○ ○	2	5×2=10
0			
1			
2			
3			
4			
총점			

10 차시 (몇십)×(몇)을 구해 볼까요?

학습목표 • (몇십)×(몇)의 계산 원리와 계산 형식을 이해하고 계산할 수 있다.

도입: (몇십)×(몇) 곱셈 문제 상황 알기

◆ 색종이 한 묶음은 20장입니다. 색종이 2묶음은 몇 장일까요? 곱셈식으로 나타내어 봅시다.

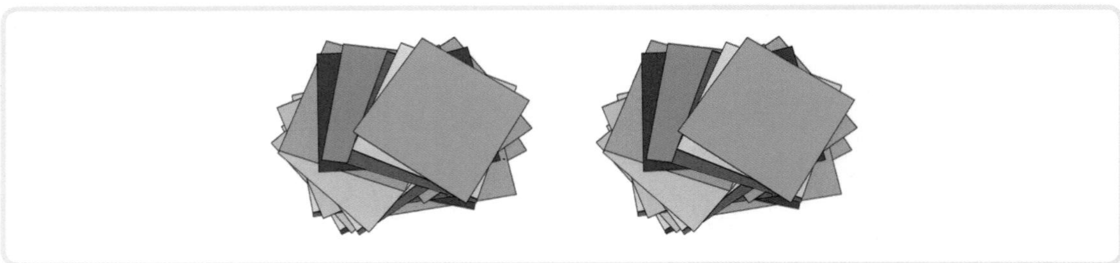

1. 20 × 2는 무슨 뜻일까요?

2. 20 × 2를 색칠해 봅시다. 20씩 각각 다른 색으로 칠합니다.

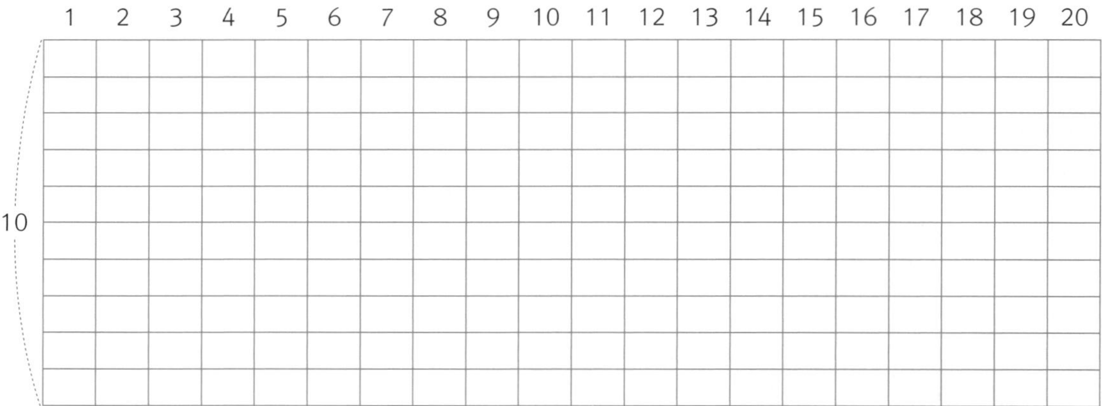

3. 20 × 2는 얼마인가요?

4. 어떻게 세었나요? 자기가 센 방법을 말해 봅시다.

※ 20 × 2를 셀 때는 두 개씩 두 번은 4니까 40이라고 세는 것이 좋습니다.

활동 1: 선생님 설명 듣기

1. 30×3은 얼마인가요? 30씩 색칠해서 알아봅시다.

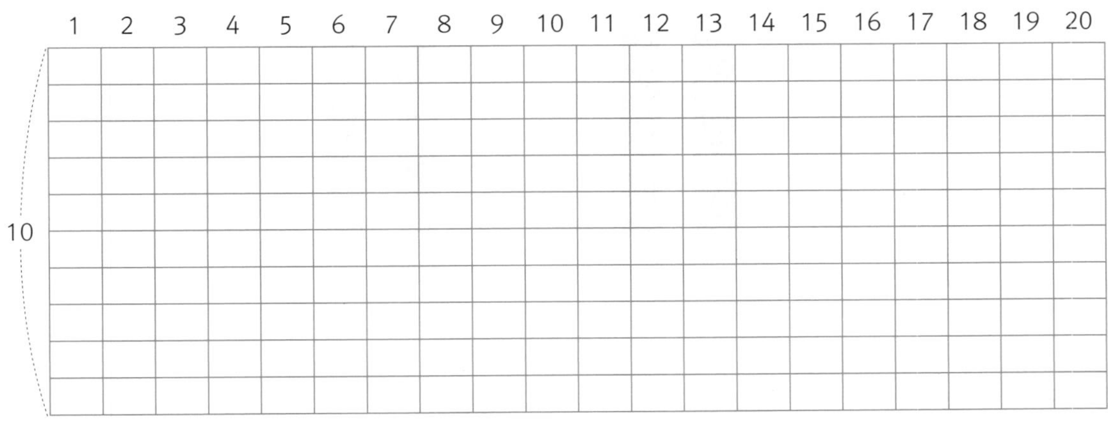

30 × 3 =

2. 40×3은 얼마인가요? 40씩 색칠해서 알아봅시다.

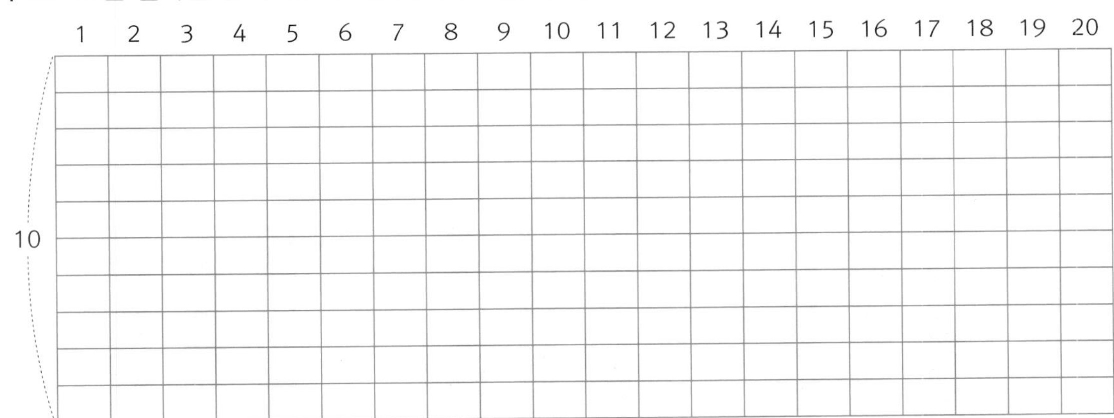

40 × 3 =

○ (몇십) × (몇)의 계산은 어떻게 하면 좋을까요?

(몇십) × (몇)의 계산은
(몇십) + (몇십) + … + (몇십)으로 (몇십)을 (몇)번 더하여 할 수 있습니다.
20 × 2 = 20 + 20 = 40 ⇨ 20을 2번 더합니다.

활동 2: 선생님과 함께 연습하기

1. 색종이는 모두 몇 장인지 수 모형으로 알아봅시다.

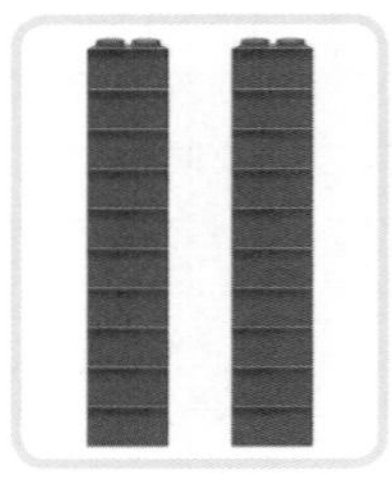 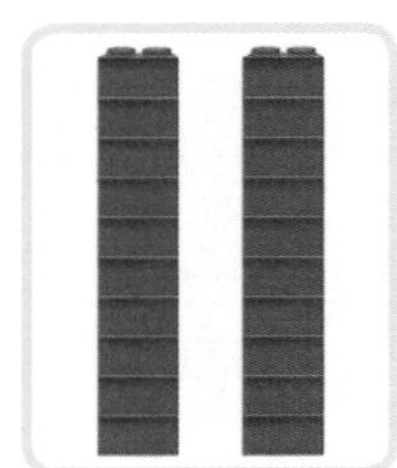

○ 십 모형은 모두 몇 개입니까?

○ 십 모형은 모두 몇 개인지 곱셈식으로 써 봅시다.

2 × ☐ = ☐

○ 색종이는 모두 몇 장입니까?

2. 30 × 3이 얼마인지 수 모형으로 알아봅시다.

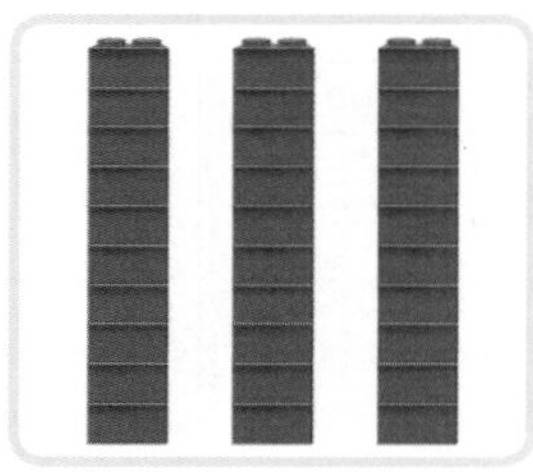 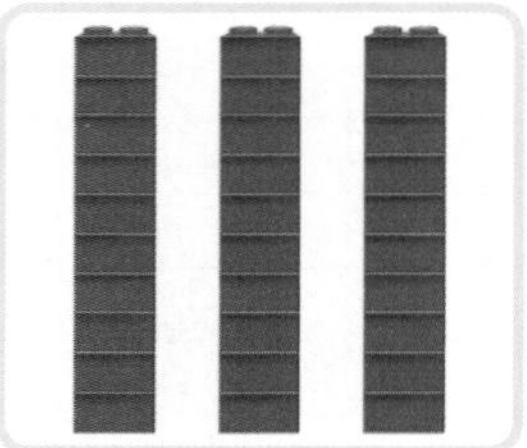 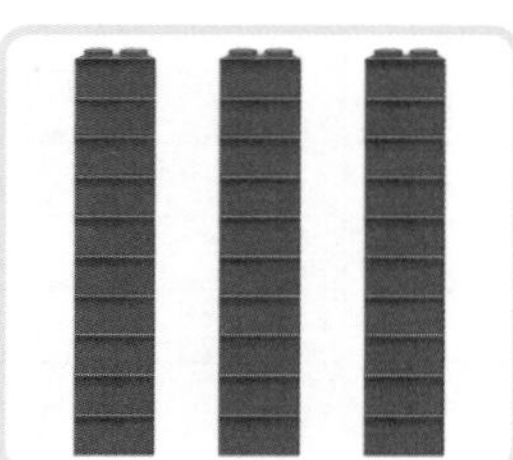

○ 십 모형은 모두 몇 개입니까?

○ 십 모형은 모두 몇 개인지 곱셈식으로 써 봅시다.

3 × ☐ = ☐

○ 30 × 3은 얼마입니까?

3. 40 × 3이 얼마인지 수 모형으로 알아봅시다.

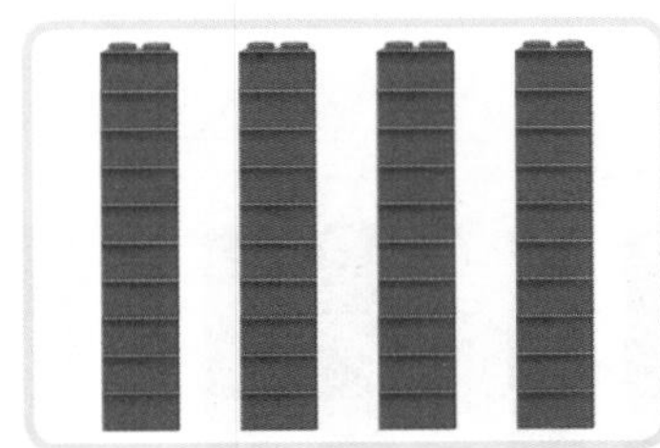
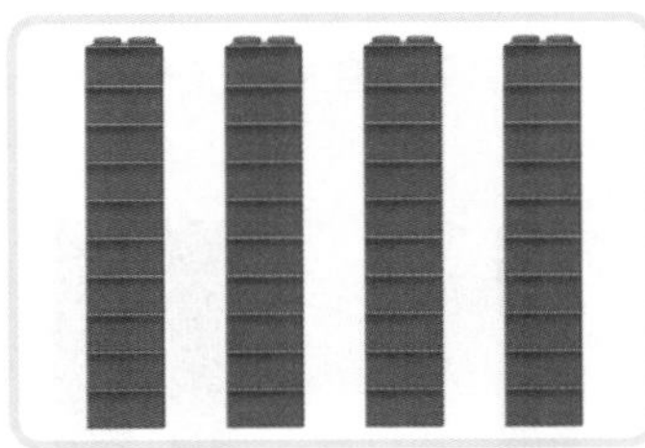
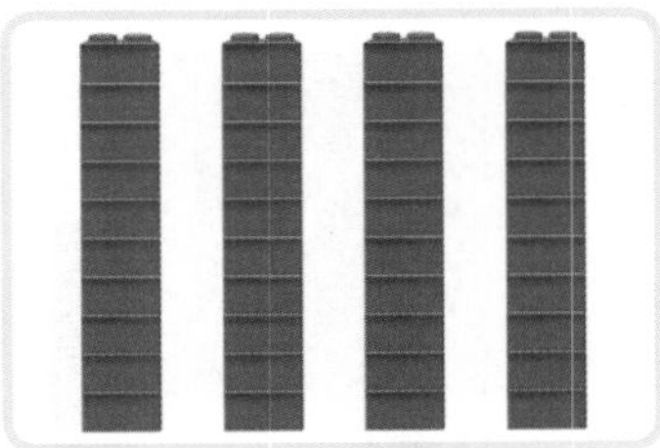

○ 십 모형은 모두 몇 개입니까?

○ 십 모형은 모두 몇 개인지 곱셈식으로 써 봅시다.

4 × ☐ = ☐

○ 40 × 3은 얼마입니까?

○ (몇십) × (몇)의 계산은 어떻게 하면 좋을까요?

(몇십) × (몇)의 계산은
(몇십)의 십의 자리 수와 (몇)을 곱한 값에 0을 붙여 씁니다.
20 × 2는 십 모형이 2개씩 2묶음 있으므로 ⇨ 2 × 2 = 4 ⇨ 4 뒤에 0을 붙여 40이 됩니다.

20 × 2 = 40

4. 다음 문제를 풀어 봅시다.

20 × 3 = ☐

30 × 2 = ☐

40 × 3 = ☐

 활동 3: 스스로 서기

1. 그림을 보고 □ 안에 알맞은 수를 써넣으세요.

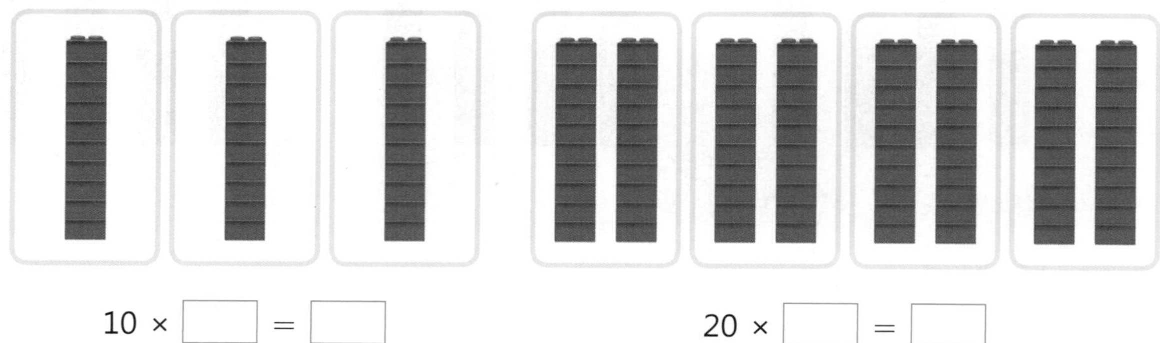

10 × □ = □ 20 × □ = □

2. 다음 곱셈식 중 <u>잘못된</u> 것을 고르세요.

① 10 × 3 = 30 ② 10 × 7 = 70 ③ 20 × 3 = 40
④ 30 × 2 = 60 ⑤ 40 × 2 = 80

3. 다음 곱셈식을 계산해 봅시다.

30 × 1 = □ 20 × 3 = □
40 × 2 = □ 30 × 3 = □

4. 다음 곱셈식을 보고 곱이 같은 것을 연결해 봅시다.

20 × 4 •	• 30 × 2
10 × 5 •	• 50 × 1
20 × 3 •	• 10 × 8

 정리

◆ (몇십) × (몇)의 계산은 (몇) × (몇)을 구한 후 그 수 뒤에 0을 붙여 줍니다.

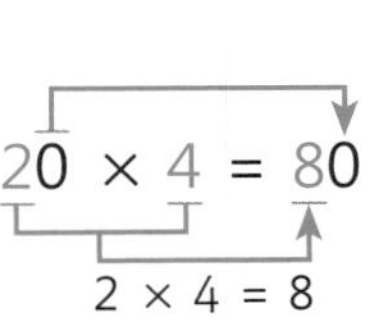

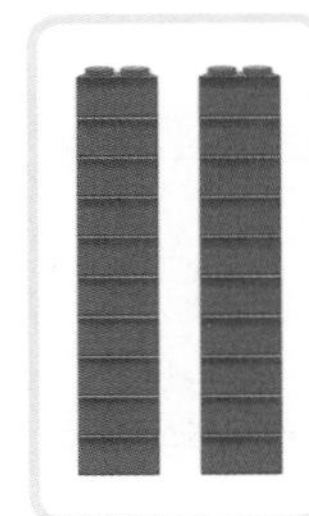 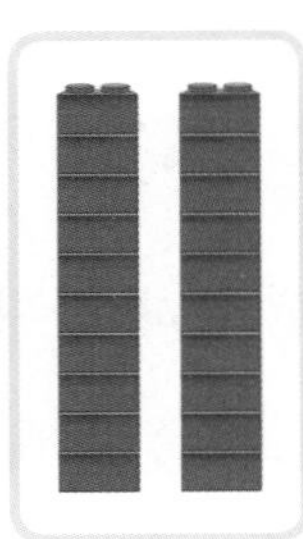 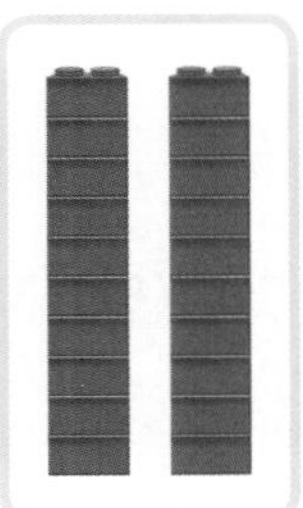 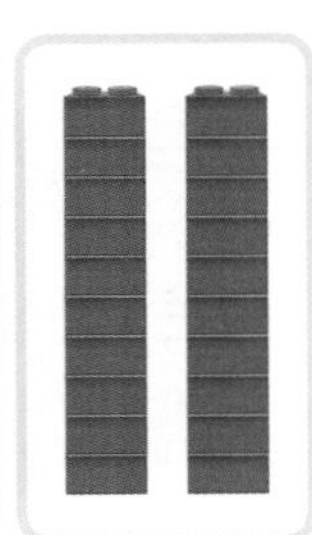

놀이 활동: 주사위 굴리기 게임

• 준비물: 색깔이 다른 주사위 2개(1개를 두 번 사용해도 됩니다.)

◆ 짝과 가위바위보를 하여 순서를 정합니다. 첫 번째 주사위를 굴려서 1의 눈이 나오면 10, 2의 눈이 나오면 20, 3의 눈이 나오면 30, 4의 눈이 나오면 40, 5의 눈이 나오면 50, 6의 눈이 나오면 60으로 약속하고 활동지에 나온 눈의 수를 씁니다. 두 번째 주사위를 굴립니다. 2가 나오면 몇십씩 2번, 4가 나오면 몇십씩 4번을 얻습니다. 즉, 첫 번째 나온 수와 두 번째 나온 수를 곱합니다. 만약 처음에 4가 나오고 다음에 2가 나오면 40×2로 80이 됩니다. 곱셈식을 계산해서 수가 더 큰 사람이 이깁니다.

횟수	player 1			player 2		
	첫 번째 주사위 눈	두 번째 주사위 눈	곱셈식	첫 번째 주사위 눈	두 번째 주사위 눈	곱셈식
1						
2						
3						
4						
5						

11차시 (몇십몇)×(몇)을 구해 볼까요?(1)

학습목표 • 올림이 없는 (몇십몇)×(몇)의 계산 원리와 계산 형식을 이해하고 계산할 수 있다.

도입: 올림이 없는 (몇십몇)×(몇) 곱셈 문제 상황 알기

◆ 한 상자에 도넛이 12개 들어 있습니다. 3상자를 선물로 받았습니다. 도넛은 모두 몇 개입니까?

1. 도넛이 모두 몇 개인지 어림하여 봅시다.

   ☆ (몇십) × (몇)으로 어림합니다.

   12는 약 ☐ 이고, ☐ 씩 ☐ 이면 ☐ 입니다.

2. 도넛이 모두 몇 개인지 곱셈식으로 나타내어 봅시다.

   ☐ × ☐

3. 12 × 3은 얼마일까요? 12씩 다른 색으로 칠해서 알아봅시다.

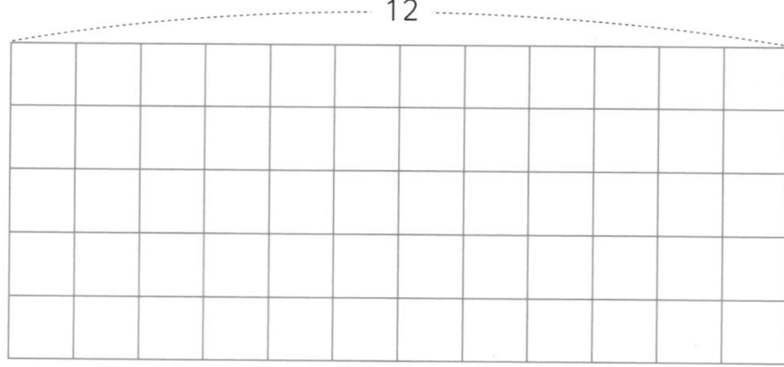

4. 어림한 값과 계산한 값을 비교하여 봅시다.

12 × 3 = 12 + 12 + 12 = 36 ⇨ 12를 3번 더하여 구할 수 있습니다.

활동 1: 선생님 설명 듣기

1. 3상자에 든 도넛이 모두 몇 개인지 수 모형으로 알아봅시다.

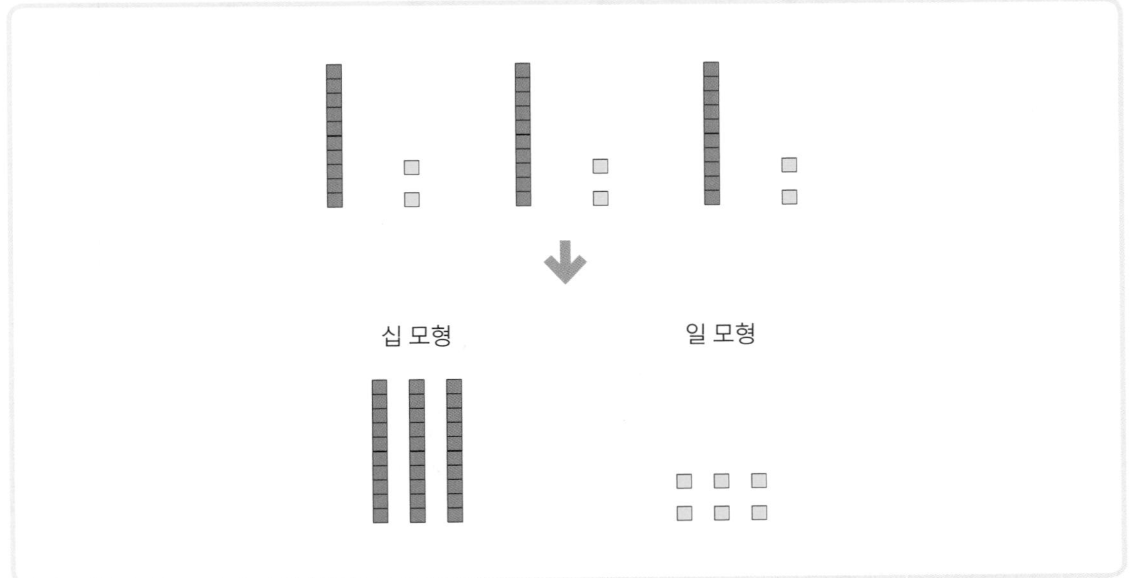

○ 위의 문제를 곱셈식으로 나타내어 봅시다.

☐ × ☐

○ 십 모형은 모두 몇 개입니까?

○ 일 모형은 모두 몇 개입니까?

○ 도넛은 모두 몇 개입니까?

○ 이러한 곱셈 문제를 어떻게 풀면 좋을까요?

2. 도넛이 4상자 있다면 도넛은 모두 몇 개인지 수 모형으로 알아봅시다.

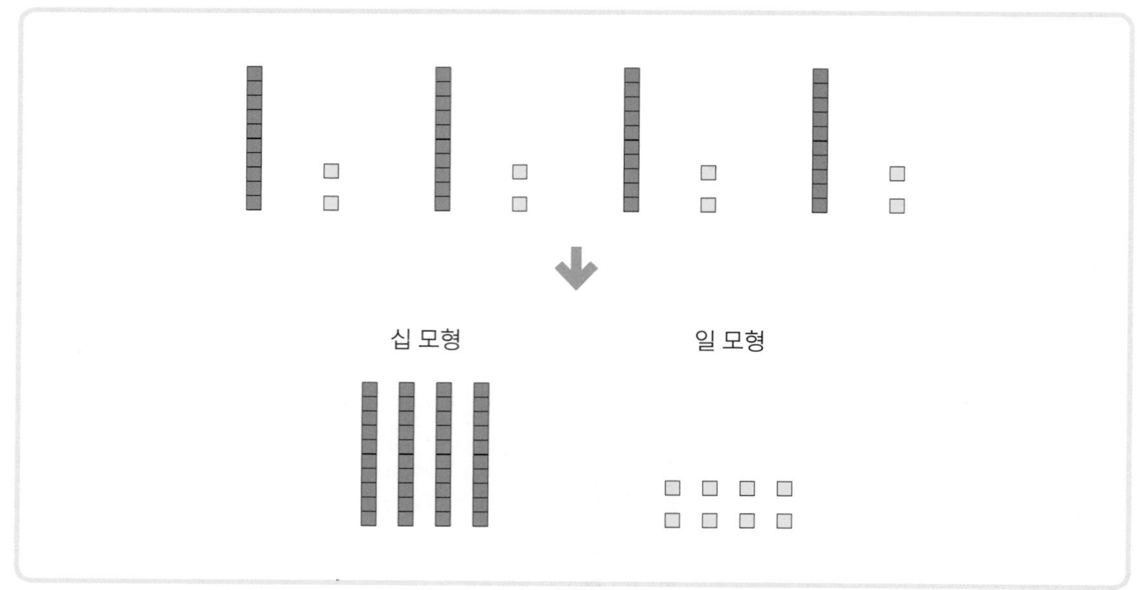

○ 위의 문제를 곱셈식으로 나타내어 봅시다.

☐ × ☐

○ 십 모형은 모두 몇 개입니까?

○ 일 모형은 모두 몇 개입니까?

○ 도넛은 모두 몇 개입니까?

○ 이러한 곱셈 문제를 어떻게 풀면 좋을까요?

활동 2: 선생님과 함께 연습하기

1. 12 × 3을 세로셈으로 계산하는 방법을 알아봅시다.

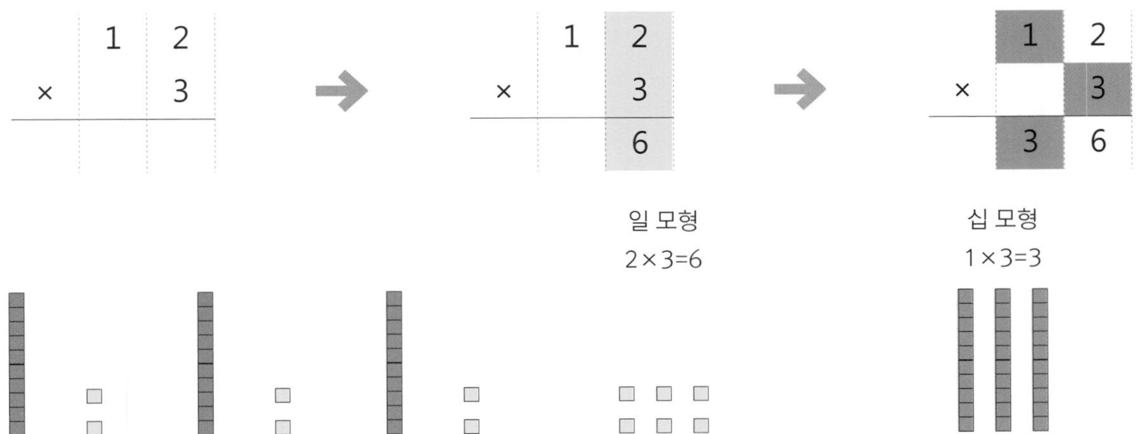

- 일의 자리 수끼리 먼저 곱한 값을 일의 자리에 쓰고, 십의 자리 수와 일의 자리 수를 곱한 값을 십의 자리에 씁니다.
- 일의 자리 수끼리의 곱은 2×3=6이고, 십의 자리 수와 일의 자리 수의 곱은 1×3=3이므로 12×3=36입니다.

2. 다음 세로셈을 계산해 봅시다.

	2	1	→		2	1
×		4		×		4
		□			□	□

	1	3	→		1	3
×		2		×		2
		□			□	□

	3	2	→		3	2
×		3		×		3
		□			□	□

	4	1
×		2
	□	□

	2	3
×		3
	□	□

활동 3: 스스로 서기

1. 그림을 보고 □ 안에 알맞은 수를 써넣으세요.

12 × □ = □

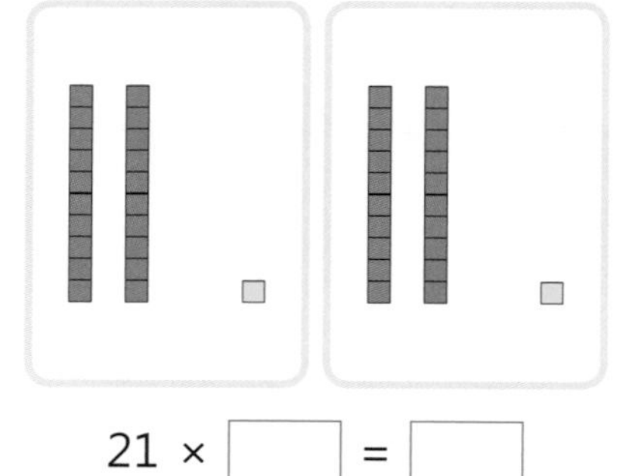

21 × □ = □

2. 다음 곱셈식을 계산해 봅시다.

13 × 3 = □

23 × 2 = □

41 × 2 = □

32 × 3 = □

3. 다음 곱셈식을 계산해 봅시다.

$$\begin{array}{r} 2\ 1 \\ \times\ \ \ 4 \\ \hline \square \end{array} \rightarrow \begin{array}{r} 2\ 1 \\ \times\ \ \ 4 \\ \hline \square\,\square \end{array} \qquad \begin{array}{r} 1\ 3 \\ \times\ \ \ 2 \\ \hline \square \end{array} \rightarrow \begin{array}{r} 1\ 3 \\ \times\ \ \ 2 \\ \hline \square\,\square \end{array}$$

$$\begin{array}{r} 1\ 4 \\ \times\ \ \ 2 \\ \hline \end{array} \qquad \begin{array}{r} 2\ 2 \\ \times\ \ \ 3 \\ \hline \end{array} \qquad \begin{array}{r} 3\ 1 \\ \times\ \ \ 3 \\ \hline \end{array} \qquad \begin{array}{r} 4\ 3 \\ \times\ \ \ 2 \\ \hline \end{array}$$

정리

◆ 올림이 없는 (몇십몇) × (몇)의 계산 방법

	1	2
×		3

→

	1	2
×		3
		6

→

	1	2
×		3
	3	6

1. 일의 자리 수 2와 3의 곱 6은 일의 자리에 씁니다.
2. 십의 자리 수 1과 3의 곱 3은 십의 자리에 씁니다.

놀이 활동: 같은 수를 찾아라!

◆ 다음 곱셈을 계산해 봅시다. 곱의 결과, 일의 자리 수가 같은 것을 찾아 ○, 십의 자리 수가 같은 것끼리 찾아 □를 해 봅시다. 그리고 곱의 결과가 가장 큰 수에 ☆을, 가장 작은 수에 △를 해 봅시다.

12차시 (몇십몇)×(몇)을 구해 볼까요?(2)

학습목표 • 십의 자리에서 올림이 있는 (몇십몇)×(몇)의 계산 원리와 계산 형식을 이해하고 계산할 수 있다.

도입: 십의 자리에서 올림이 있는 (몇십몇)×(몇) 곱셈 문제 상황 알기

◆ 딸기가 한 상자에 32개씩 들어 있습니다. 4상자를 사려고 합니다. 딸기는 모두 몇 개입니까?

1. 딸기가 모두 몇 개인지 어림하여 봅시다.

32는 약 ☐ 이고, ☐ 씩 ☐ 이면 ☐ 입니다.

2. 딸기가 모두 몇 개인지 어떤 방법으로 구할 수 있을까요?

3. 32 × 4는 얼마일까요? 32씩 색칠해서 알아봅시다.

16

16개씩 2줄은 32입니다. 2줄씩 4번 칠하면 얼마일까요?

4. 어림한 값과 계산한 값을 비교하여 봅시다.

활동 1: 선생님 설명 듣기

1. 4상자에 든 딸기가 모두 몇 개인지 수 모형으로 알아봅시다.

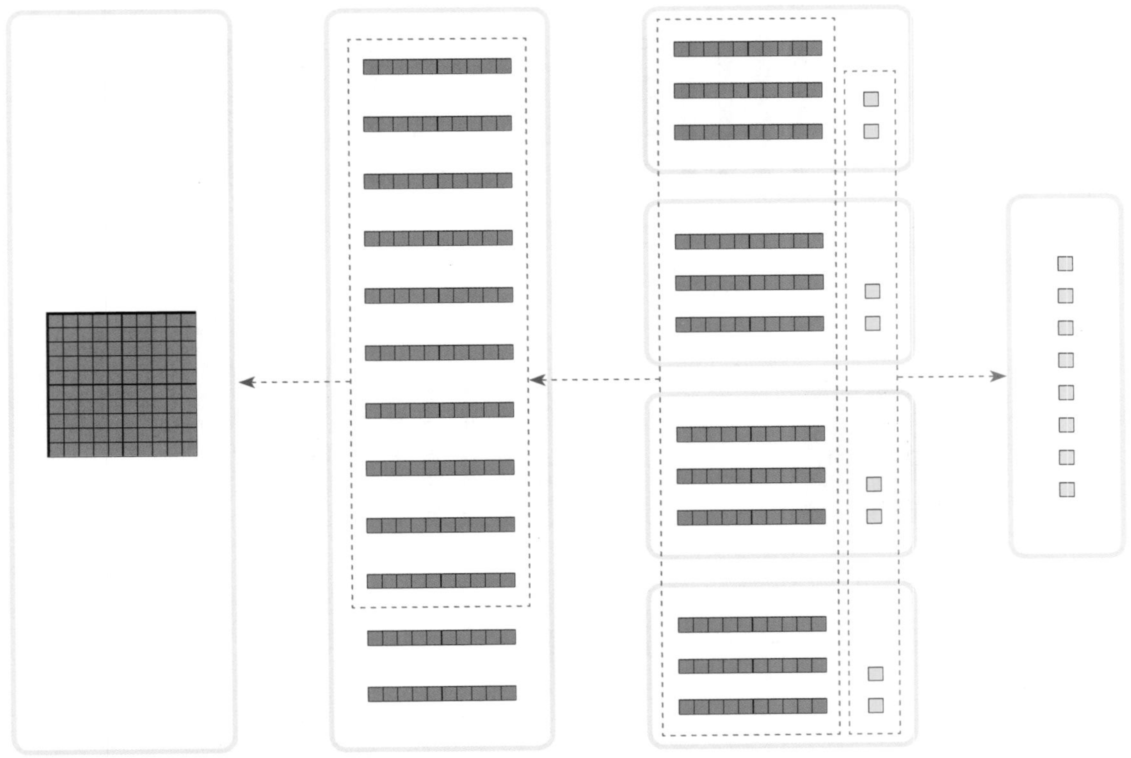

○ 딸기가 모두 몇 개인지 곱셈식으로 나타내어 봅시다.

☐ × ☐

○ 일 모형은 모두 몇 개입니까?

○ 십 모형은 모두 몇 개입니까?

○ 딸기는 모두 몇 개입니까?

○ 이러한 곱셈 문제를 어떻게 풀면 좋을까요?

2. 딸기가 한 상자에 51개 들어 있습니다. 2상자에 들어 있는 딸기의 수를 수 모형으로 알아봅시다.

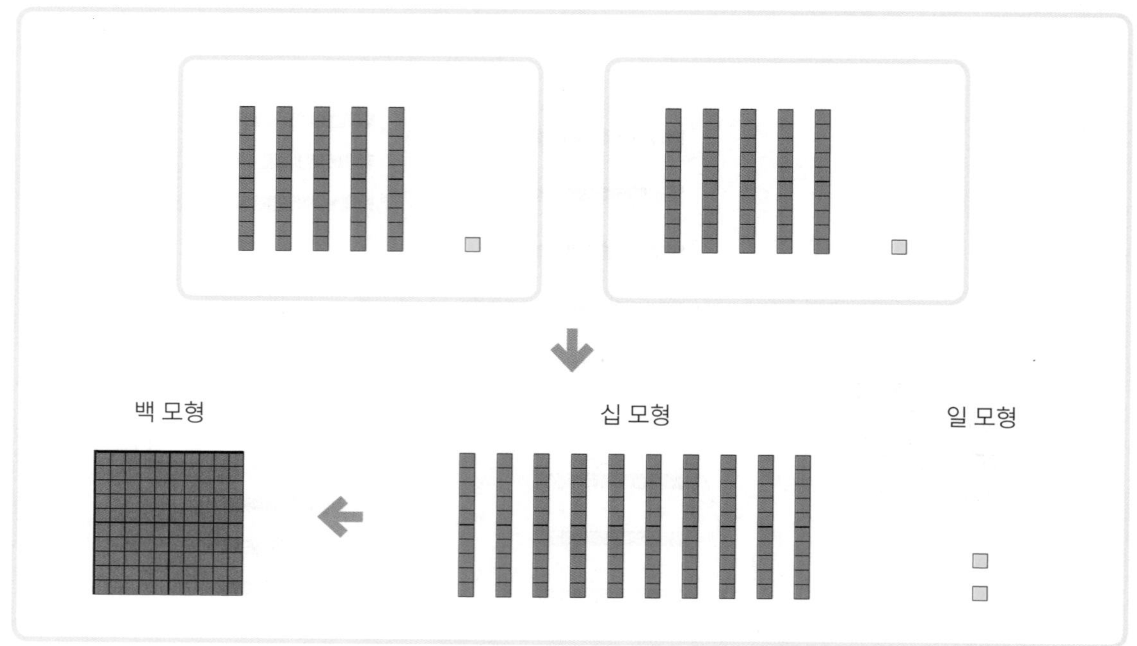

○ 위의 문제를 곱셈식으로 나타내어 봅시다.

□ × □

○ 일 모형은 모두 몇 개입니까?

○ 십 모형은 모두 몇 개입니까?

○ 딸기는 모두 몇 개입니까?

○ 이러한 곱셈 문제를 어떻게 풀면 좋을까요?

활동 2: 선생님과 함께 연습하기

1. 32 × 4를 세로셈으로 계산하는 방법을 알아봅시다.

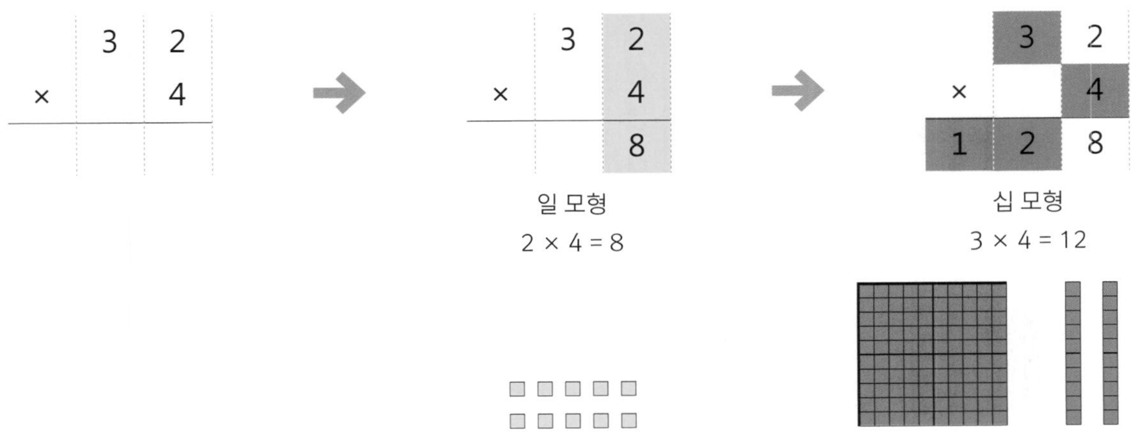

- 일 모형은 2 × 4 = 8, 십 모형은 3 × 4 = 12이므로 120입니다. 따라서 8 + 120 = 128입니다.
- 일의 자리 수 2와 4를 곱하면 2 × 4 = 8이므로 일의 자리에 8을 씁니다. 십의 자리 수 3과 4를 곱하면 3 × 4 = 12이므로 십의 자리에 2를 쓰고 백의 자리에 1을 씁니다.

2. 다음 세로셈을 계산해 봅시다.

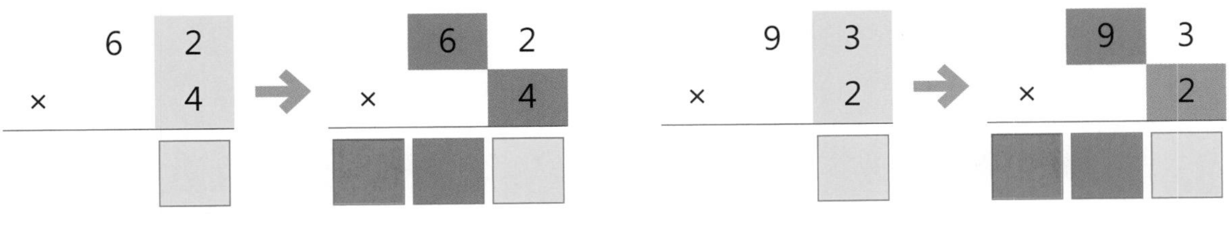

$$\begin{array}{r} 21 \\ \times\ \ 8 \\ \hline \square \end{array} \rightarrow \begin{array}{r} 21 \\ \times\ \ 8 \\ \hline \square\square\square \end{array} \qquad \begin{array}{r} 42 \\ \times\ \ 3 \\ \hline \square\square\square \end{array} \qquad \begin{array}{r} 54 \\ \times\ \ 2 \\ \hline \end{array}$$

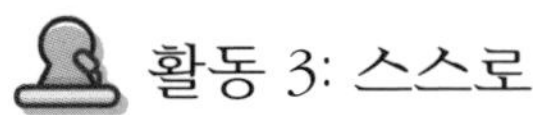

활동 3: 스스로 서기

1. 그림을 보고 □ 안에 알맞은 수를 써넣으세요.

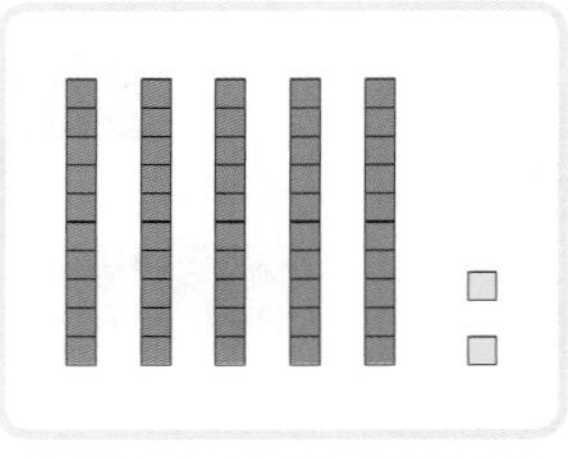

52 × □ = □

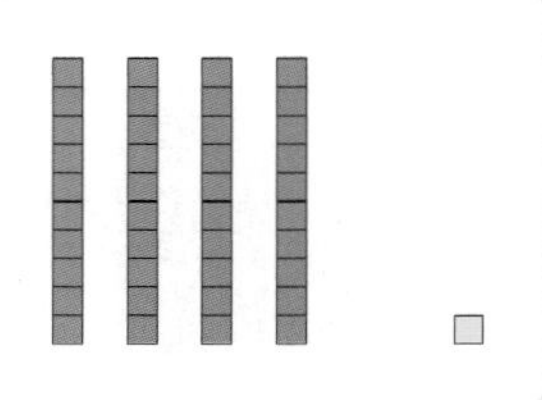

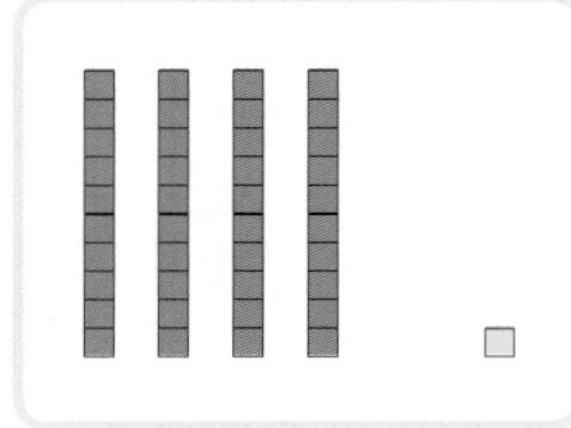

41 × □ = □

2. 다음 곱셈식을 계산해 봅시다.

20 × 5 = □

43 × 3 = □

62 × 4 = □

54 × 2 = □

3. 다음 곱셈식을 계산해 봅시다.

	2	1
×		5
		□

→

	2	1
×		5
□	□	□

	3	2
×		4
		□

→

	3	2
×		4
□	□	□

	4	2
×		3
□	□	□

	5	3
×		3
□	□	□

	6	2
×		4

	7	1
×		6

정리

◆ 십의 자리에서 올림이 있는 (몇십몇)×(몇)의 계산 방법

	3	2
×		4

→

	3	2
×		4
		8

→

	3	2
×		4
1	2	8

1. 일의 자리 수 2와 4의 곱 8은 일의 자리에 씁니다.
2. 십의 자리 수 3과 4의 곱 12에서 2는 십의 자리에 쓰고, 1은 백의 자리에 씁니다.

놀이 활동: 어림왕은 누구?

• 준비물: 계산기

◆ 짝과 가위바위보를 하여 문제를 선택할 순서를 정합니다. 이긴 사람이 아래 곱셈식 중 하나를 선택하면 결과를 어림한 값을 각자 종이에 씁니다. 어림한 후, 실제 계산 결과를 계산기로 계산하여 봅니다. 어림한 값과 실제 계산 값의 차이가 적은 사람이 이깁니다.

32 × 3 = ☐	21 × 5 = ☐	43 × 3 = ☐
42 × 4 = ☐	31 × 5 = ☐	52 × 4 = ☐
63 × 2 = ☐	82 × 2 = ☐	71 × 6 = ☐

13 차시 (몇십몇)×(몇)을 구해 볼까요?(3)

학습목표 • 일의 자리에서 올림이 있는 (몇십몇)×(몇)의 계산 원리와 계산 형식을 이해하고 계산할 수 있다.

도입: 일의 자리에서 올림이 있는 (몇십몇)×(몇) 곱셈 문제 상황 알기

◆ 초콜릿이 한 상자에 15개씩 들어 있습니다. 3상자를 사려고 합니다. 초콜릿은 모두 몇 개입니까?

1. 초콜릿이 모두 몇 개인지 어림하여 봅시다.

15는 약 ☐ 이고, ☐ 씩 ☐ 이면 ☐ 입니다.

2. 초콜릿이 모두 몇 개인지 어떤 방법으로 구할 수 있을까요?

3. 15 × 3은 얼마일까요? 15씩 색칠해서 알아봅시다.

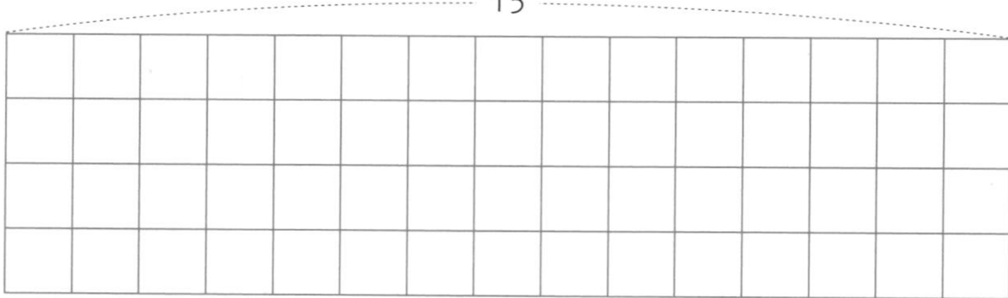

4. 어림한 값과 계산한 값을 비교하여 봅시다.

활동 1: 선생님 설명 듣기

1. 3상자에 든 초콜릿이 모두 몇 개인지 수 모형으로 알아봅시다.

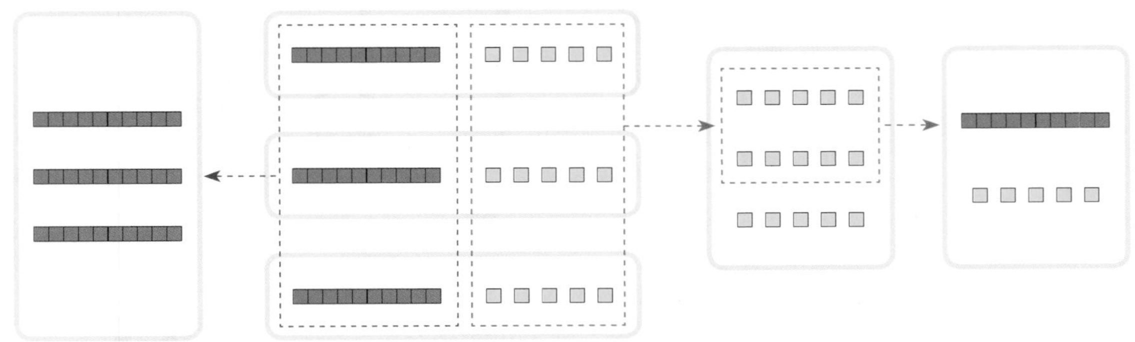

○ 초콜릿은 모두 몇 개인지 곱셈식으로 나타내어 봅시다.

○ 수 모형으로 놓아 봅시다.

○ 십 모형은 모두 몇 개입니까?

○ 일 모형은 모두 몇 개입니까?

○ 일 모형을 어떻게 해야 할까요?

○ 초콜릿은 모두 몇 개입니까?

2. 초콜릿이 5상자 있다면 초콜릿은 모두 몇 개인지 수 모형으로 알아봅시다.

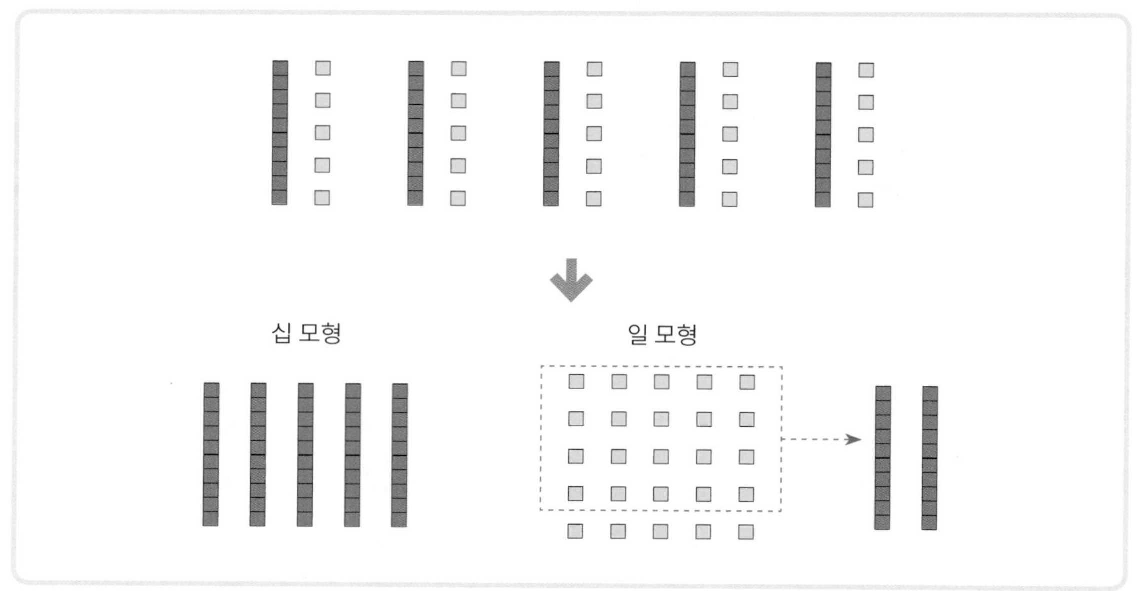

○ 위의 문제를 곱셈식으로 나타내어 봅시다.

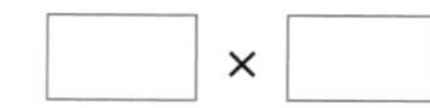

○ 수 모형으로 놓아 봅시다.

○ 십 모형은 모두 몇 개입니까?

○ 일 모형은 모두 몇 개입니까?

○ 일 모형을 어떻게 해야 할까요?

○ 초콜릿은 모두 몇 개입니까?

활동 2: 선생님과 함께 연습하기

1. 15 × 3을 세로셈으로 계산하는 방법을 알아봅시다.

일 모형
5 × 3 = 15

십 모형
1 × 3 → 3 + 1 = 4

- 일 모형은 5 × 3 = 15, 십 모형은 1 × 3 = 3이므로 30입니다. 따라서 15 + 30 = 45입니다.
- 일의 자리 수 5와 3을 곱하면 3 × 5 = 15이므로 일의 자리에 5를 쓰고 십의 자리 위에 올림한 수 1을 작게 씁니다. 십의 자리 수 1과 3을 곱하면 1 × 3 = 3이므로 일의 자리에서 올림한 1을 더하여 십의 자리에 4를 씁니다.

2. 다음 세로셈을 계산해 봅시다.

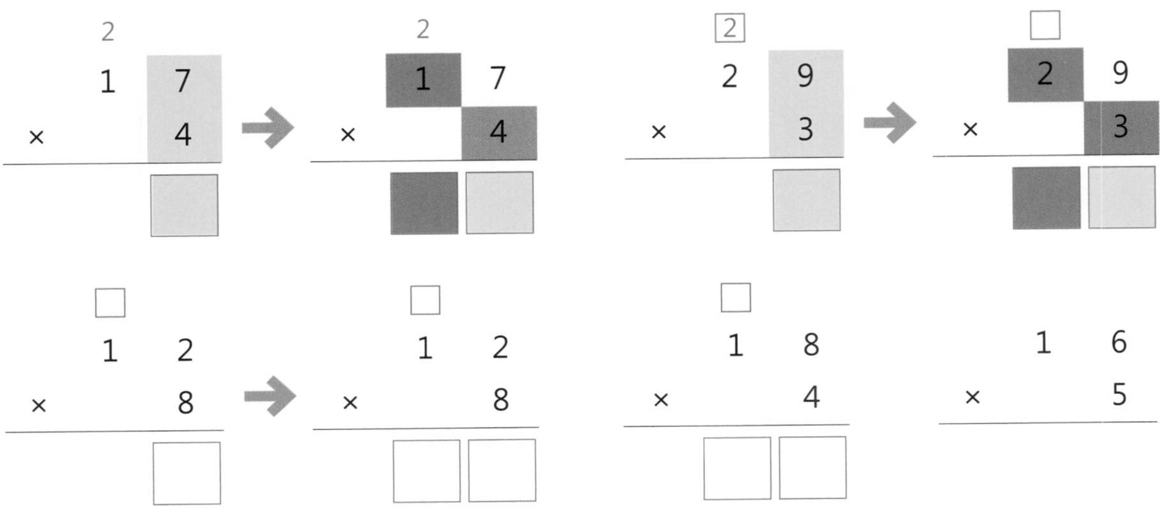

 활동 3: 스스로 서기

1. 그림을 보고 □ 안에 알맞은 수를 써넣으세요.

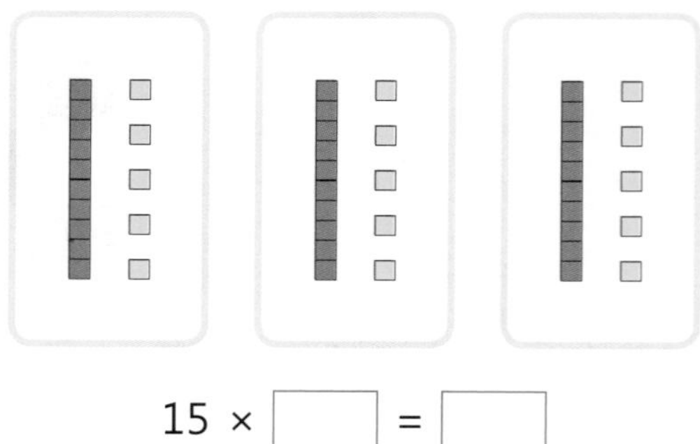

15 × □ = □

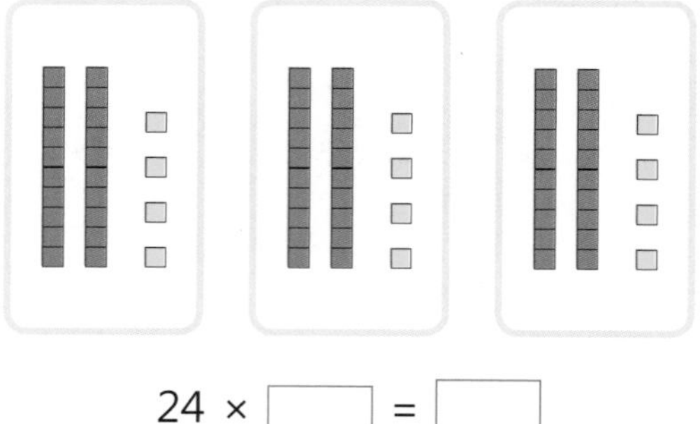

24 × □ = □

2. 다음 곱셈식을 계산해 봅시다.

17 × 5 = □

26 × 3 = □

38 × 2 = □

45 × 2 = □

3. 다음 곱셈식을 계산해 봅시다.

$$\begin{array}{r} {}^{2}\ \ \\ 1\ 6 \\ \times\ \ \ 4 \\ \hline \square \end{array} \rightarrow \begin{array}{r} {}^{2}\ \ \\ 1\ 6 \\ \times\ \ \ 4 \\ \hline \square\square \end{array}$$

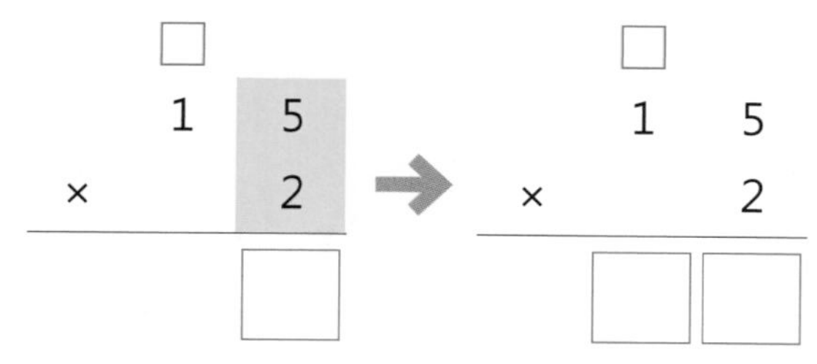

$$\begin{array}{r} {}^{\square}\ \ \\ 1\ 5 \\ \times\ \ \ 2 \\ \hline \square \end{array} \rightarrow \begin{array}{r} {}^{\square}\ \ \\ 1\ 5 \\ \times\ \ \ 2 \\ \hline \square\square \end{array}$$

$$\begin{array}{r} {}^{\square}\ \ \\ 2\ 7 \\ \times\ \ \ 3 \\ \hline \end{array} \quad \begin{array}{r} {}^{\square}\ \ \\ 3\ 6 \\ \times\ \ \ 2 \\ \hline \end{array} \quad \begin{array}{r} 4\ 6 \\ \times\ \ \ 2 \\ \hline \end{array} \quad \begin{array}{r} 2\ 8 \\ \times\ \ \ 3 \\ \hline \end{array}$$

정리

◆ 일의 자리에서 올림이 있는 (몇십몇)×(몇)의 계산 방법

	1	5
×		3

→

	1	
	1	5
×		3
		5

→

	1	
	1	5
×		3
	4	5

1. 일의 자리 수 5와 3의 곱 15에서 5는 일의 자리에 쓰고 1은 십의 자리 위에 작게 씁니다.
2. 십의 자리 수 1과 3의 곱 3은 일의 자리에서 올림한 수 1과 더해서 십의 자리에 4를 씁니다.

놀이 활동: 어림왕은 누구?

• 준비물: 계산기

◆ 짝과 가위바위보를 하여 문제를 선택할 순서를 정합니다. 이긴 사람이 아래 곱셈식 중 하나를 선택하면 결과를 어림한 값을 각자 종이에 씁니다. 어림한 후, 실제 계산 결과를 계산기로 계산하여 봅니다. 어림한 값과 실제 계산 값의 차이가 적은 사람이 이깁니다. 어떻게 어림하면 정답과 가장 가까운지 생각해 봅시다.

17 × 5 = ☐	36 × 2 = ☐	27 × 3 = ☐
28 × 2 = ☐	41 × 2 = ☐	32 × 3 = ☐
23 × 3 = ☐	12 × 7 = ☐	46 × 2 = ☐

14 차시 (몇십몇)×(몇)을 구해 볼까요?(4)

학습목표 • 십의 자리와 일의 자리에서 올림이 있는 (몇십몇)×(몇)의 계산 원리와 계산 형식을 이해하고 계산할 수 있다.

도입: 십의 자리와 일의 자리에서 올림이 있는 (몇십몇)×(몇) 곱셈 문제 상황 알기

◆ 젤리가 한 봉지에 36개씩 들어 있습니다. 친구가 4봉지를 선물로 주었습니다. 젤리는 모두 몇 개입니까?

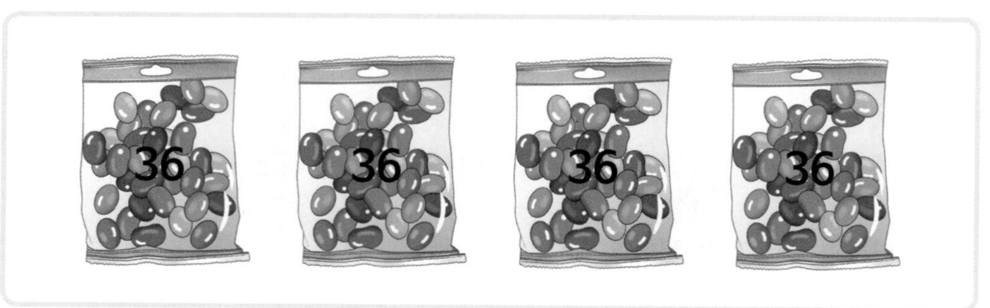

1. 젤리가 모두 몇 개인지 어림하여 봅시다.

   36은 약 ☐ 이고, ☐ 씩 ☐ 이면 ☐ 입니다.

2. 젤리가 모두 몇 개인지 어떤 방법으로 구할 수 있을까요?

3. 젤리의 개수를 덧셈을 이용하여 계산해 봅시다.

4. 어림한 값과 계산한 값을 비교하여 봅시다.

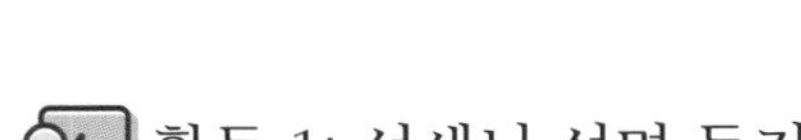

활동 1: 선생님 설명 듣기

1. 젤리가 모두 몇 개인지 수 모형으로 알아봅시다.

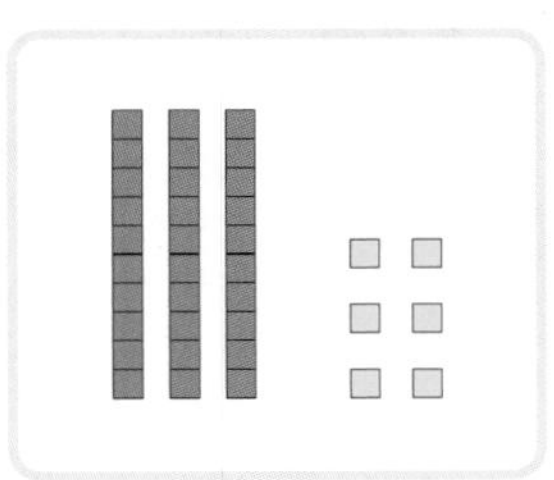 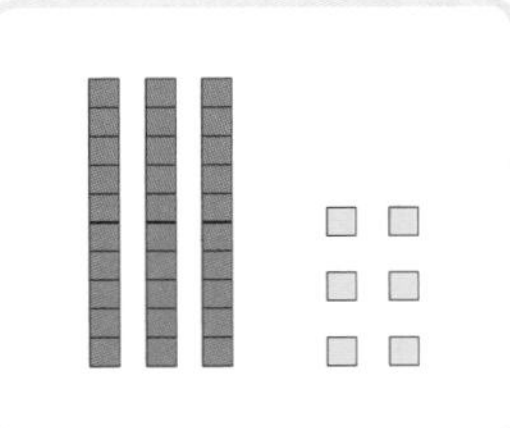 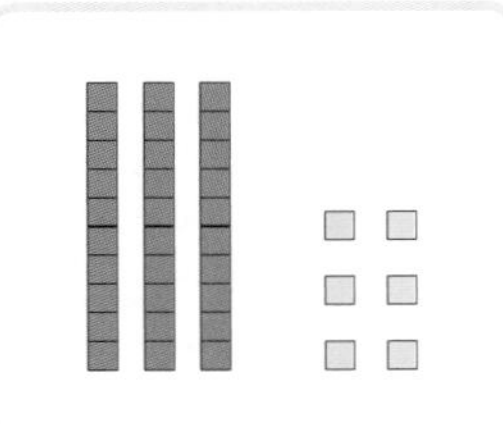 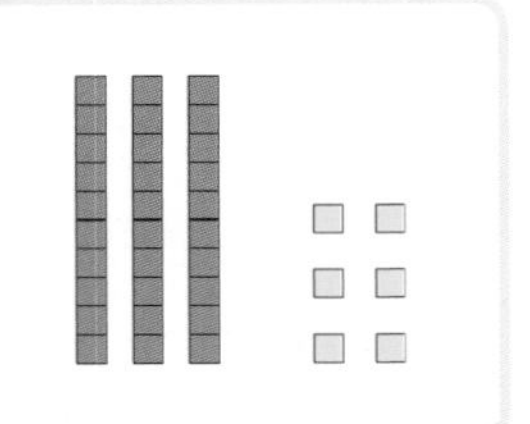

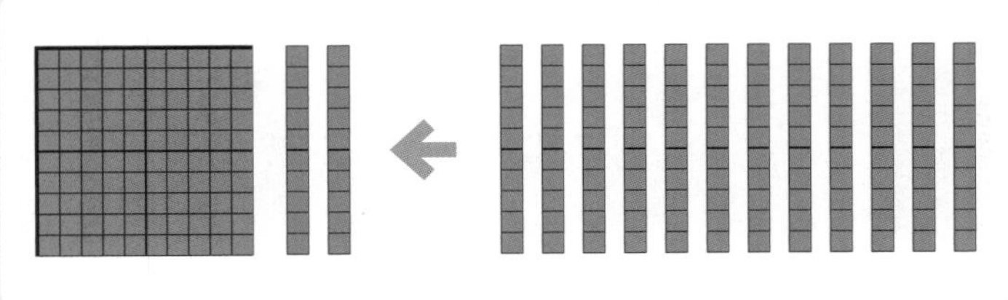 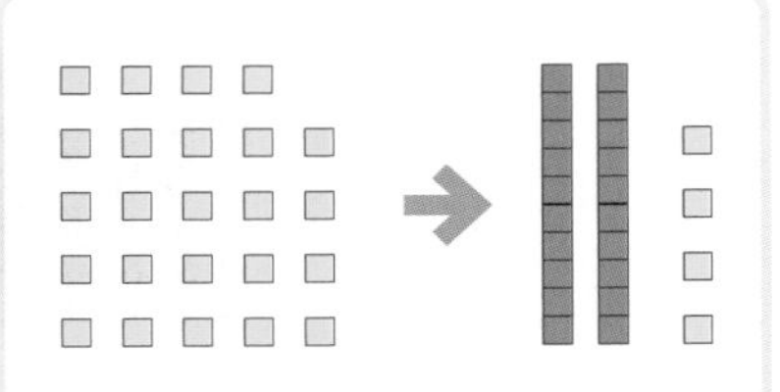

○ 젤리가 모두 몇 개인지 곱셈식으로 나타내어 봅시다.

○ 십 모형은 모두 몇 개입니까?

○ 일 모형은 모두 몇 개입니까?

○ 젤리는 모두 몇 개입니까?

○ 이러한 곱셈 문제를 어떻게 풀면 좋을까요?

2. 젤리가 3봉지 있다면 젤리는 모두 몇 개인지 수 모형으로 알아봅시다.

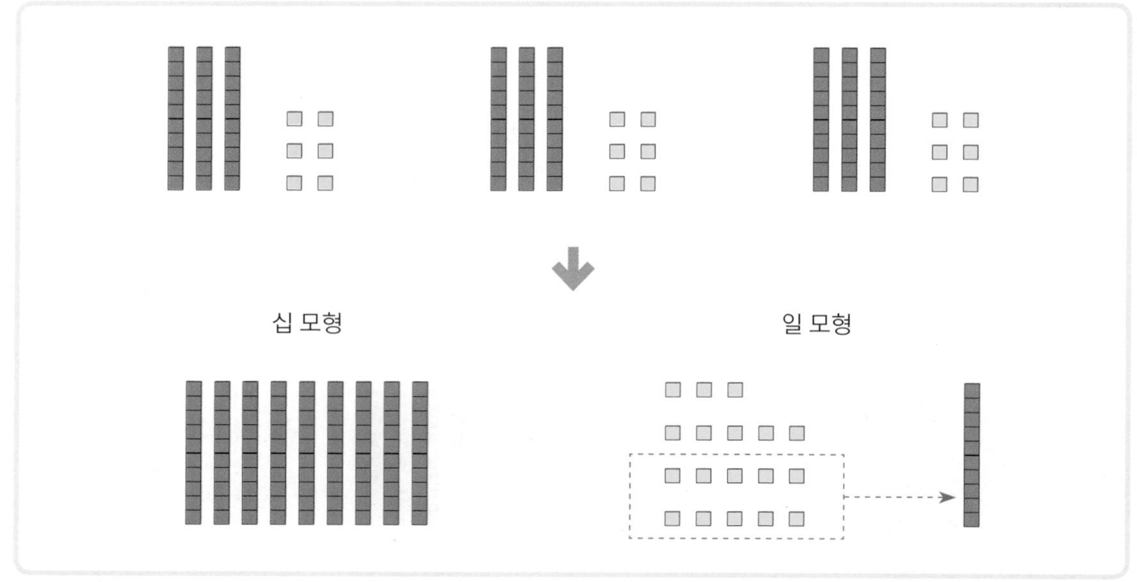

○ 위의 문제를 곱셈식으로 나타내어 봅시다.

○ 십 모형은 모두 몇 개입니까?

○ 일 모형은 모두 몇 개입니까?

○ 젤리는 모두 몇 개입니까?

○ 이러한 곱셈 문제를 어떻게 풀면 좋을까요?

활동 2: 선생님과 함께 연습하기

◆ 36 × 4를 세로셈으로 계산하는 방법을 알아봅시다.

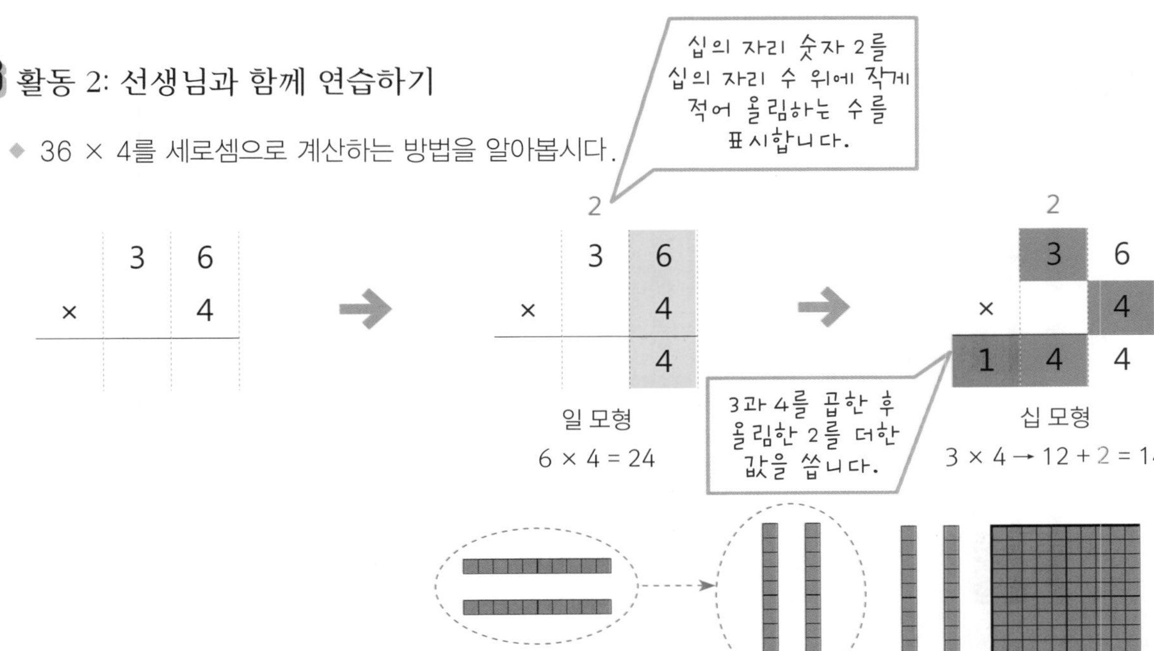

- 일 모형은 6 × 4 = 24, 십 모형은 3 × 4 = 12이므로 120입니다. 따라서 24 + 120 = 144입니다.
- 일의 자리 수 6과 4를 곱하면 6 × 4 = 24이므로 일의 자리에 4를 쓰고 십의 자리 위에 올림한 수 2를 작게 씁니다. 십의 자리 수 3과 4를 곱하면 3 × 4 = 12이므로 일의 자리에서 올림한 2를 더하여 십의 자리에 4를 쓰고 백의 자리에 1을 씁니다.

2. 다음 세로셈을 계산해 봅시다.

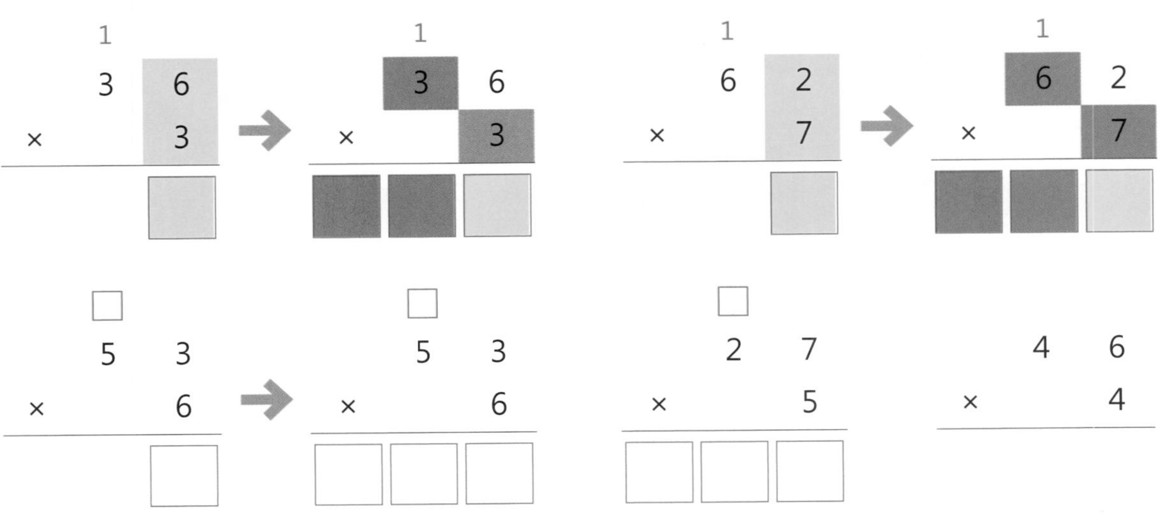

 활동 3: 스스로 서기

1. 그림을 보고 □ 안에 알맞은 수를 써넣으세요.

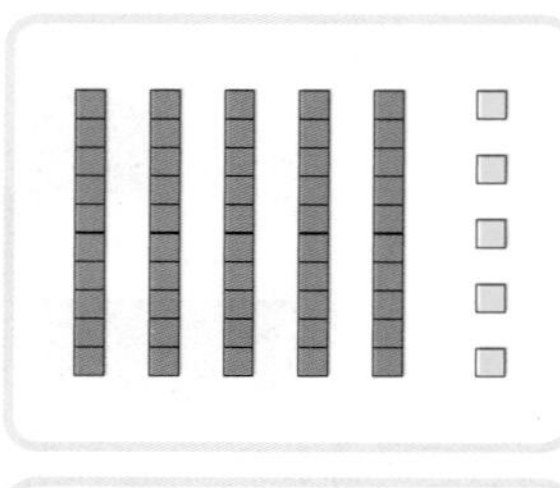
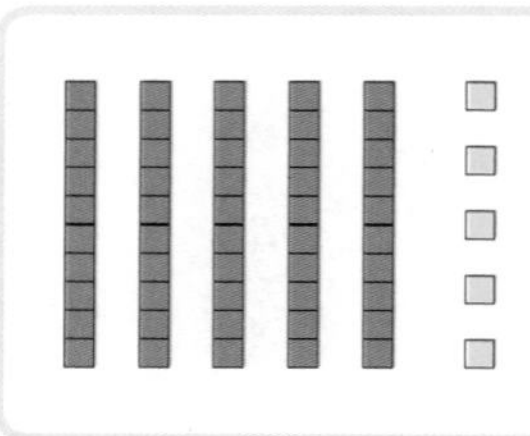

55 × □ = □

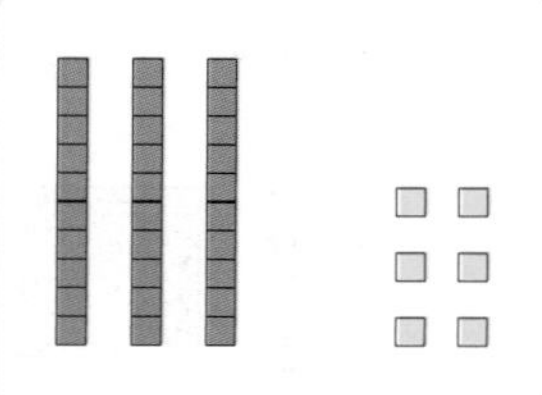
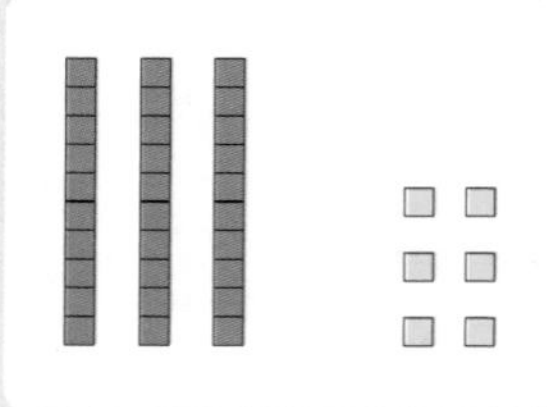
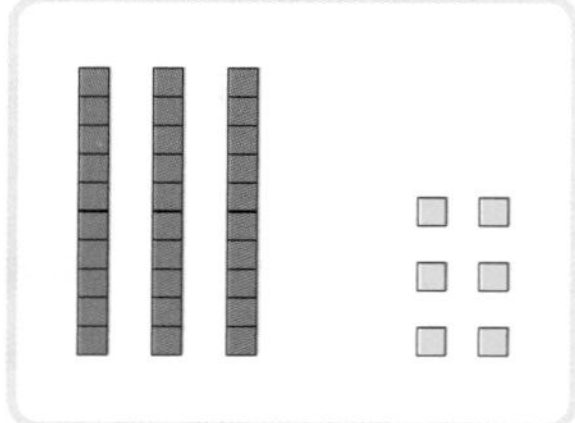

36 × □ = □

2. 다음 곱셈식을 계산해 봅시다.

62 × 7 = □

53 × 6 = □

27 × 5 = □

47 × 4 = □

3. 다음 곱셈식을 계산해 봅시다.

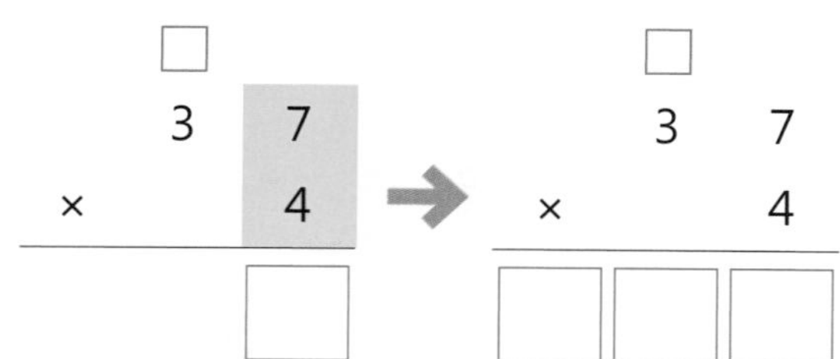

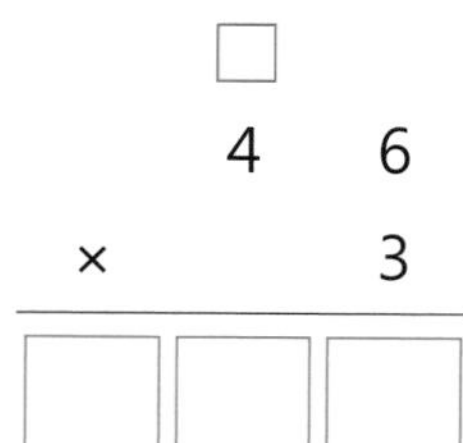

□
5 8
× 2

□
6 3
× 5

7 9
× 6

정리

◆ 십의 자리와 일의 자리에서 올림이 있는 (몇십몇) × (몇)의 계산 방법

	3	6
×		4

➔

	2 3	6
×		4
		4

➔

	2 3	6
×		4
1	4	4

1. 일의 자리 수 6과 4의 곱 24에서 4는 일의 자리에 쓰고 올림한 수 2는 십의 자리 위에 작게 씁니다.
2. 십의 자리 수 3과 4의 곱 12는 일의 자리에서 올림한 수 2와 더해서 십의 자리에 4를 쓰고 십의 자리에서 올림한 수 1은 백의 자리에 씁니다.

 놀이 활동: 주사위를 굴려라

• 준비물: 색깔이 다른 주사위 2개, 계산기

1. 주사위 하나는 일의 자리 수, 다른 하나는 십의 자리 수를 나타내는 것으로 정합니다.
2. 주사위 두 개를 동시에 굴립니다. 주사위 윗면에 나온 수를 보고 위쪽에 있는 사각형에 각 자리에 알맞게 쓰거나 그립니다.
3. 일의 자리를 나타내는 주사위를 한 번 더 굴립니다. 주사위 윗면에 나온 수를 보고 아래에 있는 사각형에 수를 쓰거나 그립니다.
4. 두 수를 곱합니다. 맞으면 1점을 얻습니다. 정답을 확인할 때는 계산기를 활용합니다. 친구와 번갈아 가면서 한 번씩 합니다.

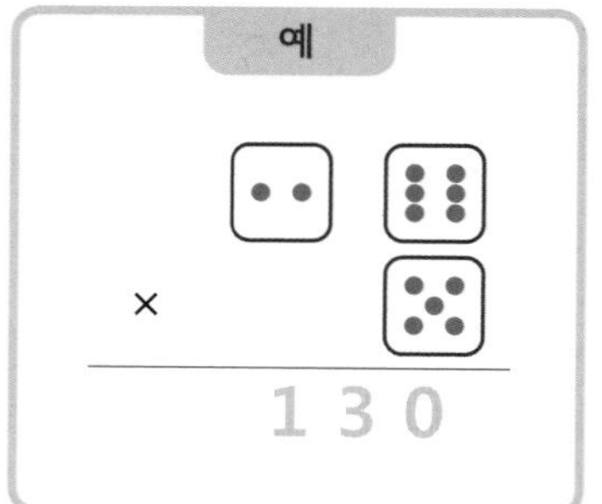

	player 1	player 2
1	□ □ × □	□ □ × □
2	□ □ × □	□ □ × □
3	□ □ × □	□ □ × □

15차시 (세 자리 수)×(한 자리 수)(1)

학습목표 • 올림이 없는 (세 자리 수)×(한 자리 수)의 계산 원리와 계산 형식을 이해하고 계산할 수 있다.

도입: 올림이 없는 (세 자리 수)×(한 자리 수) 곱셈 문제 상황 알기

◆ 예은이네 집에는 책을 231권 꽂은 책장이 3개 있습니다. 예은이네 집에 있는 책은 모두 몇 권입니까?

1. 책은 모두 몇 권인지 어림하여 봅시다.

   ☆ (몇백) × (몇)으로 어림합니다.

   231은 약 ☐ 이고, ☐ 씩 ☐ 이면 ☐ 입니다.

2. 왜 그렇게 어림하였나요?

3. 이 문제를 덧셈식으로 해결해 봅시다.

   231 + ☐ + ☐ =

4. 어림한 값과 계산한 값을 비교하여 봅시다.

활동 1: 선생님 설명 듣기

1. 책이 모두 몇 권인지 수 모형으로 알아봅시다.

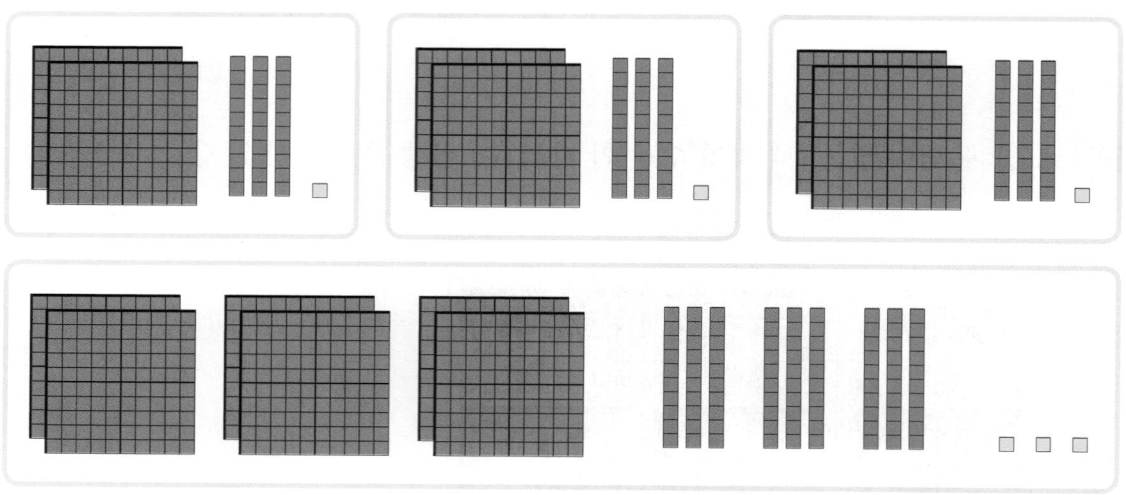

○ 책이 모두 몇 권인지 곱셈식으로 나타내어 봅시다.

○ 백 모형은 모두 몇 개입니까?

○ 십 모형은 모두 몇 개입니까?

○ 일 모형은 모두 몇 개입니까?

○ 책은 모두 몇 권입니까?

○ 곱셈식을 완성해 봅시다.

2. 3개의 책장에 책이 123권씩 꽂혀 있다면 책은 모두 몇 권인지 수 모형으로 알아봅시다.

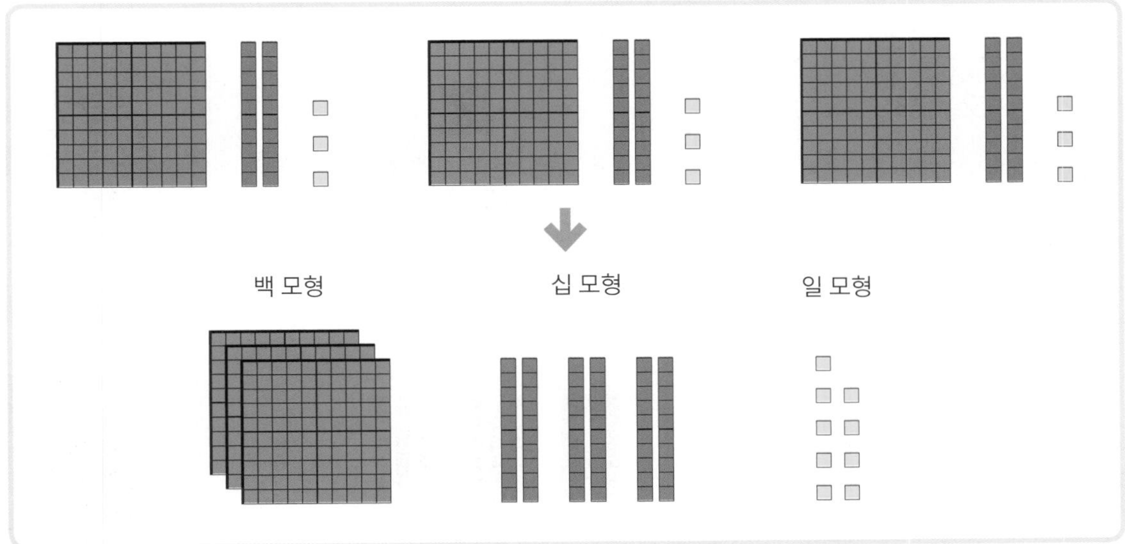

○ 책이 모두 몇 권일지 어림해 봅시다.

○ 위의 문제를 곱셈식으로 나타내어 봅시다.

□ × □

○ 백 모형은 모두 몇 개입니까?

○ 십 모형은 모두 몇 개입니까?

○ 일 모형은 모두 몇 개입니까?

○ 책은 모두 몇 권입니까? 곱셈식을 완성하고 어림한 값과 계산 결과를 비교하여 봅시다.

○ 123 × 3은 어떻게 계산할 수 있는지 이야기해 봅시다.

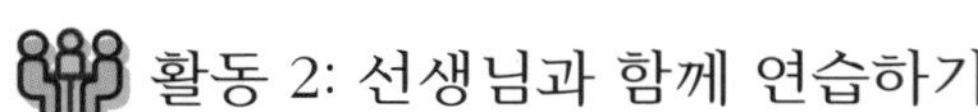

활동 2: 선생님과 함께 연습하기

1. 231 × 3을 세로셈으로 계산하는 방법을 알아봅시다.

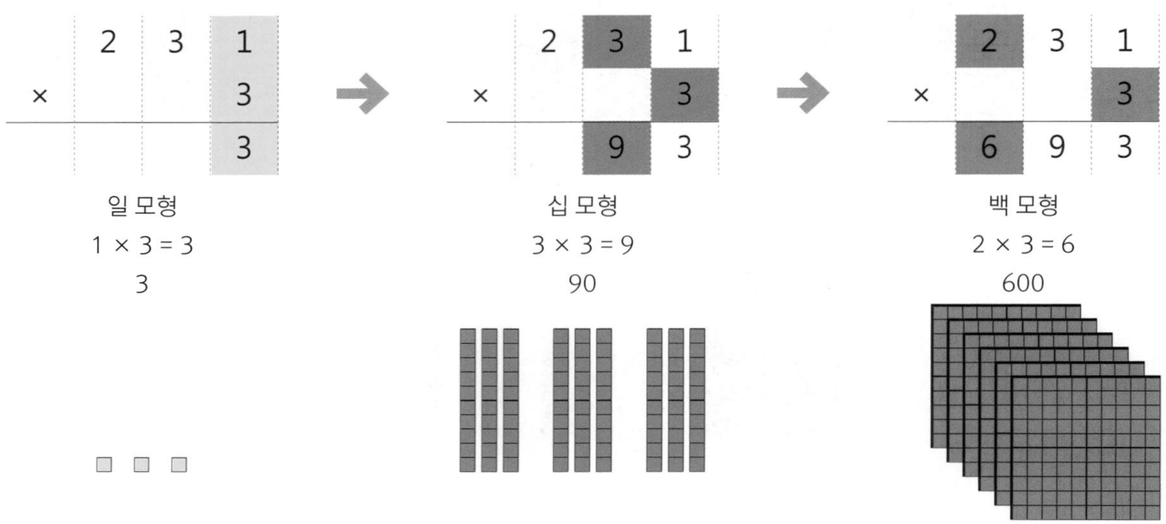

- 일 모형은 1 × 3 = 3, 십 모형은 3 × 3 = 9, 백 모형은 2 × 3 = 6이므로 3 + 90 + 600 = 693입니다.
- 일의 자리 수 1과 3을 곱하면 1 × 3 = 3이므로 일의 자리에 3을 씁니다. 십의 자리 수 3과 3을 곱하면 3 × 3 = 9이므로 십의 자리에 9를 씁니다. 백의 자리 수 2와 3을 곱하면 2 × 3 = 6이므로 백의 자리에 6을 씁니다. 따라서 231 × 3 = 693입니다.

2. 231 × 3을 가로로 계산하는 방법을 알아봅시다.

$$231 \times 3 = 600 + 90 + 3$$
$$= 693$$

3

90

600

- 일의 자리 수 1과 3을 곱하면 3, 십의 자리 수 3과 3을 곱하면 90, 백의 자리 수 2와 3을 곱하면 600입니다. 이를 모두 더하면 600 + 90 + 3이므로 693입니다.

3. 다음을 계산해 봅시다.

	2	1	2
×			3

→

	2	1	2
×			3

→

	2	1	2
×			3

	4	2	3
×			2

→

	4	2	3
×			2

→

	4	2	3
×			2

	3	2	1
×			2

	5	3	2
×			1

	1	2	4
×			2

4. 다음을 계산해 봅시다.

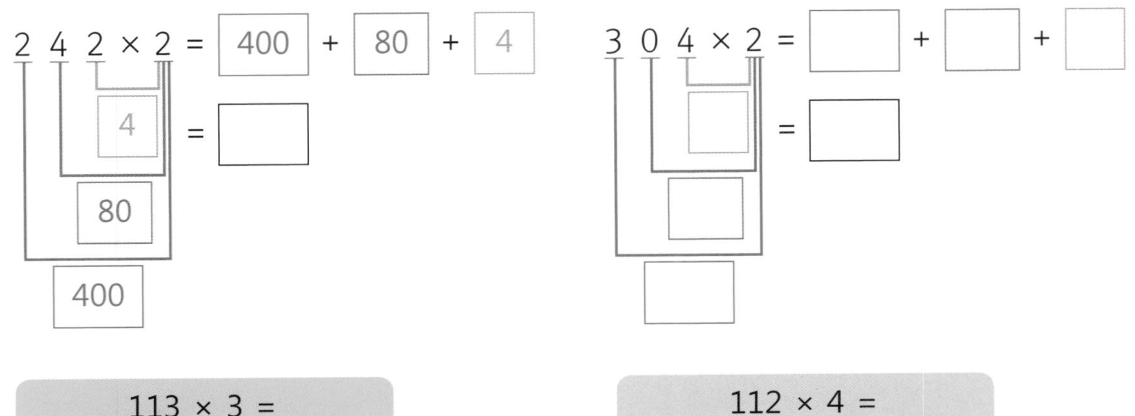

활동 3: 스스로 서기

1. 수 모형을 보고 ☐ 안에 알맞은 수를 써 봅시다.

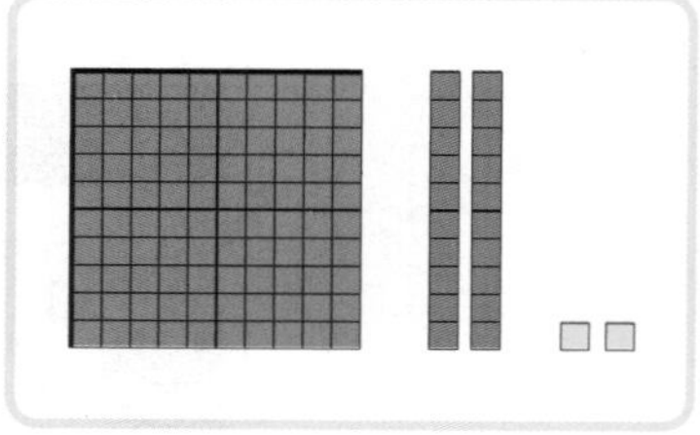

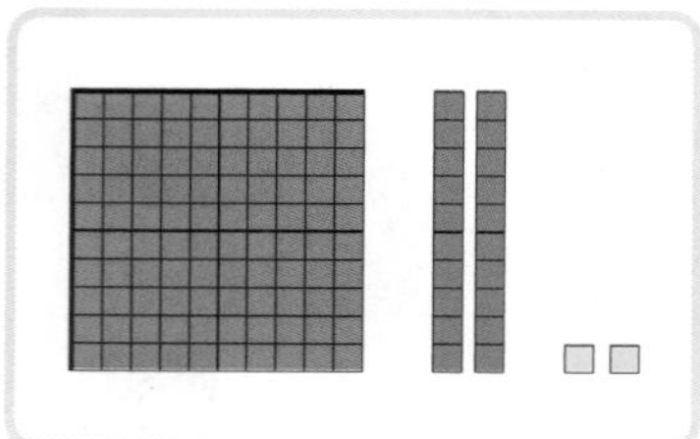

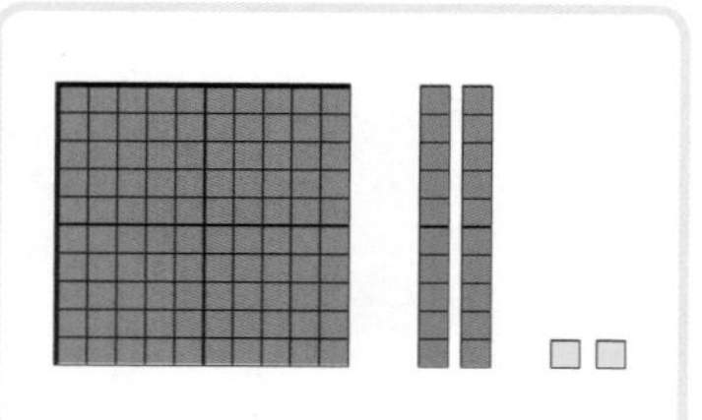

122 × ☐ = ☐

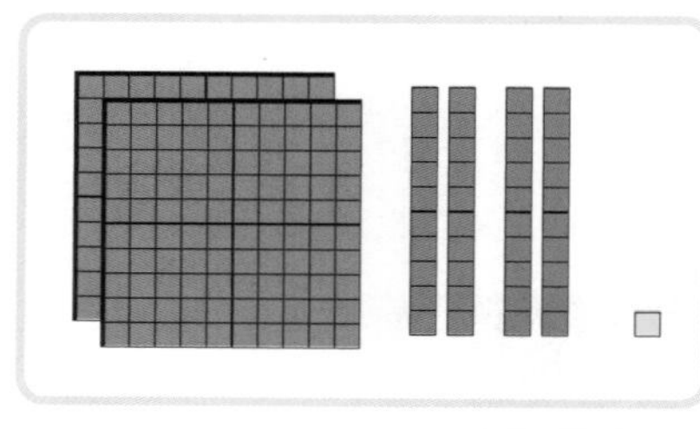

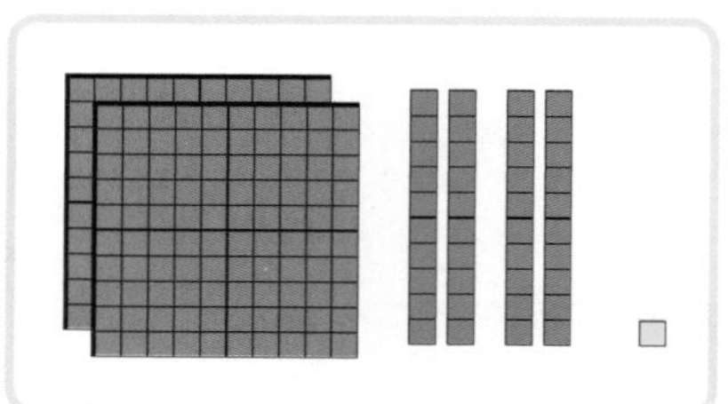

☐ × ☐ = ☐

2. 다음 곱셈식을 계산해 봅시다.

	3	1	2
×			3

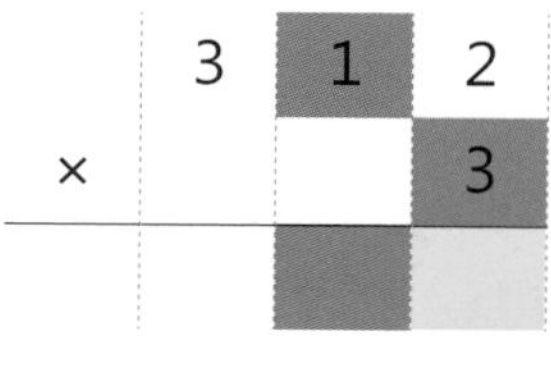

	3	1	2
×			3

	3	1	2
×			3

	2	0	3
×			2

	4	4	1
×			2

	1	2	3
×			2

3. 다음 곱셈식을 보고 □ 안에 알맞은 수를 써 봅시다.

1 4 2 × 2 = 200 + 80 + 4

4 = □

80

200

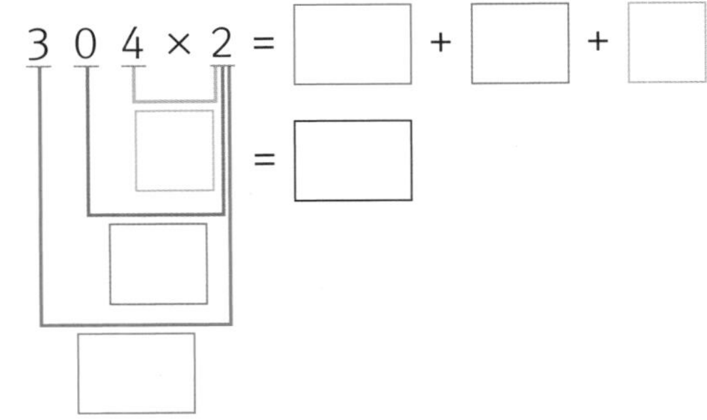

4. 다음 곱셈식을 계산해 봅시다.

331 × 2 = □

123 × 3 = □

5. 계산 결과의 크기를 비교하여 ◯ 안에 >, =, <를 알맞게 써넣으세요.

133 × 3 ◯ 104 × 4

정리

◆ (세 자리 수) × (한 자리 수)의 계산 방법(1)

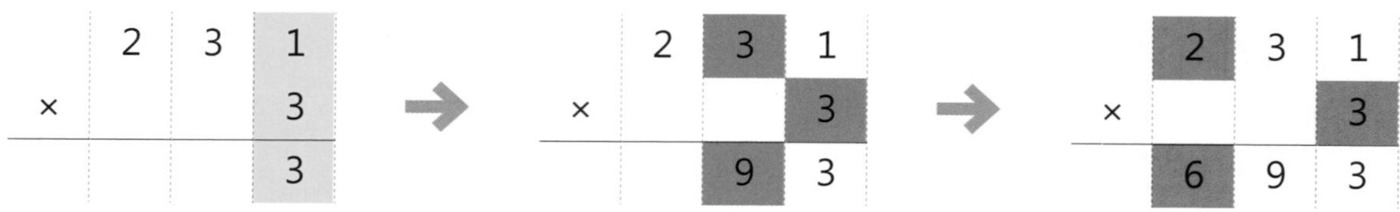

1. 일의 자리부터 순서대로 곱을 구합니다. 자릿수에 맞추어 숫자를 씁니다.
2. 십의 자리의 곱을 구합니다.
3. 백의 자리의 곱을 구합니다.

231 × 3 = 600 + 90 + 3
= 693

3
90
600

놀이 활동: 곱셈 빙고

◆ 가위바위보를 하여 이긴 사람이 먼저 계산하고 싶은 칸의 문제를 계산합니다. 답을 맞히면 자기 영역 표시(색이나 모양)를 합니다. 번갈아 가며 칸을 선택하고 문제를 풉니다. 가로, 세로 또는 대각선으로 한 줄을 먼저 자기 영역으로 만드는 사람이 이깁니다.

121 × 2	100 × 4	216 × 1	322 × 3	143 × 2
312 × 3	104 × 2	212 × 4	423 × 2	122 × 3
424 × 2	303 × 2	400 × 2	321 × 1	211 × 4
400 × 1	131 × 2	124 × 2	231 × 3	333 × 3
212 × 4	402 × 2	142 × 2	114 × 2	220 × 4

3단계 곱셈

16차시 (세 자리 수)×(한 자리 수)(2)

학습목표 • 일의 자리에서 올림이 있는 (세 자리 수)×(한 자리 수)의 계산 원리와 계산 형식을 이해하고 계산할 수 있다.

도입: 일의 자리에서 올림이 있는 (세 자리 수)×(한 자리 수) 곱셈 문제 상황 알기

◆ 예은이네 가족은 밤 줍기 체험행사에 참여했습니다. 한 자루에 318개씩 담아 총 세 자루가 되었습니다. 예은이네 가족이 주운 밤은 모두 몇 개입니까?

1. 주운 밤이 모두 몇 개인지 알기 위한 식을 세워 봅시다.
   덧셈식:
   곱셈식:

2. 밤이 모두 몇 개인지 어림하여 봅시다.

3. 왜 그렇게 어림하였나요?
   1) 318은 약 몇백일까요?

   318은 약 ☐ 이고, ☐ 씩 ☐ 이면 ☐ 입니다.

   2) 318은 약 몇백 몇십일까요?

   318은 약 ☐ 이고, ☐ 씩 ☐ 이면 ☐ 입니다.

활동 1: 선생님 설명 듣기

1. 밤이 모두 몇 개인지 수 모형으로 알아봅시다.

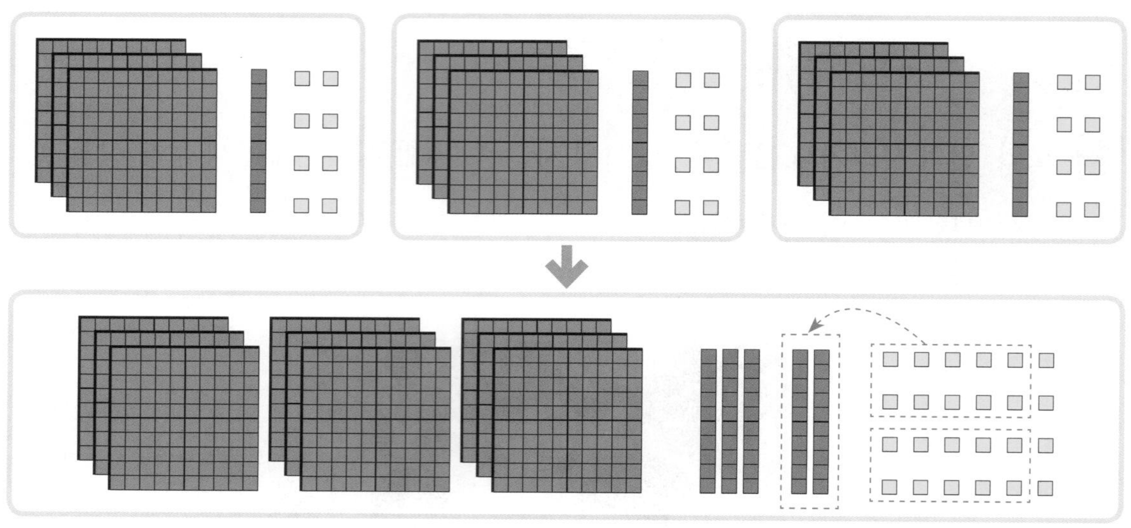

○ 밤이 모두 몇 개인지 곱셈식으로 나타내어 봅시다.

☐ × ☐

○ 백 모형은 모두 몇 개입니까?

3 × 3 = ☐개 → ☐

○ 십 모형은 모두 몇 개입니까?

1 × 3 = ☐개 → ☐

○ 일 모형은 모두 몇 개입니까?

8 × 3 = ☐개 → ☐

○ 밤은 모두 몇 개입니까?

		백		십		일		전체
318 × 3	=	☐	+	☐	+	☐	=	☐

○ 어림한 값과 계산한 값을 비교하여 봅시다.

2. 밤이 한 자루에 225개씩 2자루가 있다면 밤은 모두 몇 개인지 수 모형으로 알아봅시다.

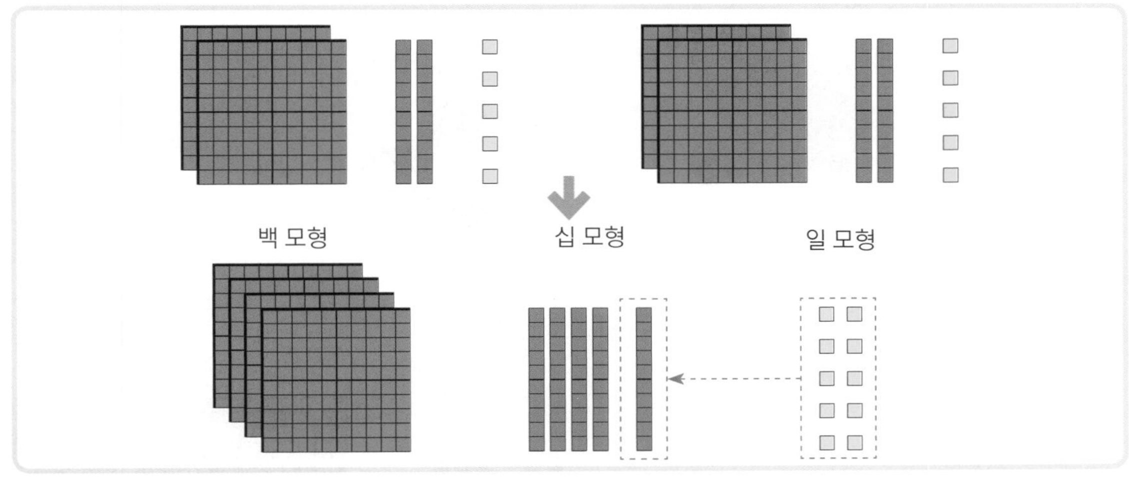

○ 위의 문제를 곱셈식으로 나타내어 봅시다.

○ 밤이 모두 몇 개일지 어림해 봅시다.

225는 약 [ ] 이고, [ ] 씩 [ ] 이면 [ ] 입니다.

○ 백 모형은 모두 몇 개입니까?

2 × 2 = [ ] 개 → [ ]

○ 십 모형은 모두 몇 개입니까?

2 × 2 = [ ] 개 → [ ]

○ 일 모형은 모두 몇 개입니까?

5 × 2 = [ ] 개 → [ ]

○ 밤은 모두 몇 개입니까?

		백		십		일		전체
225 × 2	=	[ ]	+	[ ]	+	[ ]	=	[ ]

○ 어림한 값과 계산한 값을 비교하여 봅시다.

활동 2: 선생님과 함께 연습하기

1. 318 × 3을 세로셈으로 계산하는 방법을 알아봅시다.

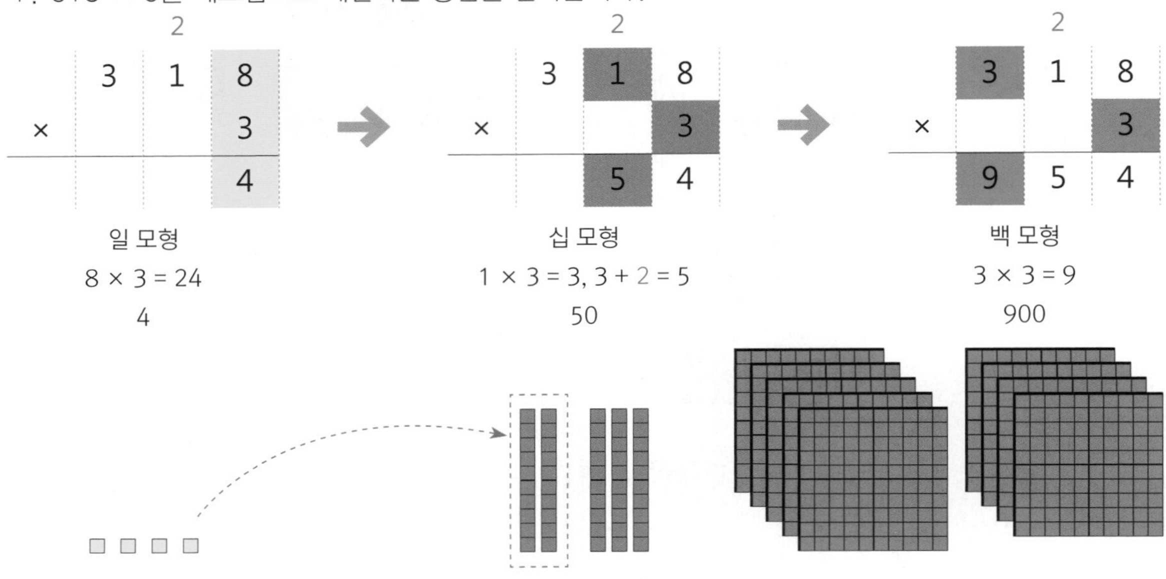

- 일 모형은 8 × 3 = 24, 십 모형은 1 × 3 = 3, 백 모형은 3 × 3 = 9이므로 24 + 30 + 900 = 954입니다.
- 일의 자리 수 8과 3을 곱하면 8 × 3 = 24이므로 일의 자리에 4를 쓰고 십의 자리 위에 2를 작게 씁니다. 십의 자리 수 1과 3을 곱하면 1 × 3 = 3이므로 3과 일의 자리에서 올림한 수 2를 더하여 십의 자리에 5를 씁니다. 백의 자리 수 3과 3을 곱하면 3 × 3 = 9이므로 백의 자리에 9를 씁니다. 따라서 318 × 3 = 954입니다.

2. 318 × 3을 가로로 계산하는 방법을 알아봅시다.

$$318 \times 3 = 900 + 30 + 24$$
$$= 954$$

24
30
900

- 일의 자리 수 8과 3을 곱하면 24, 십의 자리 수 1과 3을 곱하면 30, 백의 자리 수 3과 3을 곱하면 900입니다. 이를 모두 더하면 900 + 30 + 24이므로 954입니다.

3. 다음을 계산해 봅시다.

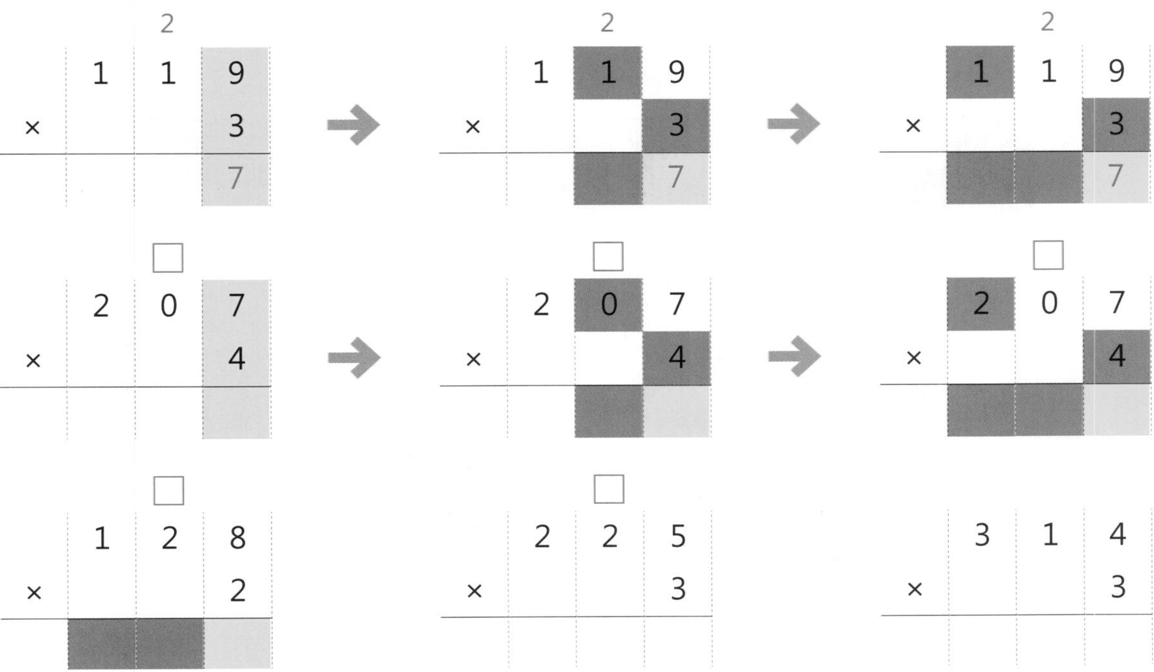

4. 다음을 계산해 봅시다.

246 × 2 = 400 + 80 + 12

12

= □

80

400

303 × 2 = □ + □ + □

□

= □

□

□

114 × 3 =

216 × 4 =

 활동 3: 스스로 서기

1. 수 모형을 보고 □ 안에 알맞은 수를 써 봅시다.

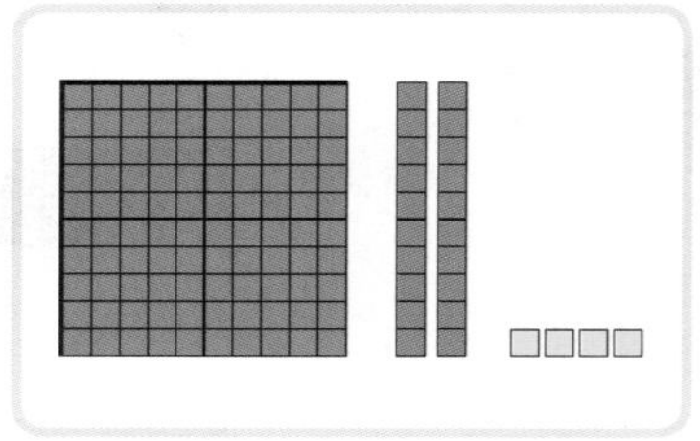
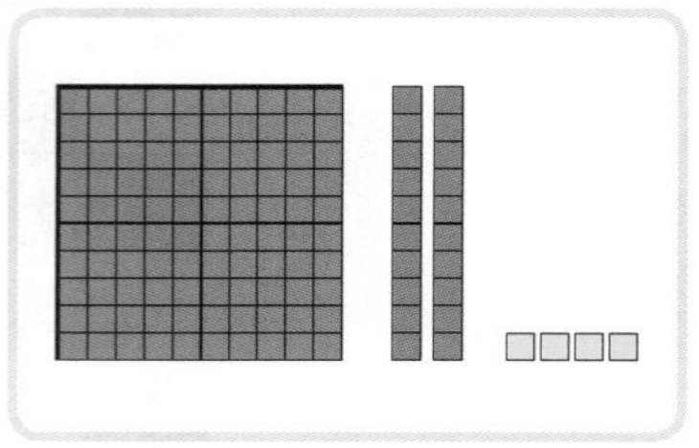
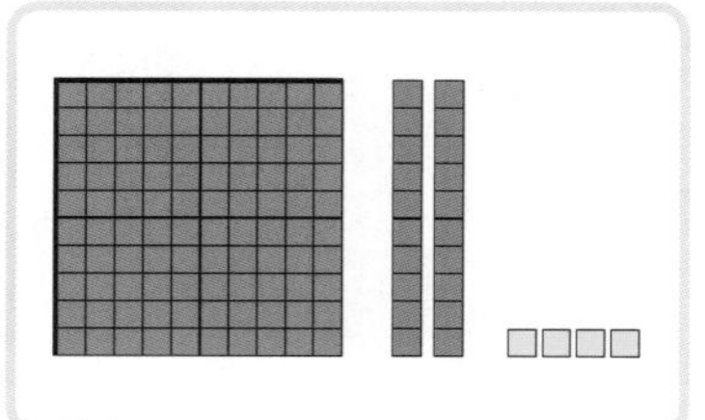

124 × □ = □

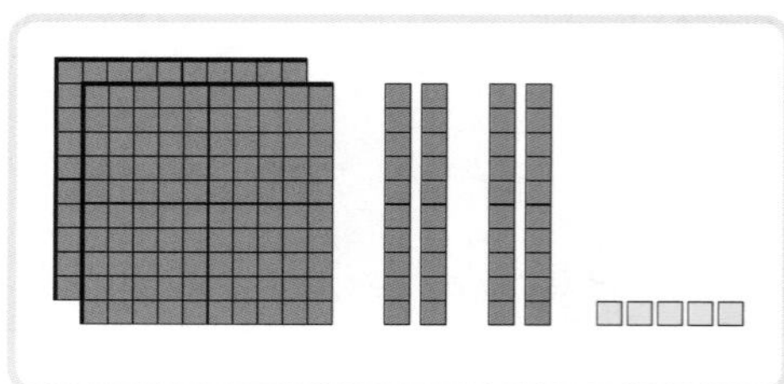
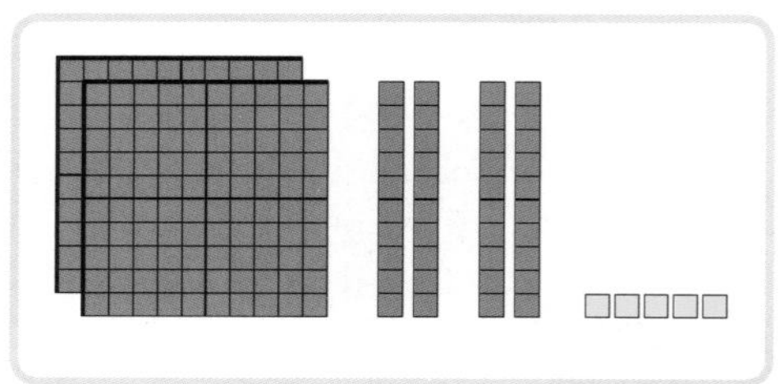

□ × □ = □

2. 다음 곱셈식을 계산해 봅시다.

	□		
	3	2	4
×			3

→

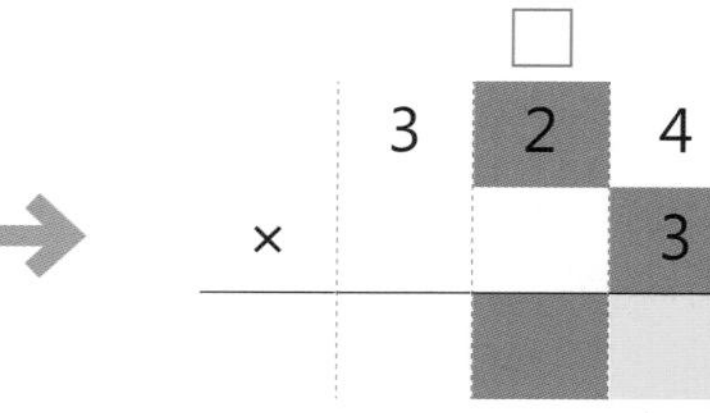

→

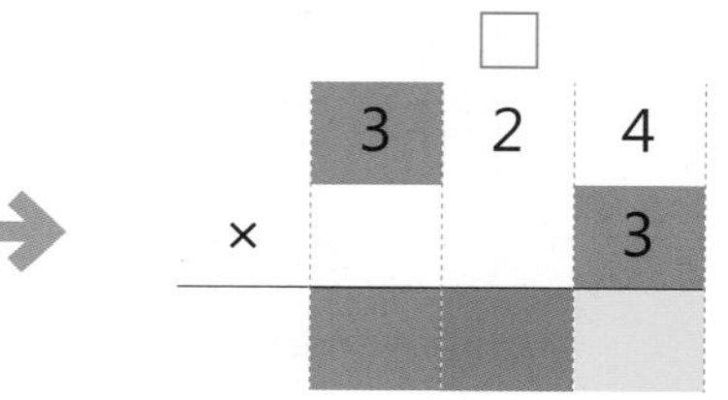

	2	0	6
×			2

	4	4	5
×			2

	3	2	7
×			2

3. 다음 곱셈식을 보고 □ 안에 알맞은 수를 써 봅시다.

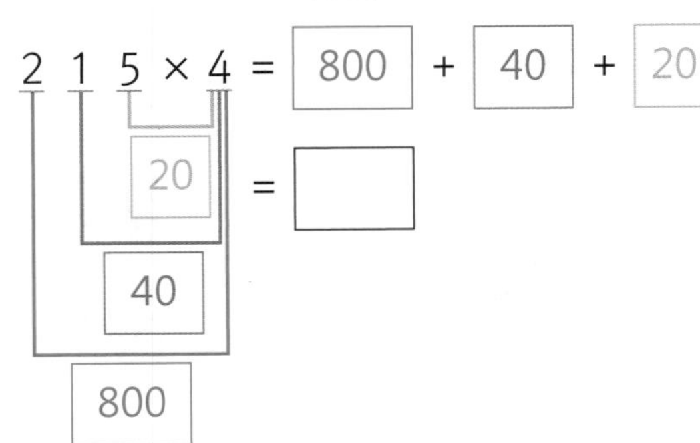

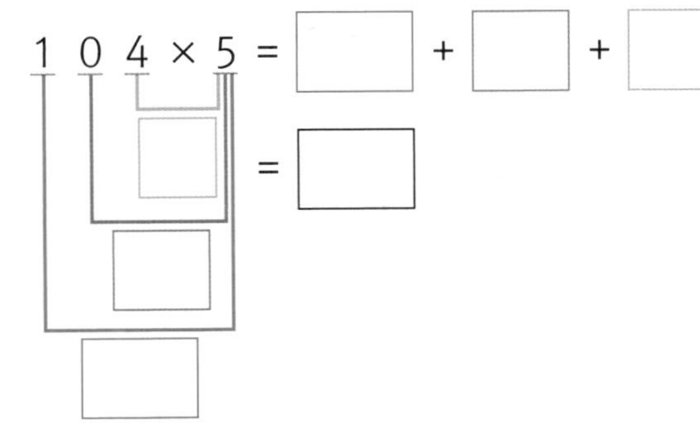

4. 다음 곱셈식을 계산해 봅시다.

136 × 2 = □

128 × 3 = □

5. 계산 결과의 크기를 비교하여 ○ 안에 >, =, <를 알맞게 써넣으세요.

229 × 2 ○ 106 × 4

정리

◆ 일의 자리에서 올림이 있는 (세 자리 수) × (한 자리 수)의 계산 방법

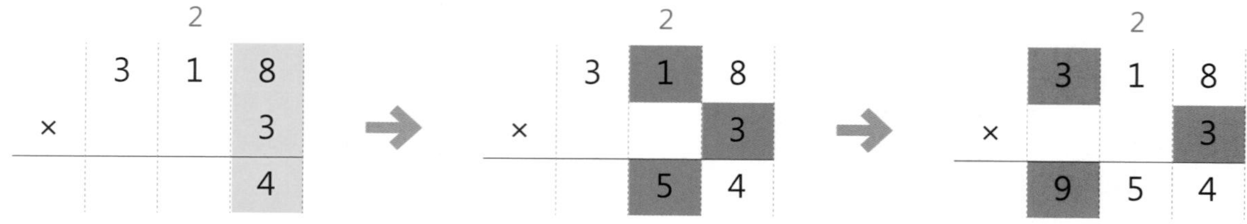

1. 일의 자리부터 순서대로 곱을 구합니다. 자릿수에 맞추어 숫자를 씁니다.
3. 일의 자리의 곱이 10이거나 10보다 크면 십의 자리 위에 올림한 수를 작게 쓰고 십의 자리의 곱과 더합니다.
3. 백의 자리의 곱을 구합니다.

$$318 \times 3 = 900 + 30 + 24$$
$$= 954$$

24
30
900

놀이 활동: 답을 빨리 찾아라! 〈부록〉 교사 제시 문제

◆ 선생님이 보여 주는 문제를 보고 계산하여 아래에서 답을 재빨리 찾습니다. 서로 다른 색깔의 펜으로 답에 표시를 합니다. 전체 문제를 풀고 난 후 정답을 많이 찾은 친구가 이깁니다. 먼저 어림을 해 보고 계산을 시작하면 좋습니다.

954 309 864 688
882 693
396 618
408 450 264 456
848 280 224
381 666 860 856

17 차시 (세 자리 수)×(한 자리 수)(3)

학습목표 • 십의 자리와 백의 자리에서 올림이 있는 (세 자리 수)×(한 자리 수)의 계산 원리와 계산 형식을 이해하고 계산할 수 있다.

도입: 십의 자리에서 올림이 있는 (세 자리 수)×(한 자리 수) 곱셈 문제 상황 알기

◆ 예준이네 가족은 텃밭에서 고구마를 수확했습니다. 예준이네 가족이 캔 고구마를 상자에 넣었더니 162개씩 2상자였습니다. 예준이네 가족이 캔 고구마는 모두 몇 개입니까?

1. 예준이네 가족이 캔 고구마는 모두 몇 개인지 알기 위한 식을 세워 봅시다.

   덧셈식:

   곱셈식:

2. 고구마가 모두 몇 개인지 어림하여 봅시다.

3. 왜 그렇게 어림하였나요?

   1) 162는 약 몇백일까요?

   162는 약 [ ] 이고, [ ] 씩 [ ] 이면 [ ] 입니다.

   2) 162는 약 몇백 몇십일까요?

   162는 약 [ ] 이고, [ ] 씩 [ ] 이면 [ ] 입니다.

활동 1: 선생님 설명 듣기

◆ 고구마가 모두 몇 개인지 수 모형으로 알아봅시다.

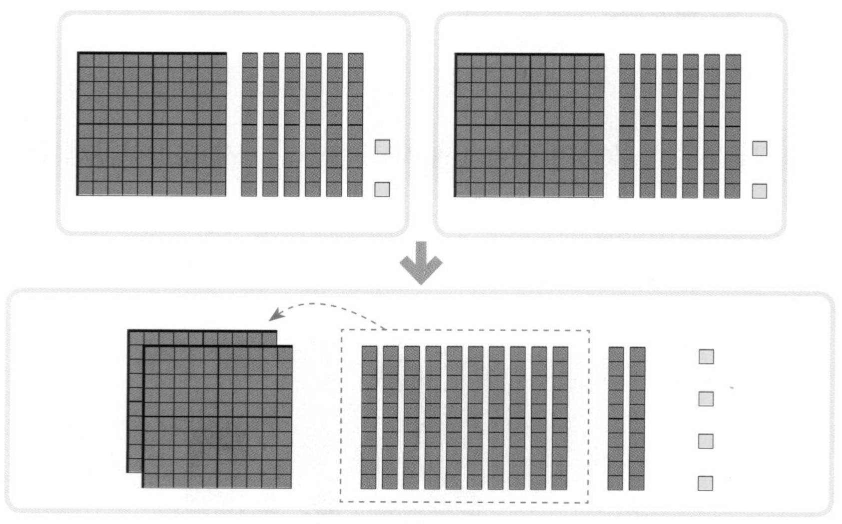

○ 고구마가 모두 몇 개인지 곱셈식으로 나타내어 봅시다.

☐ × ☐

○ 백 모형은 모두 몇 개입니까?

1 × 2 = ☐개 → ☐

○ 십 모형은 모두 몇 개입니까?

6 × 2 = ☐개 → ☐

○ 일 모형은 모두 몇 개입니까?

2 × 2 = ☐개 → ☐

○ 고구마는 모두 몇 개입니까?

		백		십		일		전체
162 × 2	=	☐	+	☐	+	☐	=	☐

○ 어림한 값과 계산한 값을 비교하여 봅시다.

활동 2: 선생님 설명 듣기

◆ 고구마가 한 상자에 412개씩 3상자가 있다면 고구마는 모두 몇 개인지 수 모형으로 알아봅시다.

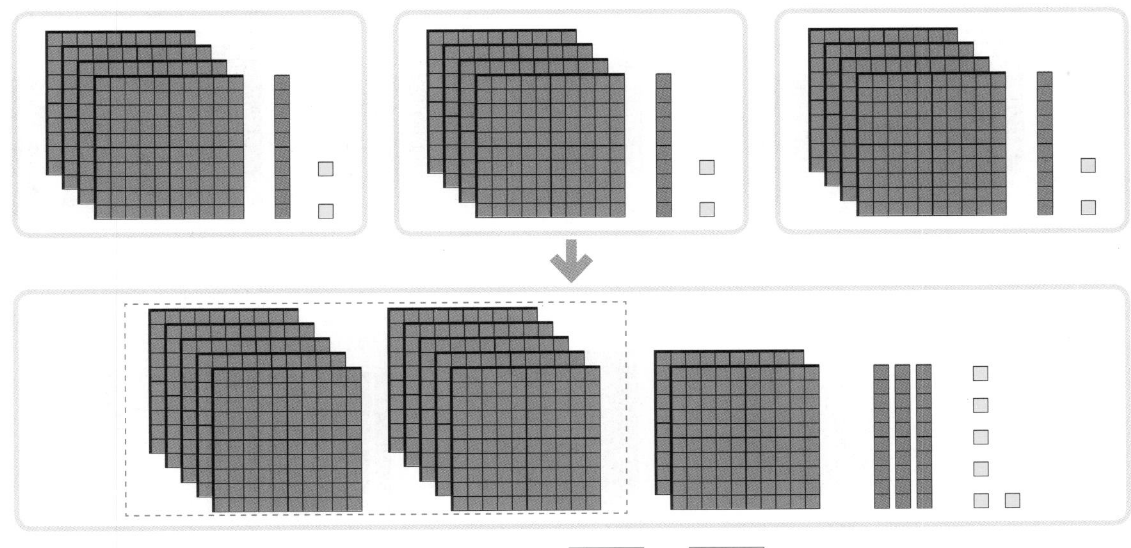

○ 위의 문제를 곱셈식으로 나타내어 봅시다. [ ] × [ ]

○ 고구마는 모두 몇 개일지 어림해봅시다.

412는 약 [ ] 이고, [ ] 씩 [ ] 이면 [ ] 입니다.

○ 백 모형은 모두 몇 개입니까?

4 × 3 = [ ] 개 → [ ]

○ 십 모형은 모두 몇 개입니까?

1 × 3 = [ ] 개 → [ ]

○ 일 모형은 모두 몇 개입니까?

2 × 3 = [ ] 개 → [ ]

○ 고구마는 모두 몇 개입니까? 어림한 값과 비교해 봅시다.

412 × 3 = [ ] (백) + [ ] (십) + [ ] (일) = [ ] (전체)

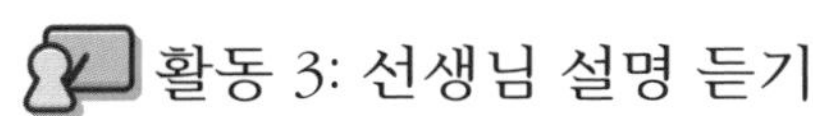

활동 3: 선생님 설명 듣기

◆ 고구마가 한 상자에 442개씩 3상자가 있다면 고구마는 모두 몇 개인지 수 모형으로 알아봅시다.

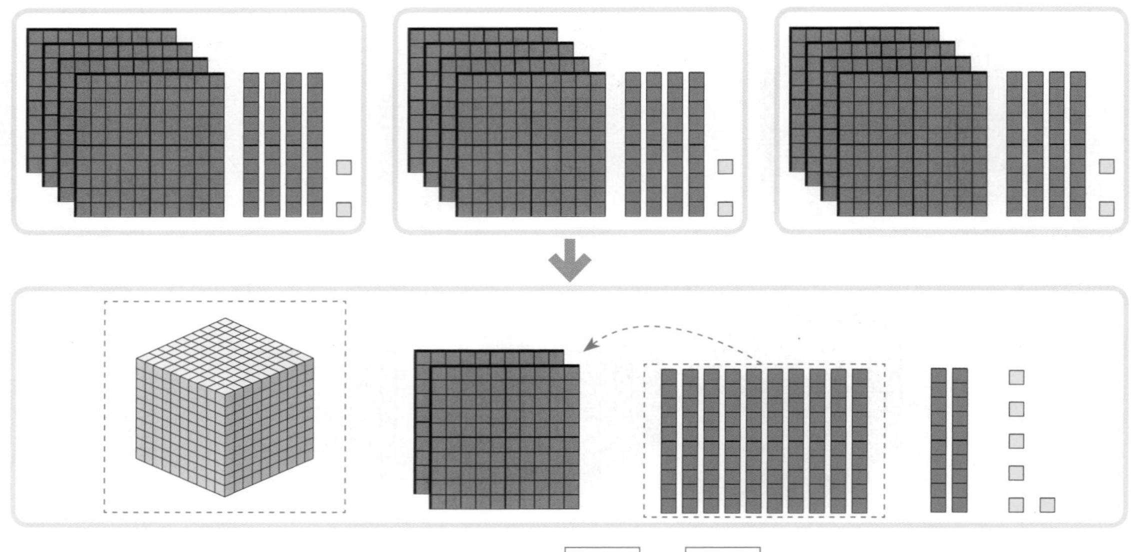

○ 위의 문제를 곱셈식으로 나타내어 봅시다. ☐ × ☐

○ 고구마는 모두 몇 개일지 어림해봅시다.

442는 약 ☐ 이고, ☐ 씩 ☐ 이면 ☐ 입니다.

○ 백 모형은 모두 몇 개입니까?

4 × 3 = ☐ 개 → ☐

○ 십 모형은 모두 몇 개입니까?

4 × 3 = ☐ 개 → ☐

○ 일 모형은 모두 몇 개입니까?

2 × 3 = ☐ 개 → ☐

○ 고구마는 모두 몇 개입니까? 어림한 값과 비교해 봅시다.

		백		십		일		전체
442 × 3	=	☐	+	☐	+	☐	=	☐

활동 4: 선생님과 함께 연습하기

1. 162 × 2를 세로셈으로 계산하는 방법을 알아봅시다.

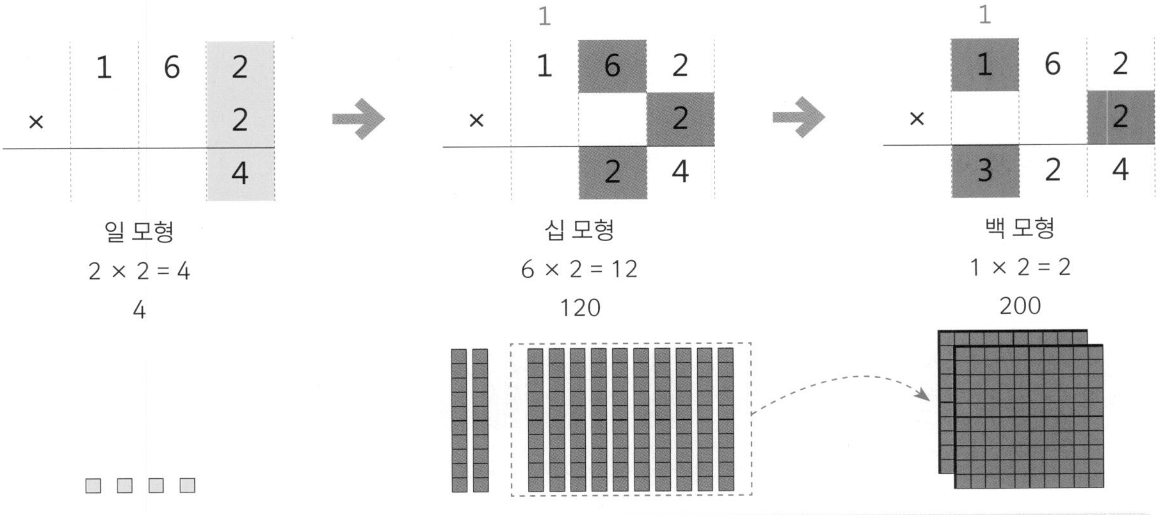

- 일의 자리 수 2와 2를 곱하면 2 × 2 = 4이므로 일의 자리에 4를 씁니다. 십의 자리 수 6과 2를 곱하면 6 × 2 = 12이므로 십의 자리에 2를 쓰고 백의 자리 위에 1을 작게 씁니다. 백의 자리 수 1과 2를 곱하면 1 × 2 = 2이므로 2와 십의 자리에서 올림한 수 1을 더하여 백의 자리에 3을 씁니다. 따라서 162 × 2 = 324입니다.

2. 412 × 3을 세로셈으로 계산하는 방법을 알아봅시다.

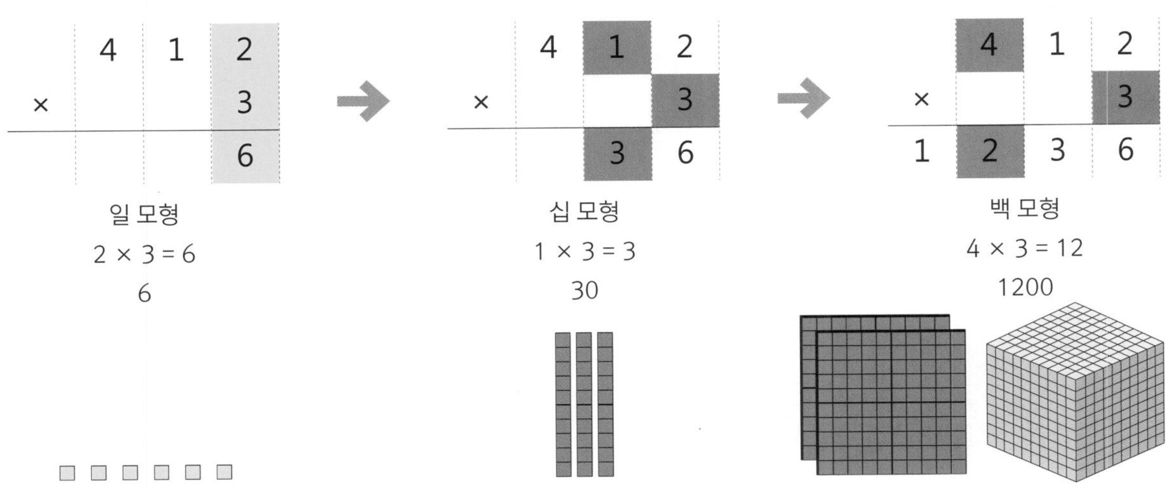

- 일의 자리 수 2와 3을 곱하면 2 × 3 = 6이므로 일의 자리에 6을 씁니다. 십의 자리 수 1과 3을 곱하면 1 × 3 = 3이므로 3을 십의 자리에 씁니다. 백의 자리 수 4와 3을 곱하면 4 × 3 = 12이므로 백의 자리에 2를 쓰고 천의 자리에 1을 씁니다. 따라서 412 × 3 = 1236입니다.

3. 442 × 3을 세로셈으로 계산하는 방법을 알아봅시다.

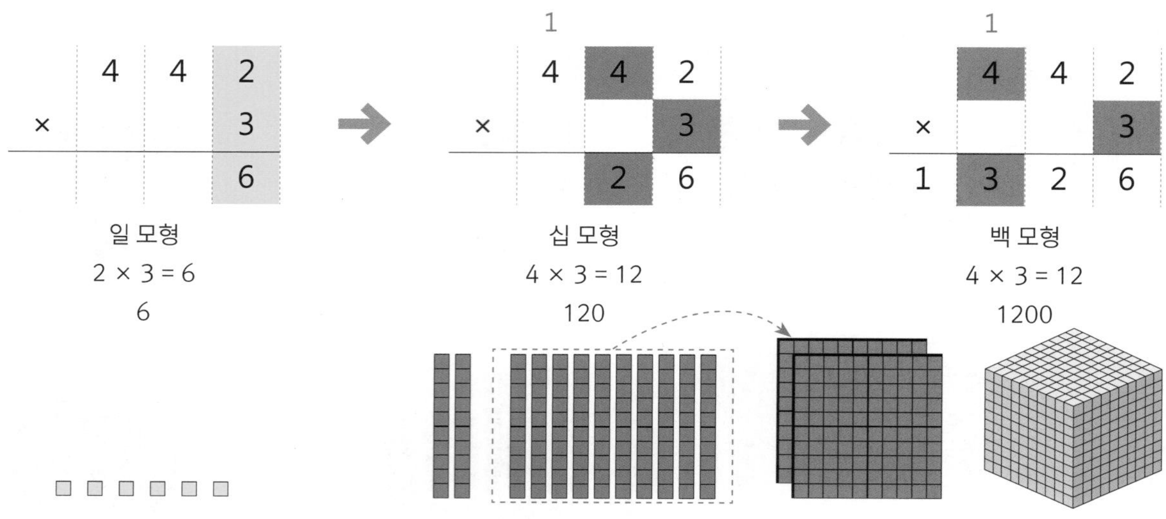

• 일의 자리 수 2와 3을 곱하면 2 × 3 = 6이므로 일의 자리에 6을 씁니다. 십의 자리 수 4와 3을 곱하면 4 × 3 = 12이므로 십의 자리에 2를 쓰고 백의 자리 위에 1을 작게 씁니다. 백의 자리 수 4와 3을 곱하면 4 × 3 = 12이므로 12와 십의 자리에서 올림한 수 1을 더하여 백의 자리에 3을 쓰고 천의 자리에 1을 씁니다. 따라서 442 × 3 = 1326입니다.

4. 442 × 3을 가로로 계산하는 방법을 알아봅시다.

442 × 3 = 1200 + 120 + 6
= 1326

6
120
1200

• 일의 자리 수 2와 3을 곱하면 6, 십의 자리 수 4와 3을 곱하면 120, 백의 자리 수 4와 3을 곱하면 1200입니다. 이를 모두 더하면 1200 + 120 + 6이므로 1326입니다.

5. 다음을 계산해 봅시다.

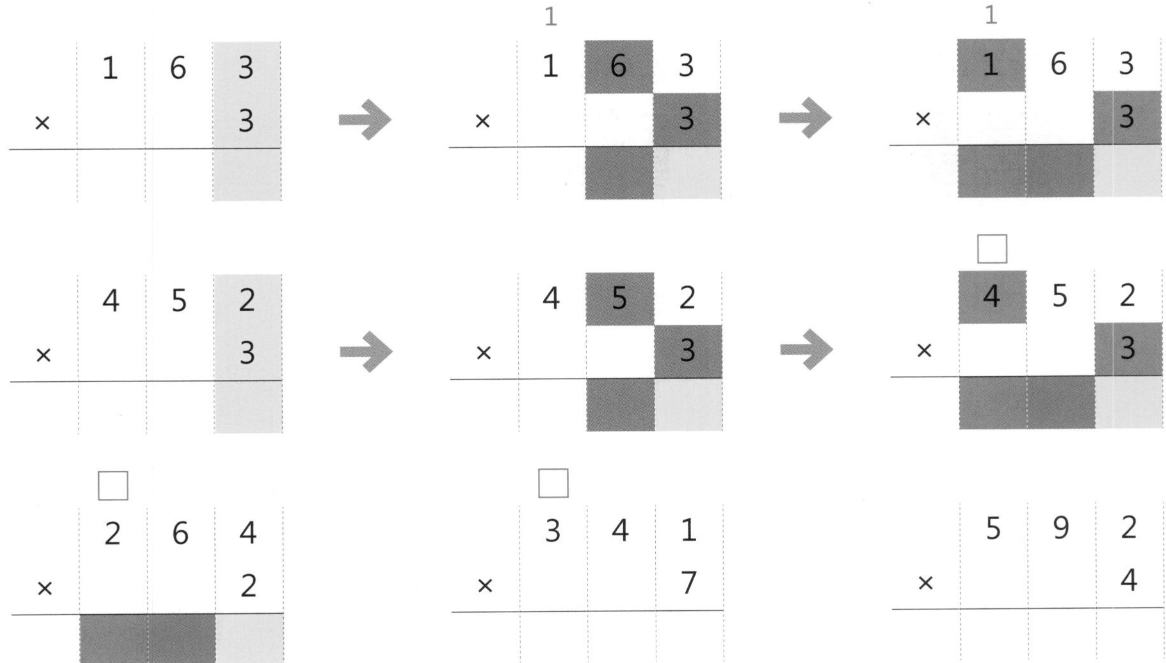

6. 다음을 계산해 봅시다.

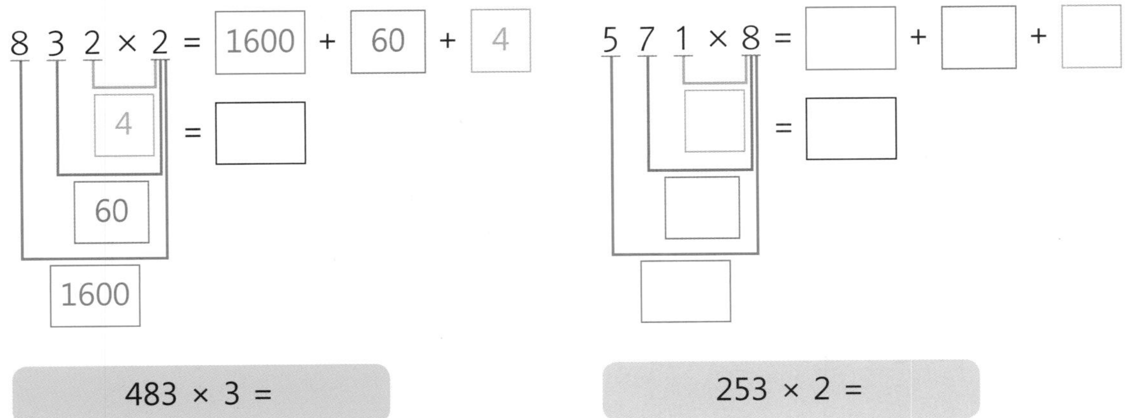

483 × 3 =

253 × 2 =

활동 5: 스스로 서기

1. 수 모형을 보고 □ 안에 알맞은 수를 써 봅시다.

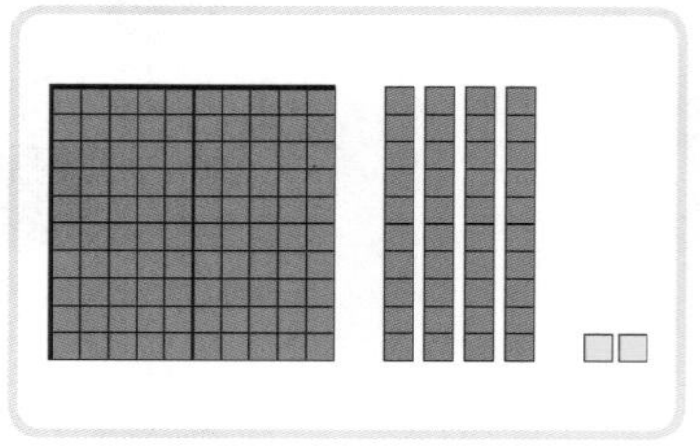
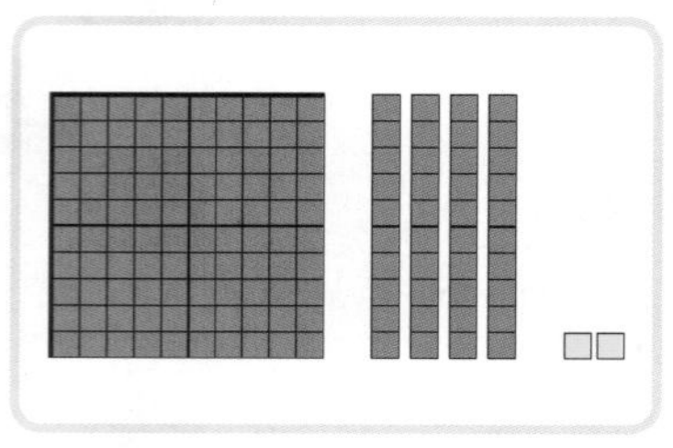
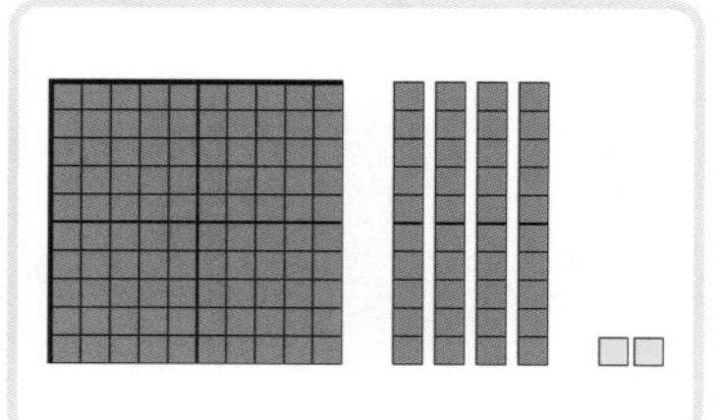

142 × □ = □

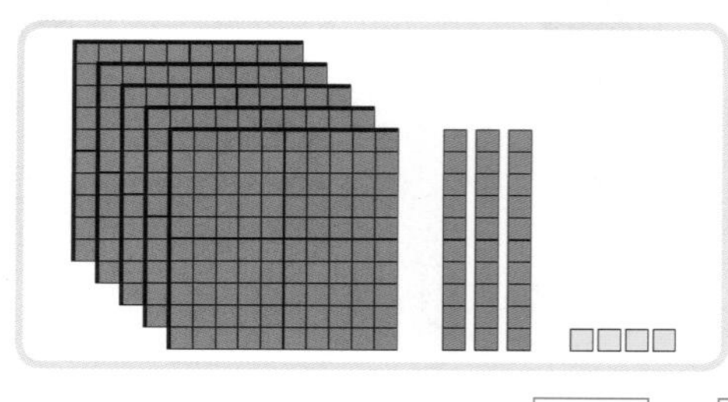
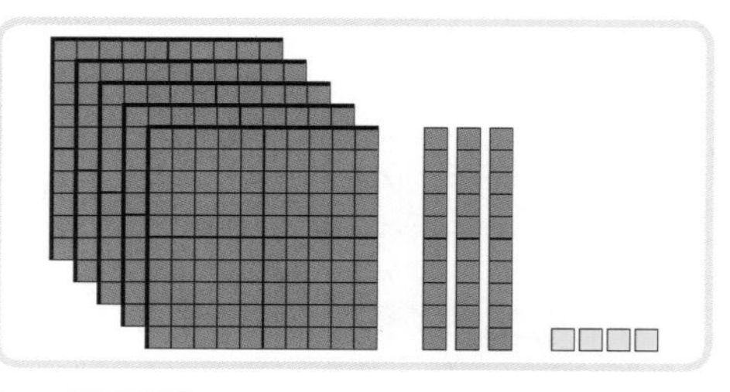

□ × □ = □

2. 다음 곱셈식을 계산해 봅시다.

	3	4	2
×			3

→

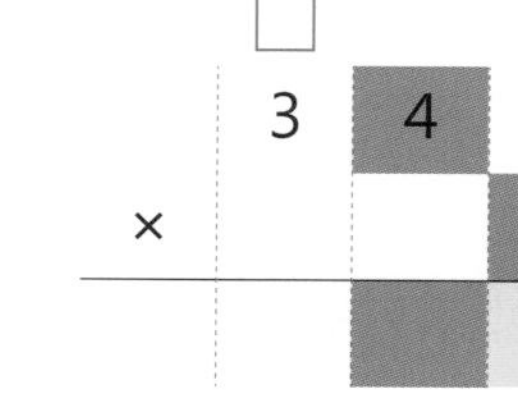

→

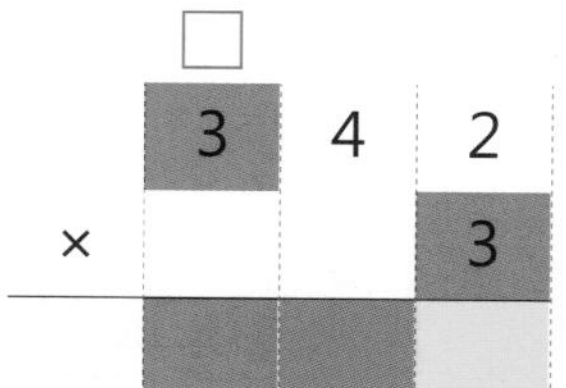

	□		
	4	5	4
×			2

	□		
	2	3	1
×			6

	□		
	3	5	1
×			7

3. 다음 곱셈식을 보고 □ 안에 알맞은 수를 써 봅시다.

2 5 2 × 4 = 800 + 200 + 8

8 = □

200

800

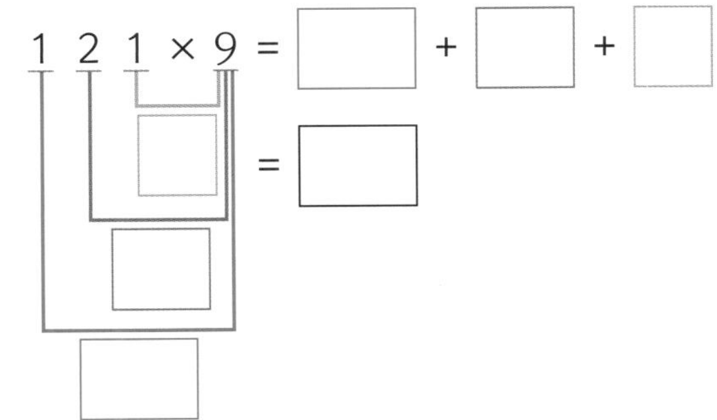

4. 다음 곱셈식을 계산해 봅시다.

131 × 6 = □

342 × 3 = □

5. 두 곱의 합을 구해 봅시다.

231 × 7

341 × 3

□

6. 계산 결과의 크기를 비교하여 ○ 안에 >, =, <를 알맞게 써넣으세요.

453 × 2 ○ 332 × 4

정리

◆ 십의 자리, 백의 자리에서 올림이 있는 (세 자리 수) × (한 자리 수)의 계산 방법

	1	6	2
×			2
			4

→

	1	6	2
		(1)	
×			2
		2	4

→

	1	6	2
		(1)	
×			2
	3	2	4

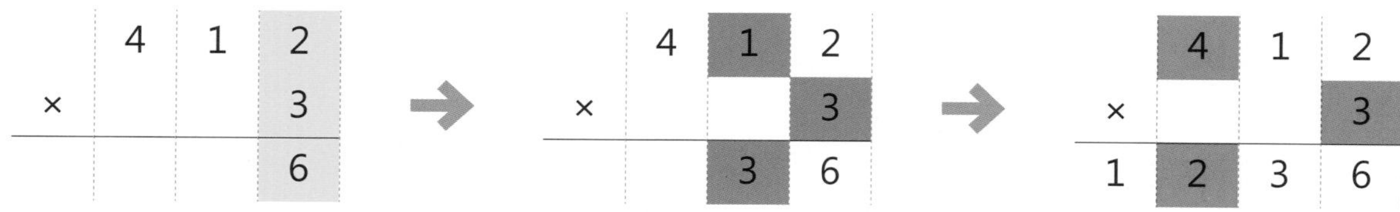

	4	4	2
×			3
			6

→

	4	4	2
		(1)	
×			3
		2	6

→

		4	4	2
			(1)	
×				3
	1	3	2	6

1. 일의 자리부터 순서대로 곱을 구합니다. 자릿수에 맞추어 숫자를 씁니다.
2. 각 자리의 곱이 10이거나 10보다 크면 바로 윗자리 위에 올림한 수를 작게 쓰고, 바로 윗자리의 곱에 더합니다.
3. 백의 자리에서 올림이 있는 경우 올림한 수를 천의 자리에 씁니다.

$$442 \times 3 = 1200 + 120 + 6 = 1326$$

6
120
1200

 놀이 활동: 틀린 부분을 찾아라!

◆ 아래의 곱셈식을 살펴보고 틀린 부분을 찾아 왜 틀렸는지 이유를 말해 봅시다. 그리고 바르게 계산해 봅시다.

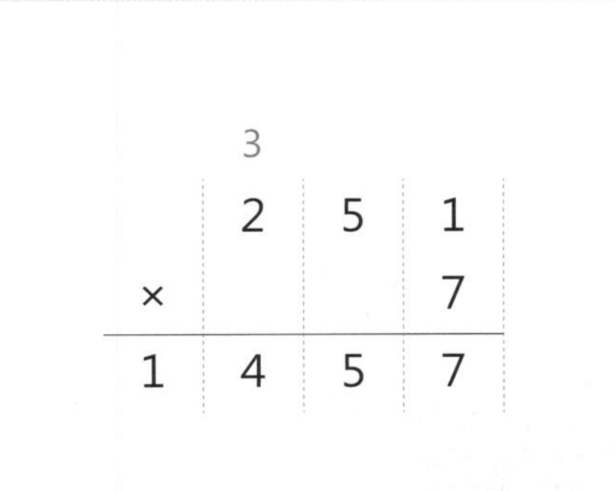

○ 틀린 부분은?

○ 바르게 계산하면?

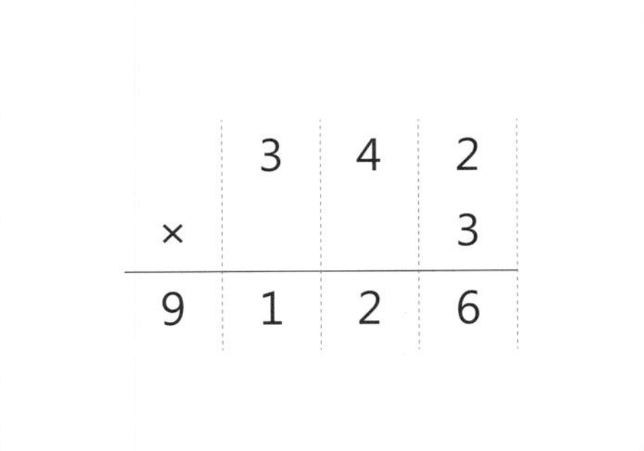

○ 틀린 부분은?

○ 바르게 계산하면?

	2		
	6	5	2
×			4
3	2	0	8

○ 틀린 부분은?

○ 바르게 계산하면?

18차시 (몇십)×(몇십), (몇십몇)×(몇십)

학습목표 • (몇십)×(몇십), (몇십몇)×(몇십)의 계산 원리와 계산 형식을 이해하고 계산할 수 있다.

도입: (몇십)×(몇십) 문제 상황 알기

◆ 지난 주말 윤아네 가족은 과수원에서 사과 따기 체험을 하였습니다. 가족들이 딴 사과를 한 자루에 20개씩 담았더니 모두 30자루가 되었습니다. 윤아네 가족이 딴 사과는 모두 몇 개입니까?

1. 윤아네 가족이 딴 사과는 모두 몇 개인지 알기 위한 식을 세워 봅시다.

2. 사과가 모두 몇 개인지 어림하여 봅시다.

3. 왜 그렇게 어림하였나요?

활동 1: 선생님 설명 듣기

◆ 사과가 모두 몇 개인지 그림을 통해 알아봅시다.

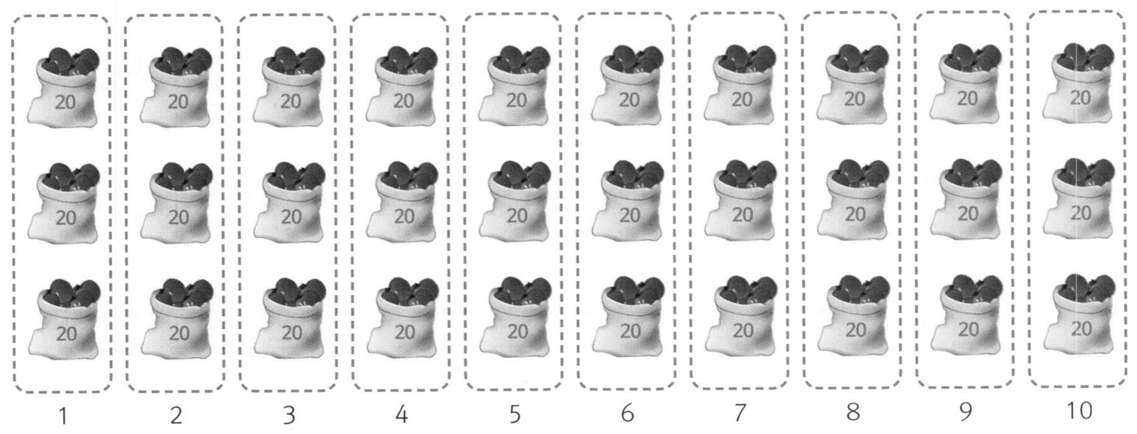

○ 사과가 한 자루에 20개씩 30자루 있습니다. 이를 곱셈식으로 나타내면,

20 × 30

○ 사과를 3자루씩 묶으면 10묶음이 됩니다. 이를 곱셈식으로 나타내면,

20 × ☐ × ☐ = ☐ × ☐ = ☐

○ 사과는 모두 몇 개입니까?

20 × 30 = ☐ × ☐ × ☐

= ☐ × ☐

= ☐

○ 어림한 값과 계산한 값을 비교하여 봅시다.

활동 2: 선생님과 함께 연습하기

1. 20 × 30을 계산하는 방법을 알아봅시다.

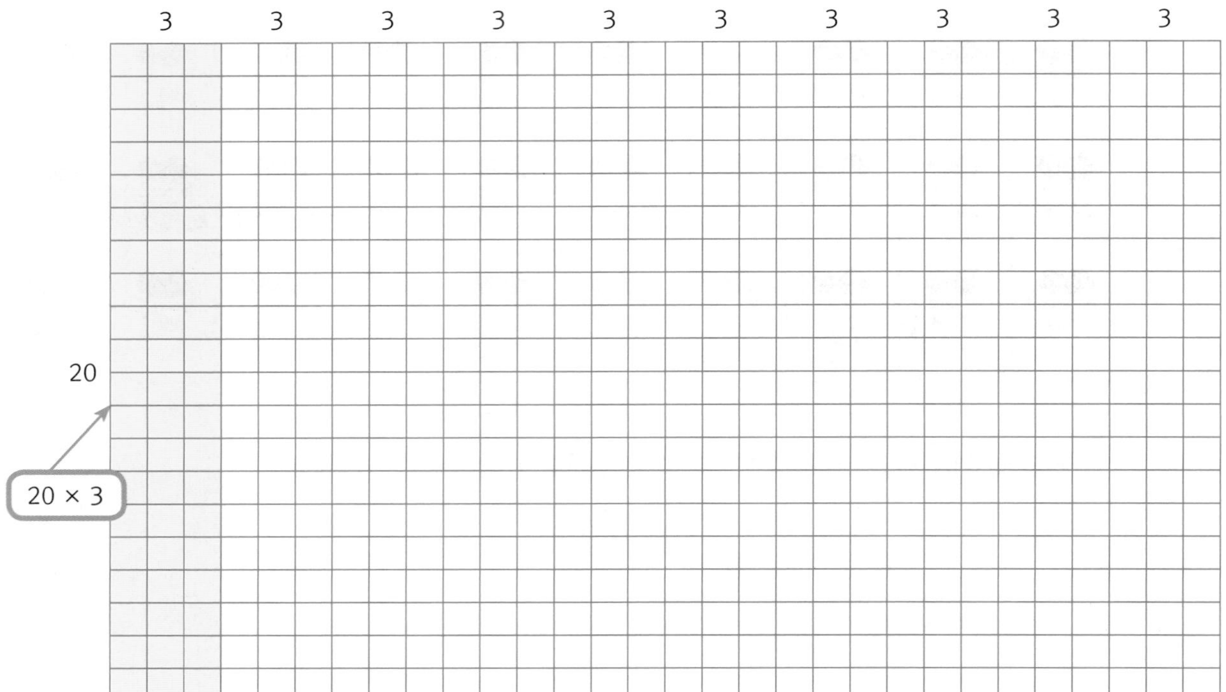

20 × 30 = ☐ × ☐ × ☐

= ☐ × ☐

= ☐

2. 20 × 30을 가로로 계산하는 방법을 알아봅시다.

0이 2개

20 × 30 = 600

2 × 3 = 6

20 × 30 = 2 × 3 × 10 × 10
= 6 × 100
= 600
20과 30의 2와 3을 먼저 곱한 후 10을 두 번 곱합니다.

3. 20 × 30을 세로셈으로 계산하는 방법을 알아봅시다.

	2	0
×	3	0
6	0	0

일의 자리와 십의 자리에 0을 쓰고 2와 3을 곱하여 백의 자리에 6을 씁니다.

4. 20 × 3과 20 × 30의 결과를 비교하여 봅시다.

20 × 3 = 60 ⇨ 20 × 30 = 600

곱해지는 수가 같을 때 곱하는 수가 10배가 되면 곱도 10배가 됩니다.

5. 다음을 계산해 봅시다.

90 × 40 =

		4	0
	×	3	0

50 × 20 =

		8	0
	×	6	0

6. □ 안에 알맞은 수를 써 봅시다.

30 × 4 = □ ⇨ 30 × 40 = □

활동 3: 선생님 설명 듣기

◆ 윤아네 가족과 함께 과수원에 간 민규네 가족은 사과를 따서 한 자루에 13개씩 20자루 담았습니다. 민규네 가족이 딴 사과는 모두 몇 개인지 그림을 통해 알아봅시다.

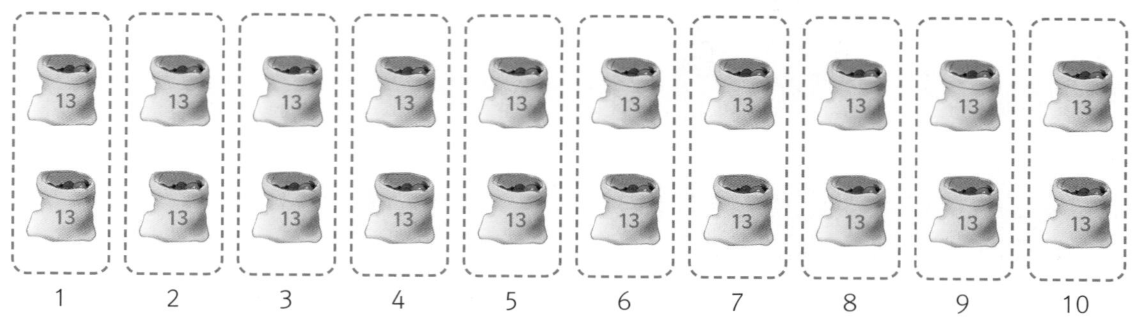

○ 사과가 한 자루에 13개씩 20자루 있습니다. 이를 곱셈식으로 나타내면,

13 × 20

○ 사과가 몇 개인지 어림하여 봅시다.

○ 사과를 2자루씩 묶으면 10묶음이 됩니다. 이를 곱셈식으로 나타내면,

13 × ☐ × ☐ = ☐ × ☐ = ☐

13 13 13 13 13 13 13 13 13 13 1

13 13 13 13 13 13 13 13 13 13 2

○ 사과를 10자루씩 묶으면 2묶음이 됩니다. 이를 곱셈식으로 나타내면,

13 × ☐ × ☐ = ☐ × ☐ = ☐

○ 두 계산 결과를 비교하여 봅시다.

활동 4: 선생님과 함께 연습하기

1. 13 × 20을 계산하는 방법을 알아봅시다.

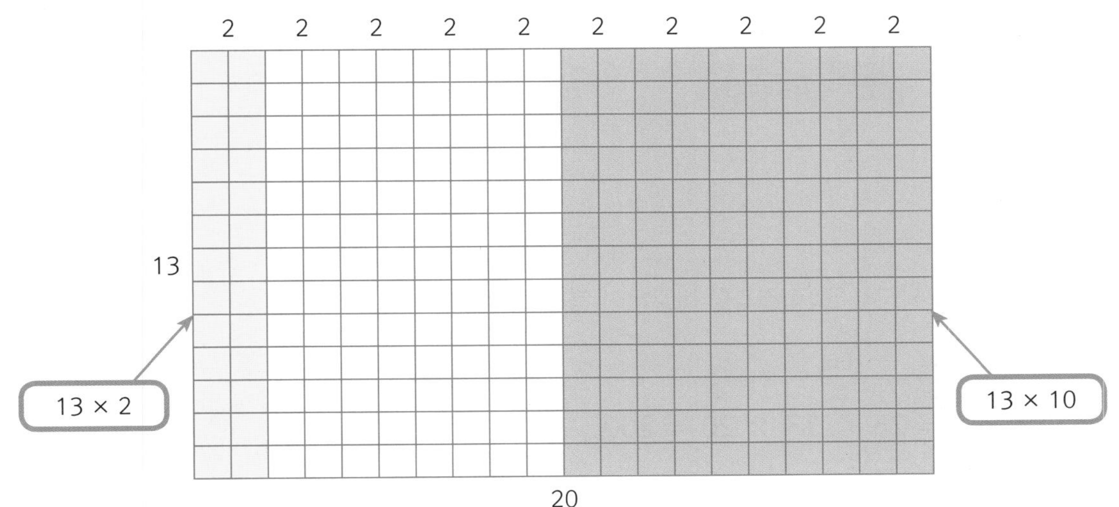

13 × 20 = ☐ × ☐ × ☐
= ☐ × ☐
= ☐

13에 2를 먼저 곱한 후 10을 곱합니다.

13 × 20 = ☐ × ☐ × ☐
= ☐ × ☐
= ☐

13에 10을 먼저 곱한 후 2를 곱합니다.

계산 방법이 다르지만 계산 결과는 같습니다.

2. 13 × 20을 가로로 계산하는 방법을 알아봅시다.

13 × 20 = 260

13 × 2 = 26

13과 2를 곱한 수(26)에 0을 하나 붙입니다.

3. 13 × 20을 세로셈으로 계산하는 방법을 알아봅시다.

	1	3
×	2	0
2	6	0

먼저 일의 자리에 0을 쓰고 13과 2를 곱하면 26이므로 6은 십의 자리에 2는 백의 자리에 씁니다.

4. 13 × 2와 13 × 20의 결과를 비교하여 봅시다.

10배

13 × 2 = 26 ⇨ 13 × 20 = 260

10배

곱해지는 수가 같을 때 곱하는 수가 10배가 되면 곱도 10배가 됩니다.

5. 다음을 계산해 봅시다.

22 × 40 =

45 × 20 =

	3	2
×	2	0

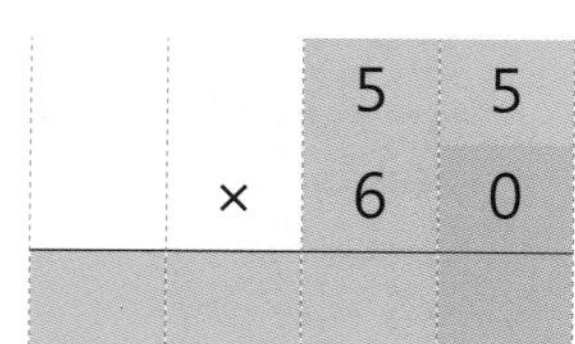

		5	5
	×	6	0

6. □ 안에 알맞은 수를 써 봅시다.

10배

15 × 3 = □ ⇨ 15 × 30 = □

10배

 활동 5: 스스로 서기

1. 체리가 한 바구니에 12개씩 들어 있습니다. 바구니가 20개 있다면 체리는 모두 몇 개일까요?

1) 체리의 수를 곱셈식으로 나타내어 봅시다.

2) 체리의 수를 어림해 봅시다.

3) 그림을 보고 □ 안에 알맞은 수를 써넣으세요.

○ 체리를 2바구니씩 묶으면 10묶음이 됩니다. 이를 곱셈식으로 나타내면,

□ × □ × □ = □ × □ = □

2. 다음 곱셈식을 완성해 봅시다.

1) 60 × 20 = □ 00

2) 90 × 80 = □ 00

3) 50 × 30 = □ 00

4) 40 × 50 = □ 00

3. 다음 곱셈식을 계산해 봅시다.

1)

		4	0
	×	3	0

2)

		7	0
	×	8	0

3) 31 × 20 =

4) 24 × 40 =

5)

	4	3
×	2	0

6)

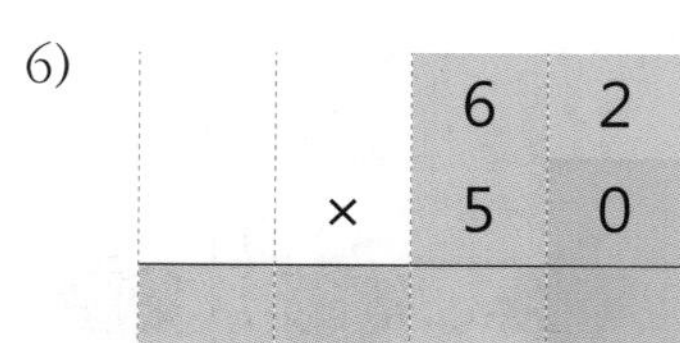

		6	2
	×	5	0

4. □ 안에 알맞은 수를 써 봅시다.

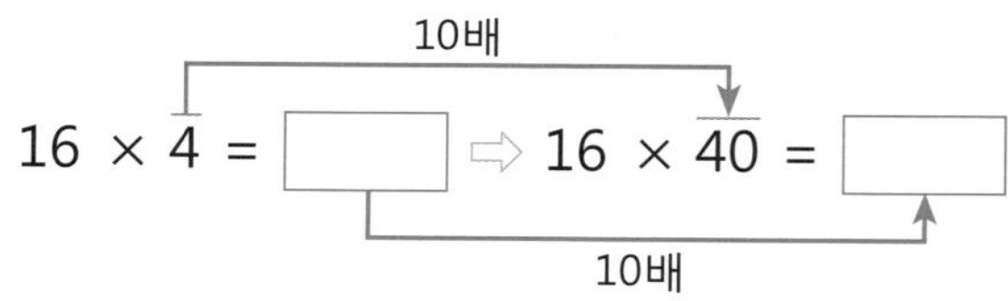

5. 계산 결과의 크기를 비교하여 ○ 안에 >, =, <를 알맞게 써넣으세요.

43 × 30 ○ 32 × 40

정리

1. (몇십)×(몇십)의 계산 방법

0이 2개

$20 \times 30 = 600$

$2 \times 3 = 6$

20 × 30 = 2 × 3 × 10 × 10
= 6 × 100
= 600
20과 30의 2와 3을 먼저 곱한 후 10을 두 번 곱합니다.

	2	0
×	3	0
6	0	0

일의 자리와 십의 자리에 0을 쓰고 2와 3을 곱하여 백의 자리에 6을 씁니다.

2. (몇십몇)×(몇십)의 계산 방법

$13 \times 20 = 260$

$13 \times 2 = 26$

13과 2를 곱한 수(26)에 0을 하나 붙입니다.

	1	3
×	2	0
2	6	0

먼저 일의 자리에 0을 쓰고 13과 2를 곱하면 26이므로 6은 십의 자리에 2는 백의 자리에 씁니다.

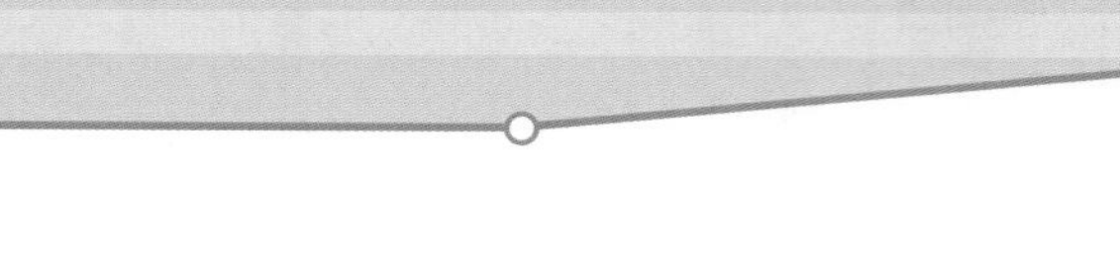

 놀이 활동: 곱셈 오목놀이

◆ 가위바위보를 하여 이긴 사람이 먼저 계산하고 싶은 칸의 문제를 계산합니다. 답을 맞히면 자기 영역 표시(색이나 모양)를 합니다. 번갈아 가며 칸을 선택하고 문제를 풉니다. 가로, 세로 또는 대각선으로 한 줄을 먼저 자기 영역으로 만드는 사람이 이깁니다.

21 × 20	10 × 40	26 × 20	62 × 30	43 × 20
12 × 30	44 × 20	70 × 20	53 × 10	22 × 30
23 × 50	32 × 20	80 × 30	91 × 30	24 × 40
40 × 10	31 × 20	24 × 20	20 × 80	33 × 30
12 × 40	42 × 20	52 × 20	10 × 50	30 × 40

19차시 (몇)×(몇십몇)

학습목표 • (몇)×(몇십몇)의 계산 원리와 계산 형식을 이해하고 계산할 수 있다.

도입: (몇)×(몇십몇) 문제 상황 알기

◆ 윤아는 지난주 과수원에서 따 온 사과를 가지고 사과잼을 만들기로 했습니다. 사과잼 한 병을 만드는 데 필요한 사과는 4개입니다. 윤아는 사과잼을 17병 만들어 친구들에게 나누어 주려고 합니다. 필요한 사과는 몇 개입니까?

1. 사과잼을 만드는 데 필요한 사과는 모두 몇 개인지 알기 위한 식을 세워 봅시다.

□ × □

2. 필요한 사과가 모두 몇 개인지 어림하여 봅시다.

3. 왜 그렇게 어림하였나요?

17는 약 □ 이고, □ 씩 □ 이면 □ 입니다.

(몇)×(몇십몇)을 어림할 때에는 (몇)×(몇십)으로 어림하는 것이 좋습니다.

활동 1: 선생님 설명 듣기

◆ 4 × 17을 모눈종이로 알아봅시다.

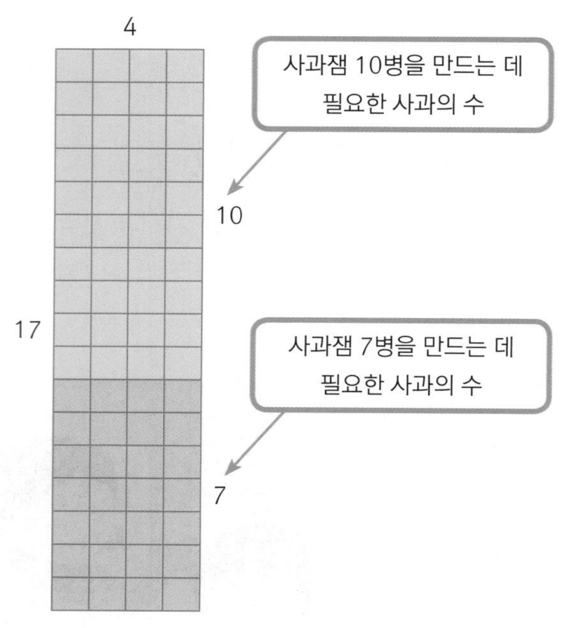

○ 색깔별 모눈의 수를 곱셈식으로 나타내면,

파란색: 4 × 10

분홍색: 4 × 7

○ 사과잼 10병을 만드는 데 필요한 사과는 몇 개입니까?

○ 사과잼 7병을 만드는 데 필요한 사과는 몇 개입니까?

○ 사과잼 17병을 만드는 데 필요한 사과는 모두 몇 개입니까?

☐ + ☐ = ☐

○ 어림한 값과 계산한 값을 비교하여 봅시다.

활동 2: 선생님과 함께 연습하기

1. 4 × 17을 세로셈으로 계산하는 방법을 알아봅시다.

○ 세로 계산을 더 간단하게 나타내어 봅시다.

	2	
		4
×	1	7
		8

→

	2	
		4
×	1	7
	6	8

① 4 × 7 = 28이므로 일의 자리에 8을 쓰고, 십의 자리 위에 올림한 수 2를 작게 씁니다.
② 4 × 1 = 4이므로 4와 일의 자리에서 올림한 수 2를 더하여 십의 자리에 6을 씁니다.

○ 17 × 4는 얼마입니까? 4 × 17의 결과와 비교해 봅시다.

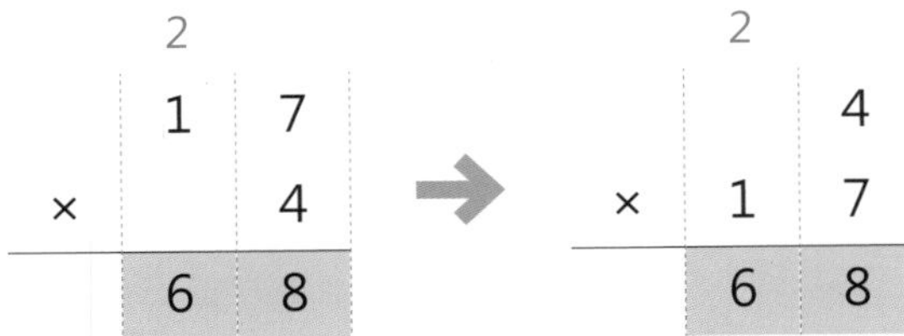

	2	
		4
×	1	7
	6	8

곱셈식은 곱하는 두 수를 바꾸어 곱해도 계산 결과가 같으므로 (몇) × (몇십몇)은 (몇십몇) × (몇)으로 구할 수도 있습니다.

2. 다음을 계산해 봅시다.

1)

		6
×	1	5
			… 6×5
			… 6×10

2)

		8
×	2	3

3) □

		4
×	3	7

4) □

		5
×	4	3

활동 3: 스스로 서기

1. 모눈종이를 이용하여 8 × 12을 계산하려고 합니다. □ 안에 알맞은 수를 써넣어 봅시다.

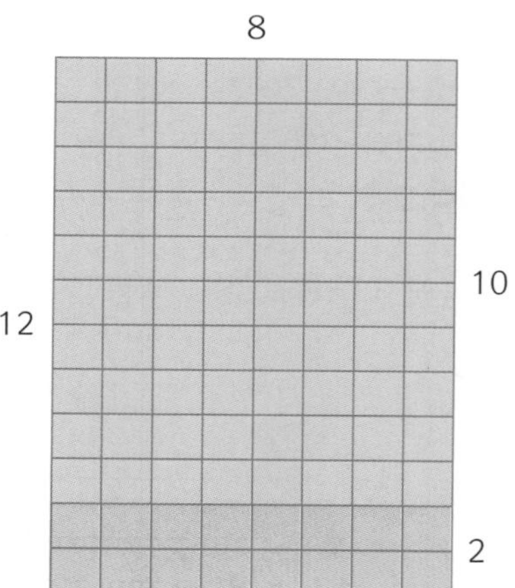

- 파란색 모눈의 수: □ × □ = □
- 분홍색 모눈의 수: □ × □ = □
- 8 × 12 = □ + □ = □

2. 다음 곱셈식을 계산해 봅시다.

1)

		9	
×	4	7	
			⋯ 9×7
			⋯ 9×40

2)

		6
×	5	3

3) □

		5
×	7	7

4) □

		8
×	2	3

5) 7 × 38 =

6) 5 × 26 =

3. 두 곱셈식을 계산 결과를 구하고, 알맞은 말에 ◯ 해 봅시다.

4 × 39　　39 × 4

4 × 39의 계산 결과와 39 × 4의 계산 결과는 (같습니다, 다릅니다).

정리

◆ (몇)×(몇십몇)의 계산 방법

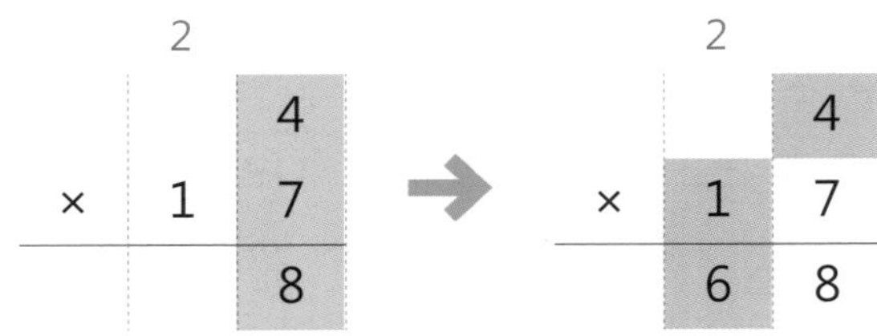

① 4 × 7 = 28이므로 일의 자리에 8을 쓰고, 십의 자리 위에 올림한 수 2를 작게 씁니다.

② 4 × 1 = 4이므로 4와 일의 자리에서 올림한 수 2를 더하여 십의 자리에 6을 씁니다.

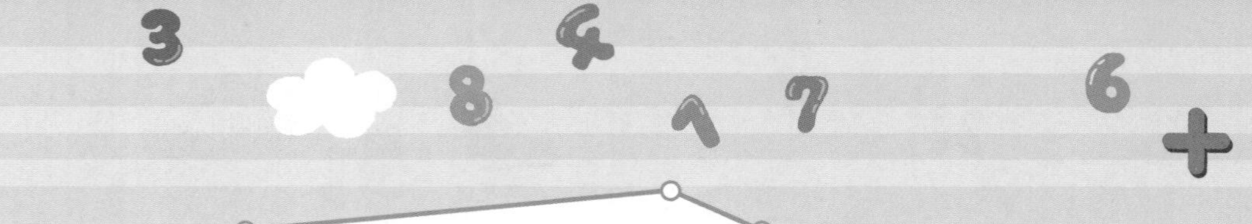

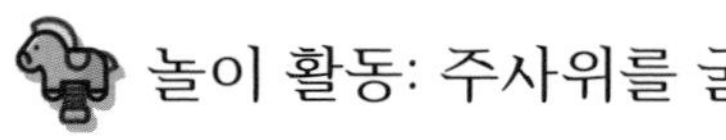

놀이 활동: 주사위를 굴려라

• 준비물: 색깔이 다른 주사위 2개, 계산기

◆ 주사위 하나는 일의 자리 수, 다른 하나는 십의 자리 수를 나타내는 것으로 정합니다. 주사위 두 개를 동시에 굴립니다. 주사위 윗면에 나온 수를 보고 아래쪽에 있는 사각형에 각 자리 수에 알맞게 쓰거나 그립니다. 일의 자리를 나타내는 주사위를 한 번 더 굴립니다. 주사위 윗면에 나온 수를 보고 위에 있는 사각형에 수를 쓰거나 그립니다. 두 수를 곱합니다. 맞으면 1점을 얻습니다. 정답을 확인할 때는 계산기를 활용합니다. 친구와 번갈아 가면서 한 번씩 합니다.

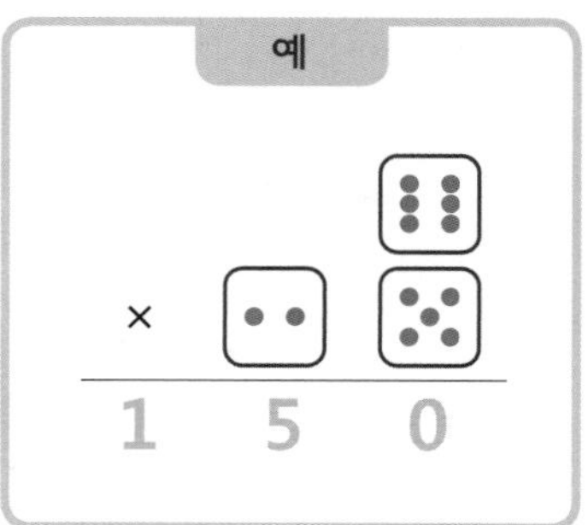

	player 1	player 2
1	×	×
2	×	×
3	×	×

3단계 곱셈

20차시 (몇십몇)×(몇십몇)(1)

학습목표 • 올림이 한 번 있는 (몇십몇)×(몇십몇)의 계산 원리와 계산 형식을 이해하고 계산할 수 있다.

도입: 올림이 한 번 있는 (몇십몇)×(몇십몇) 문제 상황 알기

◆ 예은이는 밤 줍기 체험행사에서 주어온 밤으로 밤식빵을 만들려고 합니다. 밤식빵 하나에 밤을 18개씩 넣어 14개의 밤식빵을 만들려고 합니다. 필요한 밤은 모두 몇 개입니까?

1. 밤식빵을 만드는 데 필요한 밤은 모두 몇 개인지 알기 위한 식을 세워 봅시다.

2. 필요한 밤이 모두 몇 개인지 어림하여 봅시다.

3. 왜 그렇게 어림하였나요?

18은 약 ☐ 이고, ☐ 씩 ☐ 이면 ☐ 입니다.

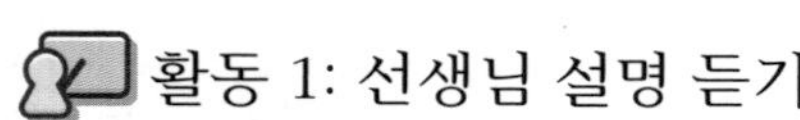

활동 1: 선생님 설명 듣기

◆ 모눈종이를 이용하여 18 × 14가 얼마인지 알아봅시다.

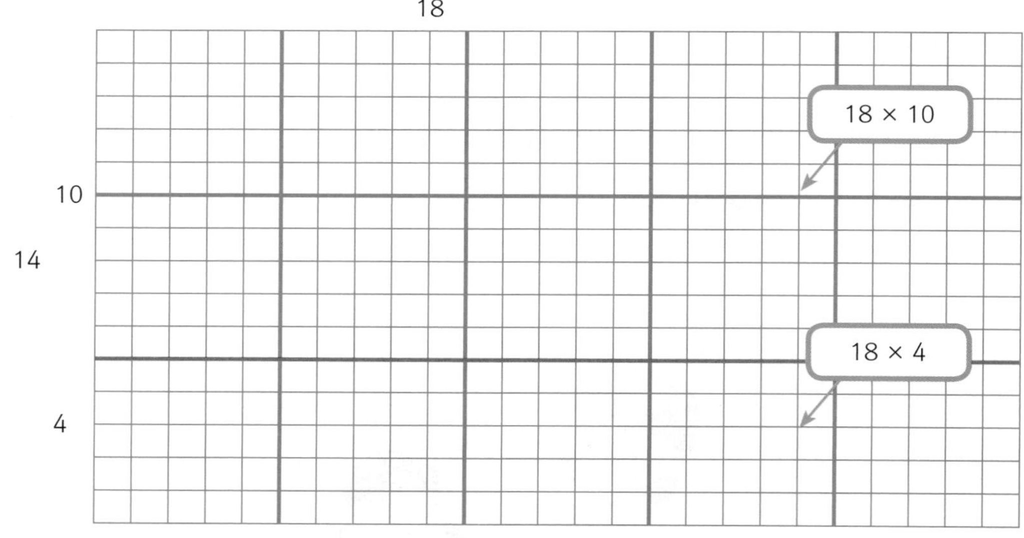

○ 18 × 14는 18개씩 14줄로 색칠할 수 있습니다. 빨간색 선 윗부분과 아랫부분의 색을 다르게 하여 색칠해 봅시다.

○ 18 × 14는 붉은 선 윗부분의 18 × 10과 아랫부분의 18 × 4를 각각 계산한 후 더하여 구할 수 있습니다. 18 × 10은 얼마입니까?

○ 18 × 4는 얼마입니까?

○ 18 × 10과 18 × 4의 합은 얼마입니까?

18 × 14 = 18 × 4 + 18 × 10 = ☐ + ☐ = ☐

○ 어림한 값과 계산한 값을 비교하여 봅시다.

활동 2: 선생님과 함께 연습하기

1. 18 × 14를 세로셈으로 계산하는 방법을 알아봅시다.

	1	8
×	1	4

→

	3	
	1	8
×	1	4
		2

→

	3	
	1	8
×	1	4
	7	2

	1	8
×	1	4
	7	2
	8	0

→

	1	8
×	1	4
	7	2
1	8	0

→

	1	8	
×	1	4	
	7	2	··· 18×4
1	8	0	··· 18×10
2	5	2	

1) 18과 4를 곱합니다. 일의 자리 수 8과 4를 곱하면 32입니다. 3을 십의 자리 위에 작게 쓰고 2를 일의 자리에 씁니다. 십의 자리 수 1과 일의 자리 수 4를 곱하면 4이고 십의 자리에 올린 수 3을 더하면 7입니다. 따라서 72가 됩니다.
2) 18과 10을 곱합니다. 일의 자리 수 8과 십의 자리 수 1의 곱은 8입니다. 8을 십의 자리에 씁니다. 십의 자리 수 1과 십의 자리 수 1의 곱은 1입니다. 1을 백의 자리에 씁니다. 따라서 180입니다.
3) 72와 180을 더하면 252입니다.

2. 다음을 계산해 봅시다.

1)

	□		
	1	2	
×	1	5	
			··· 12×5
			··· 12×10

2)

	□	
	1	3
×	2	4

3)

	1	4
×	3	2

4)

	4	3
×	2	5

활동 3: 스스로 서기

1. 모눈종이를 이용하여 17 × 12를 계산하려고 합니다. ☐ 안에 알맞은 수를 써넣어 봅시다.

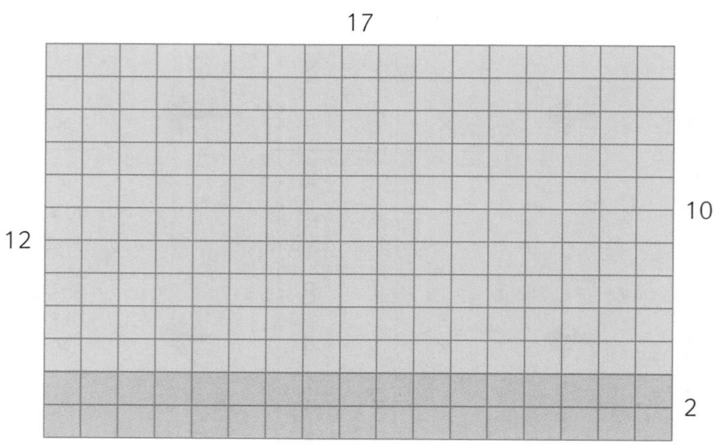

17 × 12 = 17 × 2 + 17 × 10 = ☐ + ☐ = ☐

2. 다음 곱셈식을 계산해 봅시다.

1)

	☐		
	2	3	
×	1	5	
			··· 23×5
			··· 23×10

2)

	☐	
	1	4
×	1	3

3)

	4	5
×	1	2

4)

	3	2
×	1	4

5) 42 × 21 =

6) 31 × 23 =

정리

◆ (몇십몇)×(몇십몇)의 계산 방법

	1	6
×	1	4

→

	2	
	1	6
×	1	4
		4

→

	2	
	1	6
×	1	4
	6	4

	1	6
×	1	4
	6	4
	6	0

→

	1	6
×	1	4
	6	4
1	6	0

→

	1	6	
×	1	4	
	6	4	··· 16×4
1	6	0	··· 16×10
2	2	4	

1. 16과 4를 먼저 곱합니다. 6과 4를 곱하면 24이므로 2를 십의 자리에 위에 쓴 후 4를 일의 자리에 씁니다.
2. 16과 10을 곱합니다. 6과 십의 자리 수 1을 곱하면 6이므로 6을 십의 자리에 씁니다. 십의 자리 수 1과 십의 자리 수 1을 곱하면 1이므로 백의 자리에 1을 씁니다.
3. 1번과 2번의 결과를 더하여 답을 씁니다.

 놀이 활동: 틀린 부분을 찾아라!

◆ 아래의 곱셈식을 살펴보고 틀린 부분을 찾아 왜 틀렸는지 이유를 말해 봅시다. 그리고 바르게 계산해 봅시다.

	1	6
×	1	4
	4	4
1	6	0
2	0	4

○ 틀린 부분은?

○ 바르게 계산하면?

	1	
	2	3
×	1	5
1	1	5
	2	3
1	3	8

○ 틀린 부분은?

○ 바르게 계산하면?

	2	7
×	1	3
6	2	1
2	7	0
8	9	1

○ 틀린 부분은?

○ 바르게 계산하면?

3단계 곱셈

21 차시 (몇십몇)×(몇십몇)(2)

학습목표 • 올림이 여러 번 있는 (몇십몇)×(몇십몇)의 계산 원리와 계산 형식을 이해하고 계산할 수 있다.

도입: 올림이 여러 번 있는 (몇십몇)×(몇십몇) 문제 상황 알기

◆ 효신이는 가족들과 제주도에 놀러가서 감귤따기 체험을 하였습니다. 귤을 한 상자에 53개씩 넣었더니 모두 29상자가 되었습니다. 효신이네 가족이 딴 감귤은 모두 몇 개입니까?

1. 효신이네 가족이 딴 귤은 모두 몇 개인지 알기 위한 식을 세워 봅시다.

2. 귤이 모두 몇 개인지 어림하여 봅시다.

3. 왜 그렇게 어림하였나요?

53은 약 ☐ 이고, 29는 약 ☐ 이므로 ☐ 개씩 ☐ 상자는 ☐ 개 입니다.

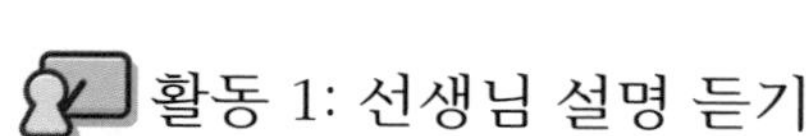

활동 1: 선생님 설명 듣기

◆ 모눈종이를 이용하여 53 × 29가 얼마인지 알아봅시다.

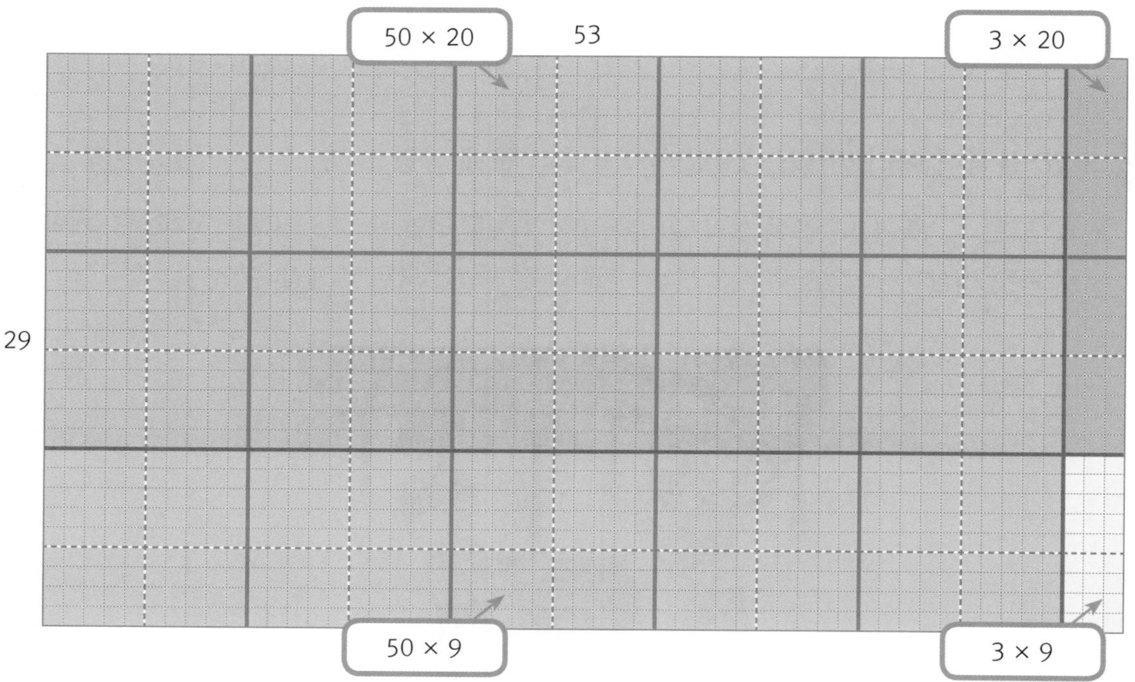

○ 53 × 29는 53개씩 29줄로 나타낼 수 있습니다. 53을 50과 3, 29를 20과 9로 나누어 색칠하면 위와 같습니다. 그리고 각 색깔별 모눈의 수를 구하여 모두 더하면 29 × 25의 값을 알 수 있습니다.

○ 색깔별 모눈의 수를 구해 봅시다.

■ = 50 × 20 =　　　　■ = 3 × 20 =

■ = 50 × 9 =　　　　□ = 3 × 9 =

○ 색칠한 모눈은 모두 몇 칸인가요?

■ [　　] + ■ [　　] + ■ [　　] + □ [　　] = [　　]

○ 53 × 29는 얼마입니까?

○ 어림한 값과 비교하여 봅시다.

활동 2: 선생님과 함께 연습하기

1. 53 × 29를 세로셈으로 계산하는 방법을 알아봅시다.

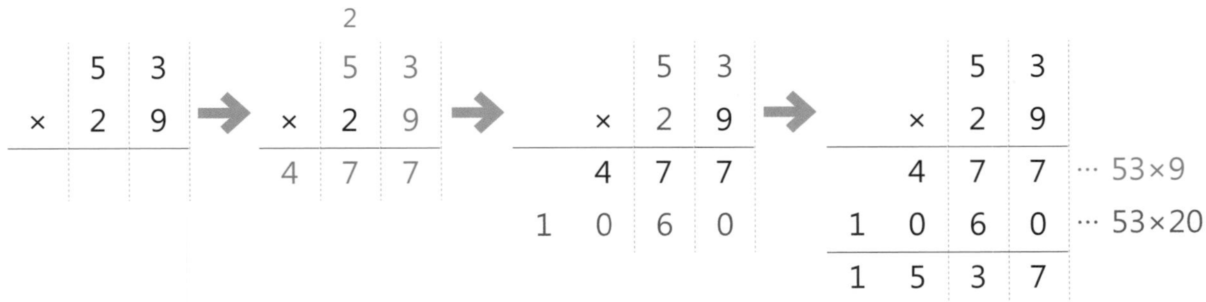

1) 53과 9를 곱합니다. 일의 자리 수 3과 9를 곱하면 27입니다. 2를 십의 자리 위에 작게 쓰고 7을 일의 자리에 씁니다. 십의 자리 수 5와 일의 자리 수 9를 곱하면 45이고 십의 자리에 올린 수 2를 더하면 47입니다. 7은 십의 자리, 4는 백의 자리에 씁니다. 따라서 477이 됩니다.
2) 53과 20을 곱합니다. 일의 자리 수 3과 십의 자리 수 2의 곱은 6입니다. 6을 십의 자리에 씁니다. 십의 자리 수 5와 십의 자리 수 2의 곱은 10입니다. 0을 백의 자리에 쓰고 1을 천의 자리에 씁니다. 따라서 1060입니다.
3) 477과 1060을 더하면 1537입니다.

2. 다음 빈칸에 알맞은 수를 써넣어 봅시다.

53 × 29의 계산은 53과 일의 자리 [ ] 를 먼저 곱하고, 53과 십의 자리 [ ] 를 곱한 값을 더합니다.

3. 다음을 계산해 봅시다.

1)

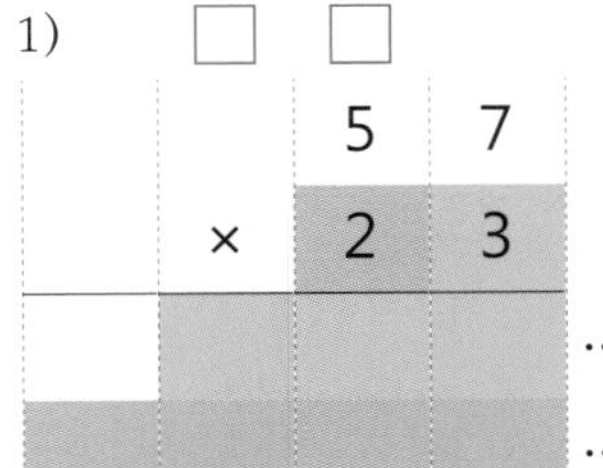

		5	7
	×	2	3
				… 57×3
				… 57×20

2)

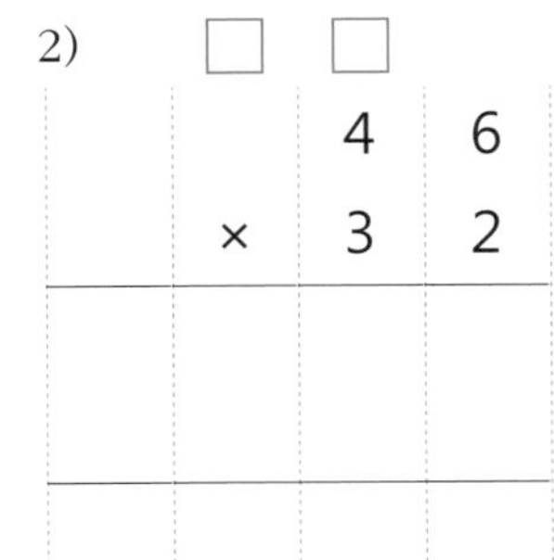

		4	6
	×	3	2

3)

		7	5
	×	7	6

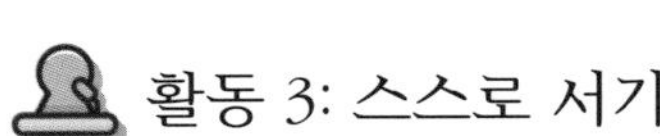
활동 3: 스스로 서기

1. 모눈종이를 이용하여 57 × 23을 계산하려고 합니다. □ 안에 알맞은 수를 써넣어 봅시다

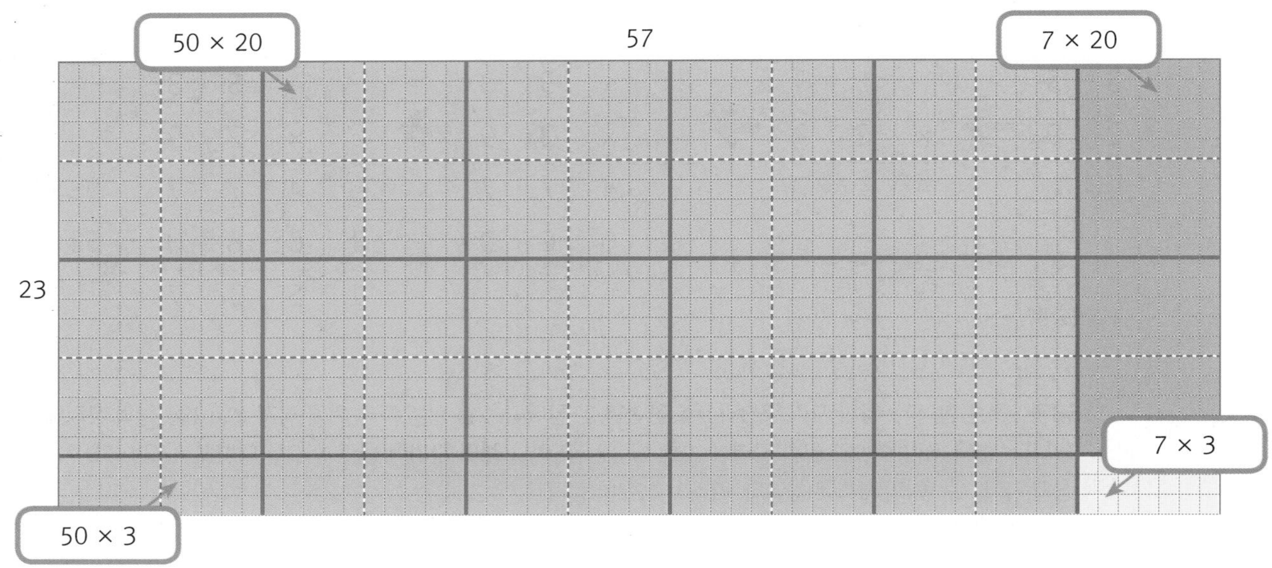

57 × 23 = □ + □ + □ + □ = □

2. 다음 곱셈식을 계산해 봅시다.

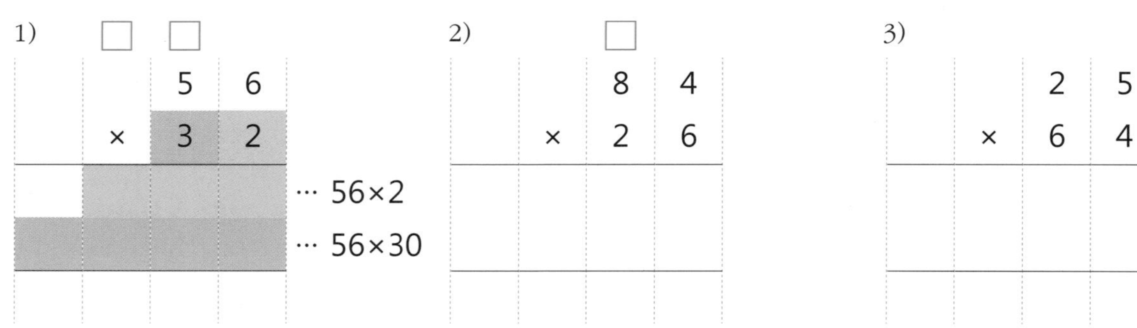

4) 53 × 29 =

5) 43 × 95 =

3. 관계있는 것끼리 선으로 이어 봅시다.

4. 계산 결과의 크기를 비교하여 ◯ 안에 >, =, <를 알맞게 써넣으세요.

68 × 95 ◯ 78 × 76

정리

◆ 올림이 여러 번 있는 (몇십몇)×(몇십몇)의 계산 방법

$$\begin{array}{r} 53 \\ \times\ 29 \\ \hline \end{array} \rightarrow \begin{array}{r} {}^{2}\ \ \\ 53 \\ \times\ 29 \\ \hline 477 \end{array} \rightarrow \begin{array}{r} 53 \\ \times\ 29 \\ \hline 477 \\ 1060 \end{array} \rightarrow \begin{array}{rl} 53 & \\ \times\ 29 & \\ \hline 477 & \cdots 53\times9 \\ 1060 & \cdots 53\times20 \\ \hline 1537 & \end{array}$$

1. 53을 50과 3으로 나누고, 29를 20과 9로 나누어서 각각을 곱하여 더합니다.
2. 53과 일의 자리 9를 먼저 곱하고, 53과 십의 자리 2를 곱한 값을 더합니다.

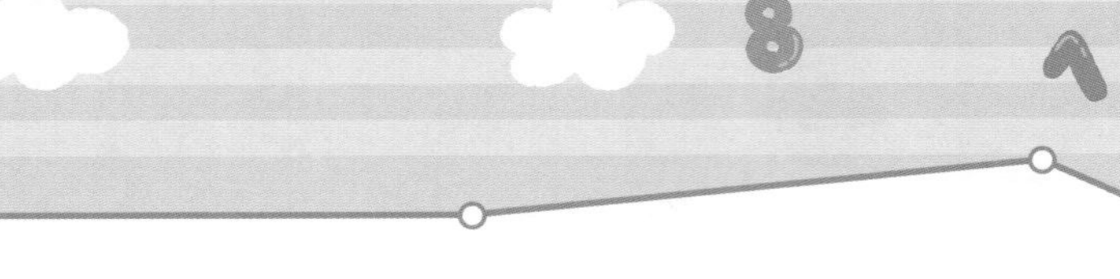

놀이 활동: 주사위를 굴려라

• 준비물: 색깔이 다른 주사위 2개, 계산기

◆ 주사위 하나는 일의 자리 수, 다른 하나는 십의 자리 수를 나타내는 것으로 정합니다. 주사위 두 개를 동시에 굴립니다. 주사위 윗면에 나온 수를 보고 위에 있는 사각형에 씁니다. 주사위를 한 번 더 굴려 나온 수를 보고 아래에 있는 사각형에 씁니다. 두 수를 곱합니다. 맞으면 1점을 얻습니다. 정답을 확인할 때는 계산기를 활용합니다. 친구와 번갈아 가면서 한 번씩 합니다.

	player 1	player 2
1	□□ × □□	□□ × □□
2	□□ × □□	□□ × □□
3	□□ × □□	□□ × □□

단계 04

나눗셈

1. 개관

나눗셈은 덧셈, 뺄셈, 곱셈 연산을 모두 활용할 수 있을 때 가능한 연산이다. 학생들은 일상생활에서 나눗셈을 사용하는 상황과 많이 만나게 된다. 같은 개수만큼 덜어 낼 때 몇 번 덜어 내는지 알아야 할 때도 있고, 주어진 개수를 똑같이 나눌 때 몇 개씩 나누어야 하는지 알아야 할 때도 있다.

이 단계에서는 나누기 상황에서 똑같이 나누기에 대한 의미를 바탕으로 곱셈과 나눗셈의 관계를 학습한 다음, 나눗셈의 몫을 곱셈식과 곱셈구구를 이용하여 구하는 내용이 제시된다. 그리고 (몇십)÷(몇), (몇십몇)÷(몇), 나눗셈의 검산을 하는 방법을 차례대로 다룬다.

2. 차시 구성

차시	차시명	학습목표
1	똑같이 나누기로 나눗셈 알기	똑같이 나누는 활동을 통해 나눗셈을 이해하고 나눗셈식으로 나타낼 수 있다.
2	묶어 세기로 나눗셈 알기	묶어 세는 활동을 통해 나눗셈을 이해하고 나눗셈식으로 나타낼 수 있다.
3	곱셈과 나눗셈의 관계 알기	곱셈과 나눗셈의 관계를 알 수 있다.
4	곱셈식으로 나눗셈의 몫 구하기	나눗셈의 몫을 곱셈식으로 구할 수 있다.
5	곱셈구구로 나눗셈의 몫 구하기	나눗셈의 몫을 곱셈구구로 구할 수 있다.
6	(몇십)÷(몇)(1)	내림이 없는 (몇십)÷(몇)의 계산 원리를 알고 계산할 수 있다.
7	(몇십)÷(몇)(2)	내림이 있는 (몇십)÷(몇)의 계산 원리를 알고 계산할 수 있다.
8	나머지가 없는 (몇십몇)÷(몇)(1)	나머지가 없는 (몇십몇)÷(몇)의 계산 원리를 알고 계산할 수 있다.
9	나머지가 없는 (몇십몇)÷(몇)(2)	내림이 있고 나머지가 없는 (몇십몇)÷(몇)의 계산 원리를 알고 계산할 수 있다.
10	나머지가 있는 (몇십몇)÷(몇)(1)	내림이 없고 나머지가 있는 (몇십몇)÷(몇)의 계산 원리를 알고 계산할 수 있다.
11	나머지가 있는 (몇십몇)÷(몇)(2)	내림이 있고 나머지가 있는 (몇십몇)÷(몇)의 계산 원리를 알고 계산할 수 있다.
12	나눗셈 계산 결과 확인하기	나머지가 있는 나눗셈의 계산이 맞는지 확인할 수 있다.

3. 나눗셈 계산 지도 방법

나눗셈 알고리즘은 사칙연산 중에서 학생들이 가장 어려워하는 알고리즘이다. 다른 연산과 달리 나눗셈은 왼쪽부터 연산을 시작하며 나눗셈구구뿐만 아니라 뺄셈과 곱셈도 문제 해결과정에서 필요하다. 또한 어림으로 가정 몫을 구해야 하는데 첫 어림에서 반드시 성공하는 것은 아니며 두 번째 어림에서 실패하기도 하기 때문이다. 따라서 구체물을 통한 조작 활동을 반복적으로 하면서 그 형식과 규칙을 익힐 수 있도록 해야 한다.

나눗셈 계산 방법은 다양하지만 보통 분배 알고리즘과 누감 알고리즘이 가장 자주 사용되며 효과적이다. 먼저 분배 알고리즘은 나눗셈 계산에서 가장 널리 사용되는 것으로 표준 알고리즘이라고 한다. 분배 알고리즘을 적용한 나눗셈 방법은 다음과 같다. 배 56개를 4상자에 똑같이 나누어 담는다고 할 때, 배 50개를 4상자에 가장 많이 담을 수 있는 수를 찾는다(10개씩 4상자에 담는다). 각 상자에 몇 개를 담을 수 있는지(10) 기록하는데, 10이라고 쓰지 않고 십의 자리에 1(10이 1개)이라고 쓴다. 그리고 56 아래에 자릿수를 맞추어 40을 쓴다. 이어서 가로선을 긋고 남아 있는 배의 수(16)를 쓴다. 남은 배의 수를 4상자에 균등하게 담을 수 있는 수(4)를 찾고 몫을 쓰는 일의 자리에 4라고 쓴다. 그리고 16 아래에 16이라고 쓴 후 가로선을 긋고 나머지는 0이라 쓴다. 분배 알고리즘을 처음 접하는 학생들은 자릿값 혼동으로 인하여 몫을 어디에 써야 할지 잘 모르며 혼동스러워 한다. 따라서 몫을 기록하는 방법이 자릿값의 원리와 관련되어 있음을 학생들이 알도록 하는 것이 중요하다.

누감 알고리즘은 분배 알고리즘에 비해 직관적이고 간단하여 대부분의 학생이 학습하기 더 쉽다고 알려져 있다. 누감 알고리즘을 적용한 나눗셈 방법은 다음과 같다. 사탕 47개를 3명에게 나누어 주려고 한다면 먼저 각 사람에게 10개씩 나누어 준다. 학생들이 일반적으로 어떤 수에 10을 곱하는 것이 친숙하기 때문이다. 그러면 사탕 30개를 사용한 것이다. 10을 몫을 쓰는 자리에 쓰고, 47에서 30을 뺀다. 남아 있는 사탕 17개를 다시 한 명당 5개씩 나누어 주면 2개가 남는다. 5를 몫을 쓰는 자리에 쓰고 나머지 2는 맨 아래에 적는다. 처음에 10개, 다음에 5개씩 나누어 주어서 총 15개씩 나누어 주고 2개가 남았다. 즉, 몫은 15이고 나머지는 2이다. 이 알고리즘 역시 학생들이 자릿값의 개념을 충분히 이해하도록 하는 것이 중요한데 왼쪽에 있는 십의 자리부터 연산을 시작하여 십의 자리에 맞추어 몫을 쓰고 난 후 남은 자리의 계산을 하여 일의 자리에 맞추어 몫을 쓰도록 한다.

어느 알고리즘을 사용하든 나눗셈의 몫을 구하기 전에 몫이 얼마쯤일지 어림하는 과정이 필요하다. 어림셈은 대략적인 값을 의미하며 기대되는 답에 대한 직관을 얻을 수 있고, 계산을 잘하였는지 확인하며, 계산 결과의 타당성을 검증할 수 있기 때문에 유용하다.

곱셈과 나눗셈은 역연산 관계이므로 이를 관련지어서 두 연산의 관계를 가르치는 것은 매우 중요한 활동이다. 나눗셈 초기 단계에서는 먼저 한 가지 상황을 곱셈과 나눗셈 두 가지로 나타내어 보게 하여 두 연산의 관계를 직관적으로 이해하게 한다. 다음으로 곱셈의 피승수, 승수, 곱이 나눗셈의 피제수, 제수, 몫으로 변환되는 과정을 이해하도록 지도하고 나눗셈식을 곱셈식으로, 곱셈식을 나눗셈식으로 변환하게 한다. 마지막으로 나눗셈의 몫을 곱셈과 나눗셈의 역연산 관계를 활용하여 곱셈구구 범위 내에서 구할 수 있도록 지도한다. 이후 단계의 나눗셈에서는 곱셈과 나눗셈의 관계를 이용한 검산식을 통해 나눗셈을 정확하게 하였는지 확인해 보도록 한다.

4. 오류 유형에 따른 지도 방법

오류 유형	지도 방법
피제수의 각 자릿수가 제수로 나누어 떨어지지 않을 때, 나누어 떨어지는 것 먼저 계산하는 경우 $\begin{array}{r} 1\ \ 1 \\ 3\overline{)\,5\ \ 3} \end{array}$	• 수막대를 이용하여 십의 자리부터 먼저 계산함을 알기 - 10개가 한 묶음인 십의 자리 묶음 5개와 일의 자리를 나타내는 막대 3개 준비하기 - 제수는 피제수가 나타내는 양을 묶을 때 한 묶음에 포함되어야 하는 물체의 개수이므로 3개씩 모으기 - 먼저 십의 자리를 나타내는 5묶음을 3개씩 묶어 묶음의 개수를 십의 자리 위에 적기 - 남은 십의 자리 두 묶음은 묶음을 풀어 20개로 만든 뒤 일의 자리를 나타내는 3과 더하기 - 23개의 막대를 3개씩 묶으면 7묶음이 되고 7을 일의 자리 위에 적은 후 나머지 2를 적기 • 단일 자리에 십의 배수를 곱하는 식 연습하기 - $2\times3=6$, $2\times30=60$, $2\times300=600$ - $2\times30=2\times(3\times10)=(2\times3)\times10=6\times10=60$ • 몫의 값을 어림하기 - $65\div3$의 경우 $3\times?\le65$와 같은 개방형 가로쓰기 수식을 참으로 하는 10의 배수 중 가장 큰 배수의 숫자 찾기

몫을 잘못된 자리에 적는 경우 5 2 3) 7 5 6 0 1 5 1 5	• 나눗셈은 가장 큰 자릿수부터 함을 강조하기 • 몫의 값을 어림하게 하고 자릿값 강조하기 – 3×?≤75와 같은 개방형 가로쓰기 수식을 참으로 하는 10의 배수 중 가장 큰 배수의 숫자 찾기 • 10의 배수를 이용하여 곱하는 연습하기 • 다른 연산법 사용 3) 7 5 6 0 =3×20 1 5 1 5 =3×5 0 =3×25 3) 7 5 6 0 20 1 5 1 5 5 0 =25 2 5 5 2 0 3) 7 5 6 0 1 5 1 5 0

5. 지도 시 유의사항

• 실생활에서 나눗셈을 사용하는 상황에서 문제를 해결함으로써 수학의 필요성을 느끼고 호기심을 가지게 한다.
• 여러 상황에서 학생들 스스로 구체물 활용을 통해 나눗셈의 해결 방법을 생각해 보도록 하여 나눗셈의 몫과 나머지의 의미를 명확하게 알도록 한다.
• 곱셈과 나눗셈의 관계를 이해하기 위해 한 가지 상황을 곱셈식과 나눗셈식으로 나타내는 활동을 통해 그 연결성을 인식하도록 한다.
• 나눗셈을 하기 전에 계산 결과를 어림해 보고 어림한 값을 이용하여 계산 결과가 타당한지 확인해 보게 함으로써 수적 양감을 형성할 수 있도록 한다.

6. 평가

• 매 차시 '스스로 서기'에서 제시된 문제를 활용하여 해당 차시에 학습한 내용에 대해 평가한다.

- 매 차시 '놀이 활동'을 통해 즐겁게 놀이하며 평가하는 과정을 갖고, 자신이 아는 것과 모르는 것을 분명히 인지할 수 있도록 하여 자기 주도적으로 학습할 수 있게 한다.
- 매 차시별 평가 결과를 통해 다음 차시의 학습 내용을 선택함으로써 평가와 교수가 유기적이고 순환적으로 연계되도록 한다.
- 2~3주 간격으로 BASA 수학을 활용하여 연산 유창성(속도와 정확도)을 평가한다.

7. 지도 시 참고자료

1) 애플리케이션

- 스피드 연산 게임, 수학 퀴즈: 두뇌 트레이닝, 수학연산연습(초등3학년 2학기), Divide 등

2) 보드게임

- 로보77, 파라오 코드, 벌집대소동 등

8. 참고문헌

교육부(2015). 교사용지도서: 수학 3-1, 수학 3-2.

교육부(2018). 교사용지도서: 수학 3-1. 수학 3-2.

김동일(2006). 기초학습기능 수행평가체제: 수학검사. 서울: 학지사.

01 차시 똑같이 나누기로 나눗셈 알기

학습목표 • 똑같이 나누는 활동을 통해 나눗셈을 이해하고 나눗셈식으로 나타낼 수 있다.

도입: 똑같이 나누어 볼까요?

◆ 빵 4개를 2명이 똑같이 나누어 먹으려고 합니다. 한 명이 몇 개씩 먹을 수 있나요?

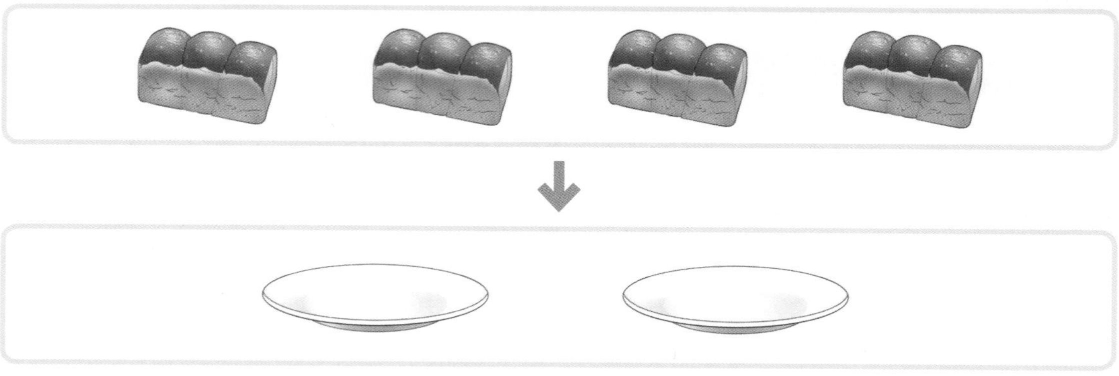

○ 빵을 ○로 그려 접시에 똑같이 나누어 담으면 한 접시에 몇 개씩인가요?

( ) 개

○ 한 명이 몇 개씩 먹게 되나요?

( ) 개

○ 이렇게 똑같이 나누기를 수와 기호로는 어떻게 나타낼 수 있을까요?

활동 1: 선생님 설명 듣기

◆ 도넛을 2명이 똑같이 나누어 먹는다면 몇 개씩 먹을 수 있을까요?

도넛의 개수	한 사람이 먹는 도넛 수
🍩 🍩	1
🍩🍩 🍩🍩	2
🍩🍩🍩 🍩🍩🍩	
🍩🍩🍩🍩 🍩🍩🍩🍩	
🍩🍩🍩🍩🍩 🍩🍩🍩🍩🍩	
🍩🍩🍩🍩🍩🍩 🍩🍩🍩🍩🍩🍩	
🍩🍩🍩🍩🍩🍩🍩 🍩🍩🍩🍩🍩🍩🍩	
🍩🍩🍩🍩🍩🍩🍩🍩 🍩🍩🍩🍩🍩🍩🍩🍩	
🍩🍩🍩🍩🍩🍩🍩🍩🍩 🍩🍩🍩🍩🍩🍩🍩🍩🍩	

○ 도넛이 2개씩 늘어날수록 한 사람이 먹을 수 있는 도넛의 수는 몇 개씩 늘어나나요?

( ) 개

○ 이러한 똑같이 나누기를 간단하게 하는 방법은 무엇일까요?

활동 2: 선생님 설명 듣기

◆ 도넛이 2개 있습니다. 2명이 똑같이 나누면 한 명이 (1)개씩 먹게 됩니다.

식으로 나타내면, 2÷2=1(2 나누기 2는 1)로 나타냅니다. 이런 식을 나눗셈식이라 하고, 1은 2를 2로 나눈 몫, '÷' 앞의 2는 나누어지는 수, '÷' 뒤의 2는 나누는 수라고 합니다.

◆ 도넛이 4개 있습니다. 2명이 똑같이 나누면 한 명이 (2)개씩 먹게 됩니다.

나눗셈식으로 나타내면, 4÷2=2(4 나누기 2는 2)로 나타냅니다.

'=' 뒤의 2는 4를 2로 나눈 몫, 4는 나누어지는 수, '÷' 뒤의 2는 나누는 수라고 합니다.

◆ 도넛이 6개 있습니다. 2명이 똑같이 나누면 한 명이 (3)개씩 먹게 됩니다.

나눗셈식으로 나타내면, 6÷2=3(6 나누기 2는 3)으로 나타냅니다.

3은 6을 2로 나눈 (　　), 6은 나누어지는 수, 2는 나누는 수라고 합니다.

◆ 도넛이 8개 있습니다. 2명이 똑같이 나누면 한 명이 (　　)개씩 먹게 됩니다.

나눗셈식으로 나타내면, 8÷2=4(8 나누기 2는 4)로 나타냅니다.

4는 8을 2로 나눈 (　　), 8은 (　　　　　　　　), 2는 나누는 수라고 합니다.

◆ 도넛이 10개 있습니다. 2명이 똑같이 나누면 한 명이 (　　)개씩 먹게 됩니다.

나눗셈식으로, 10÷2=5(10 나누기 2는 5)로 나타냅니다.

5는 10을 2로 나눈 (　　), 10은 (　　　　　　　　), 2는 (　　　　　　　　)라고 합니다.

◆ 도넛이 12개 있습니다. 2명이 똑같이 나누면 한 명이 (　)개씩 먹게 됩니다.

나눗셈식으로, 12÷2=6(12 나누기 2는 6)으로 나타냅니다.
6은 12를 2로 나눈 (　　), 12는 (　　　　　　　　), 2는 (　　　　　　　　)라고 합니다.

◆ 도넛이 14개 있습니다. 2명이 똑같이 나누면 한 명이 (　)개씩 먹게 됩니다.

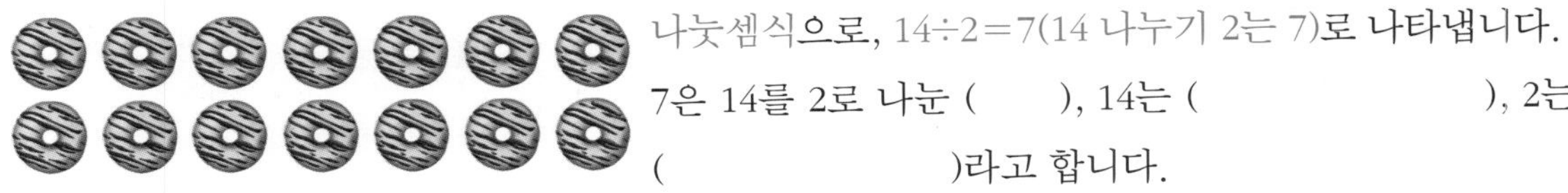

나눗셈식으로, 14÷2=7(14 나누기 2는 7)로 나타냅니다.
7은 14를 2로 나눈 (　　), 14는 (　　　　　　　　), 2는 (　　　　　　　　)라고 합니다.

◆ 도넛이 16개 있습니다. 2명이 똑같이 나누면 한 명이 (　)개씩 먹게 됩니다.

나눗셈식으로, 16÷2=8(16 나누기 2는 8)로 나타냅니다.
(　　)은 16을 2로 나눈 몫, (　　)은 나누어지는 수, (　　)는 나누는 수라고 합니다.

◆ 도넛이 18개 있습니다. 2명이 똑같이 나누면 한 명이 (　)개씩 먹게 됩니다.

나눗셈식으로, 18÷2=9(18 나누기 2는 9)로 나타냅니다.
(　　)는 18을 2로 나눈 몫, (　　)은 나누어지는 수, (　　)는 나누는 수라고 합니다.

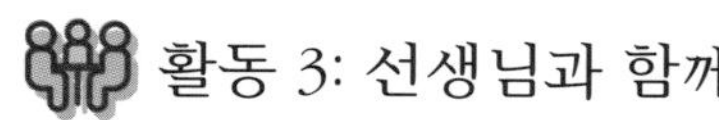

활동 3: 선생님과 함께 연습하기

◆ 그림을 보고 나눗셈식을 완성해 보세요.

4 ÷ □ = 2

10 ÷ 2 = □

12 ÷ 3 = □

16 ÷ □ = 4

15 ÷ 5 = □

12 ÷ □ = 2

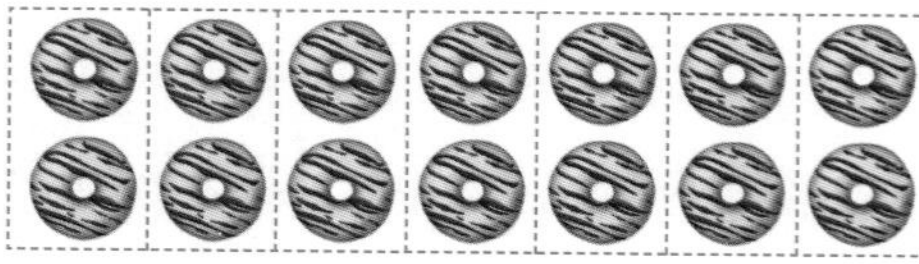

14 ÷ 7 = □

24 ÷ □ = 8

활동 4: 스스로 서기

1. 사탕 6개를 상자 3개에 똑같이 나누어 담으려고 합니다. 상자 1개에 사탕을 몇 개씩 담을 수 있는지 상자에 ○를 그리고, □ 안에 알맞은 수를 써넣으세요.

상자 1개에 사탕을 □개씩 담을 수 있습니다. ⇨ 6 ÷ 3 = □

2. 축구공 12개를 상자 4개에 똑같이 나누어 담으려고 합니다. 상자 1개에 축구공을 몇 개씩 담을 수 있는지 상자에 ○를 그리고, □ 안에 알맞은 수를 써넣으세요.

상자 1개에 축구공을 □개씩 담을 수 있습니다. ⇨ 12 ÷ □ = □

3. 나눗셈식을 보고 ○를 알맞게 나누어 보세요.

8 ÷ 2 = 4 → ○○○○○○○○

15 ÷ 3 = 5 → ○○○○○ ○○○○○ ○○○○○

16 ÷ 4 = 4 → ○○○○○○○○ ○○○○○○○○

24 ÷ 6 = 4 → ○○○○○○○○ ○○○○○○○○ ○○○○○○○○

정리

◆ 똑같이 나누기 활동으로 나눗셈식 알기

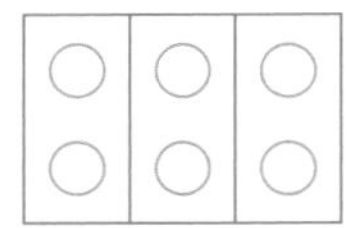

6개를 3명이 똑같이 나누면 2개씩 갖게 됩니다.

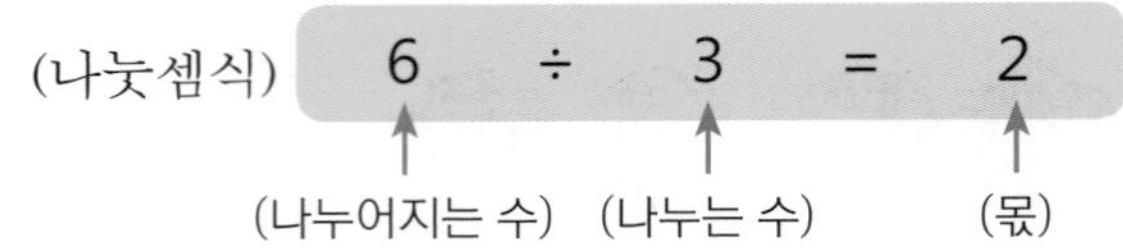

놀이 활동

◆ 가위바위보를 해서 이긴 사람이 나눗셈표에서 나눗셈을 하고 나눗셈식을 써 봅니다. 먼저 완성한 친구가 이깁니다. 바둑알과 같은 구체물을 사용하거나 아래 빈 곳에 ○를 그려 나누어 보면서 풀어도 좋습니다.

나누어지는 수	나누는 수	몫	나눗셈식
6	2	3	6 ÷ 2 = 3
8	4		
15		3	
24	3		
30		5	
36	6		
21		7	

4단계 나눗셈

02차시 묶어 세기로 나눗셈 알기

학습목표 • 묶어 세는 활동을 통해 나눗셈을 이해하고 나눗셈식으로 나타낼 수 있다.

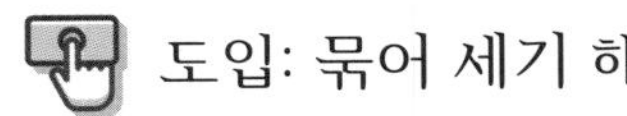

도입: 묶어 세기 해 볼까요?

◆ 빵 8개를 한 명에게 2개씩 주려고 합니다. 빵을 몇 명에게 나누어 줄 수 있나요?

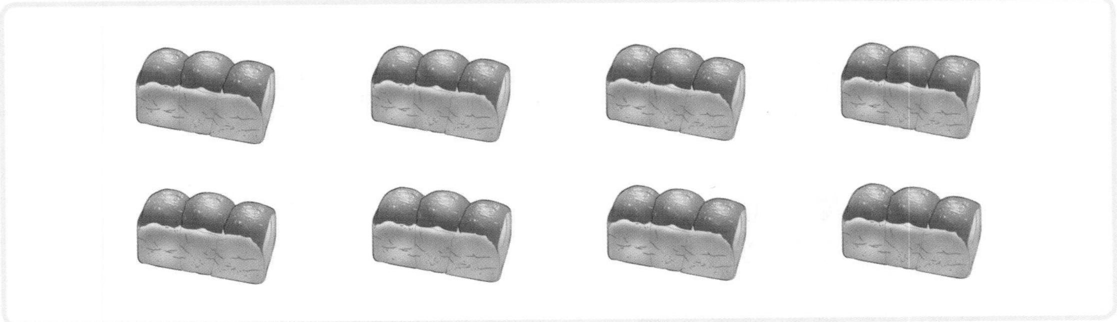

○ 빵을 ○로 2개씩 묶어 보세요.

○ 빵 8개를 2개씩 묶으면 (   )묶음입니다.

○ 빵을 (   )명에게 나누어 줄 수 있습니다.

○ 나눗셈식으로 나타내면 어떻게 될까요?

활동 1: 선생님 설명 듣기

◆ 도넛을 2개씩 똑같이 나누어 먹는다면 몇 명이 먹을 수 있을까요?

도넛의 개수	도넛을 먹는 사람 수
	1
	2
	3

○ 도넛이 2개씩 늘어날수록 도넛을 먹을 수 있는 사람의 수는 몇 명씩 늘어나나요?

( ) 명

○ 이러한 묶어 세기를 식으로 어떻게 표현할 수 있을까요?

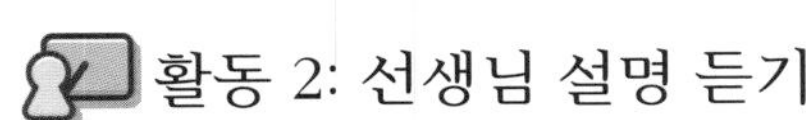

활동 2: 선생님 설명 듣기

◆ 도넛이 2개 있습니다. 한 사람에게 2개씩 나누어 주면 (1)명이 먹게 됩니다.

(뺄셈식) $2-2=0$

⇨ 2에서 2씩 1번 덜어 내면 0이 됩니다.

도넛을 (1)명에게 나누어 줄 수 있습니다.

(나눗셈식) $2 \div 2=1$

◆ 도넛이 4개 있습니다. 한 사람에게 2개씩 나누어 주면 (2)명이 먹게 됩니다.

(뺄셈식) $4-2-2=0$

⇨ 4에서 2씩 2번 덜어 내면 0이 됩니다.

도넛을 (2)명에게 나누어 줄 수 있습니다.

(나눗셈식) $4 \div 2=2$

◆ 도넛이 6개 있습니다. 한 사람에게 2개씩 나누어 주면 (3)명이 먹게 됩니다.

(뺄셈식) $6-2-2-2=0$

⇨ 6에서 2씩 3번 덜어 내면 0이 됩니다.

도넛을 (3)명에게 나누어 줄 수 있습니다.

(나눗셈식) $6 \div 2=3$

◆ 도넛이 8개 있습니다. 한 사람에게 2개씩 나누어 주면 (   )명이 먹게 됩니다.

(뺄셈식) $8-2-2-2-2=0$

⇨ 8에서 2씩 4번 덜어 내면 0이 됩니다.

(나눗셈식) $8 \div 2=4$

◆ 도넛이 10개 있습니다. 한 사람에게 2개씩 나누어 주면 (   )명이 먹게 됩니다.

(뺄셈식) $10-2-2-2-2-2=0$

⇨ 10에서 2씩 5번 덜어 내면 0이 됩니다.

(나눗셈식) $10 \div 2=5$

◆ 도넛이 12개 있습니다. 한 사람에게 2개씩 나누어 주면 (   )명이 먹게 됩니다.

(뺄셈식) 12−2−2−2−2−2−2=0

⇨ 12에서 2씩 6번 덜어 내면 0이 됩니다.

(나눗셈식) 12÷2=(   )

◆ 도넛이 14개 있습니다. 한 사람에게 2개씩 나누어 주면 (   )명이 먹게 됩니다.

(뺄셈식) 14−2−2−2−2−2−2−2=0

⇨ 14에서 2씩 7번 덜어 내면 0이 됩니다.

(나눗셈식) 14÷2=(   )

◆ 도넛이 16개 있습니다. 한 사람에게 2개씩 나누어 주면 (   )명이 먹게 됩니다.

(뺄셈식) 16−2−2−2−2−2−2−2−2=0

⇨ 16에서 2씩 8번 덜어 내면 0이 됩니다.

(나눗셈식) 16÷2=(   )

◆ 도넛이 18개 있습니다. 한 사람에게 2개씩 나누어 주면 (   )명이 먹게 됩니다.

(뺄셈식) 18−2−2−2−2−2−2−2−2−2=0

⇨ 18에서 2씩 9번 덜어 내면 0이 됩니다.

(나눗셈식) 18÷2=(   )

활동 3: 선생님과 함께 연습하기

◆ 그림을 보고 나눗셈식을 완성해 보세요.

2개씩 (묶어 세기) → 4 ÷ □ = □

5개씩 (묶어 세기) → 10 ÷ □ = □

4개씩 (묶어 세기) → 12 ÷ □ = □

2개씩 (묶어 세기) → 14 ÷ □ = □

3개씩 (묶어 세기) → 15 ÷ □ = □

4개씩 (묶어 세기) → 8 ÷ □ = □

8개씩 (묶어 세기) → 16 ÷ □ = □

7개씩 (묶어 세기) → 21 ÷ □ = □

 활동 4: 스스로 서기

1. 사탕 18개를 한 명에게 3개씩 주면 몇 명에게 나누어 줄 수 있나요? 사탕을 3개씩 묶어 보고, □ 안에 알맞은 수를 써넣으세요.

□명에게 나누어 줄 수 있습니다. ⇨ 18 ÷ 3 = □

2. 연필 10개를 한 명에게 2개씩 주면 몇 명에게 나누어 줄 수 있나요? 연필을 2개씩 묶어 보고, □ 안에 알맞은 수를 써넣으세요.

○ 연필을 2개씩 몇 번 덜어 내면 0이 되는지 뺄셈식으로 나타내어 보세요.

10 − □ − □ − □ − □ − □ = □

⇨ □명에게 나누어 줄 수 있습니다. ⇨ □ ÷ □ = □

3. 나눗셈식을 보고 ○를 알맞게 나누어 보세요.

20 ÷ 4 = 5 ➔ ○○○○○○○○○○ / ○○○○○○○○○○

18 ÷ 3 = 6 ➔ ○○○○○○ / ○○○○○○ / ○○○○○○

30 ÷ 6 = 5 ➔ ○○○○○○○○○○ / ○○○○○○○○○○ / ○○○○○○○○○○

32 ÷ 4 = 8 ➔ ○○○○○○○○ / ○○○○○○○○ / ○○○○○○○○ / ○○○○○○○○

정리

◆ 묶어 세기 활동으로 나눗셈식 알기

6개를 2개씩 주면 3명이 나누어 갖게 됩니다.

(뺄셈식) $6 - 2 - 2 - 2 = 0$

⇨ 6에서 2씩 3번 덜어 내면 0이 됩니다.

(나눗셈식) $6 \div 2 = 3$

놀이 활동

◆ 가위바위보를 해서 이긴 사람이 나눗셈표에서 묶어 세어(같은 수씩 덜어 내어) 0이 될 수 있는 수를 찾고 몫을 구한 후 나눗셈식을 써 봅니다. 먼저 완성한 친구가 이깁니다. 바둑알과 같은 구체물을 사용하거나 아래 빈 곳에 ○를 그려 나누어 보면서 풀어도 좋습니다.

나누어지는 수	나누는 수 (묶어 세기)	몫	나눗셈식
12	2	6	$12 \div 2 = 6$
	3		
	4		
	6		
15			
18			
20			

03차시 곱셈과 나눗셈의 관계 알기

학습목표 • 곱셈과 나눗셈의 관계를 알 수 있다.

도입: 곱셈과 나눗셈은 어떤 관계일까?

빵이 2개씩 3묶음이면 모두 몇 개인가요?

빵 6개는 2개씩 몇 묶음인가요?

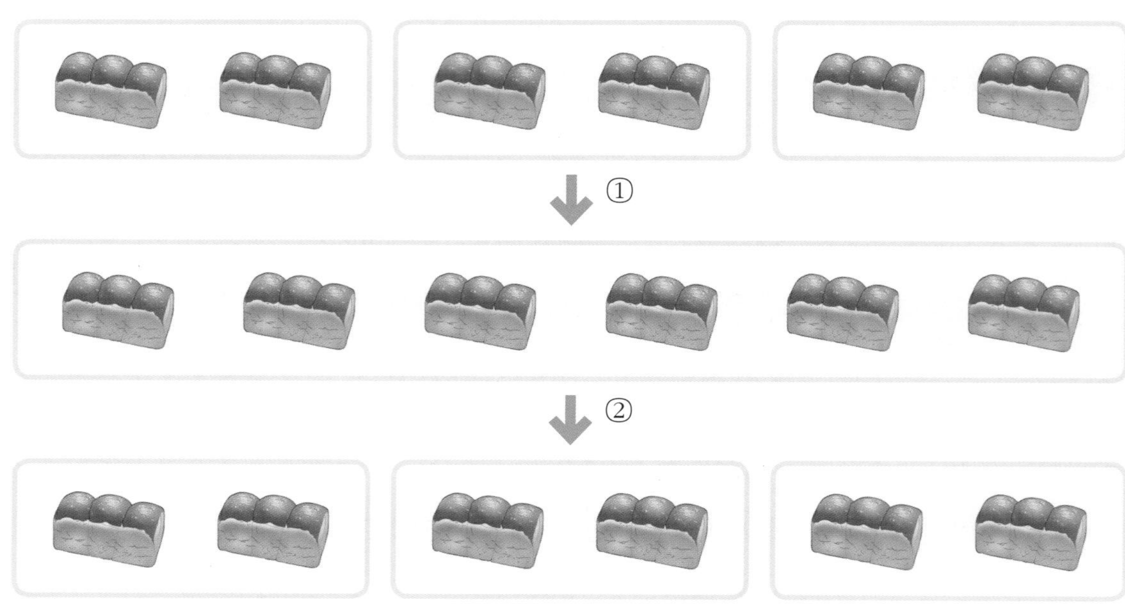

○ ①의 과정을 식으로 나타내어 보세요.

(　　　) × (　　　) = (　　　)

○ ②의 과정을 식으로 나타내어 보세요.

(　　　) ÷ (　　　) = (　　　)

○ 곱셈과 나눗셈은 어떤 관계인가요?

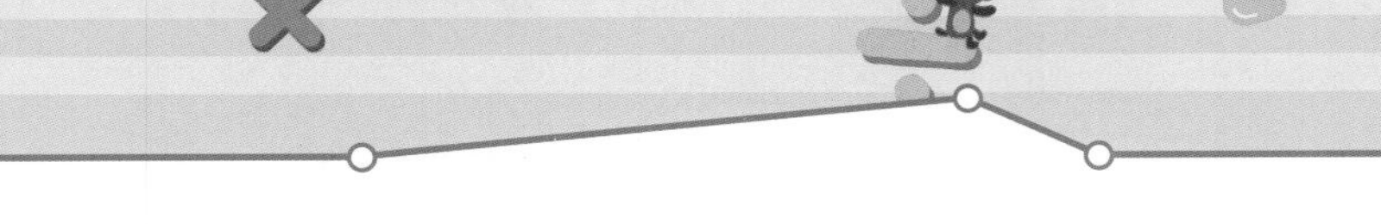

활동 1: 선생님 설명 듣기

◆ 도넛이 2개씩 몇 묶음이면 모두 몇 개인가요?

도넛의 개수		식
	2 1	2 × [1] = 2 개씩 묶음
	2 + 2 1 2	2 × [2] = 4 개씩 묶음
	2 + 2 + 2 1 2 3	2 × [ ] = 6 개씩 묶음
	2 + 2 + 2 + 2 1 2 3 4	2 × [ ] = 8 개씩 묶음

○ 묶음 수를 이용하여 곱셈을 말로 설명해 볼까요?

◆ 도넛을 2개씩 묶으면 모두 몇 묶음이 되나요?

도넛의 개수		식
	2 − 2 = 0 1	2 ÷ 2 = [1] 개씩 묶음
	4 − 2 − 2 = 0 1 2	4 ÷ 2 = [2] 개씩 묶음
	6 − 2 − 2 − 2 = 0 1 2 3	6 ÷ 2 = [ ] 개씩 묶음
	8 − 2 − 2 − 2 − 2 = 0 1 2 3 4	8 ÷ 2 = [ ] 개씩 묶음

○ 묶음 수를 이용하여 나눗셈을 말로 설명해 볼까요?

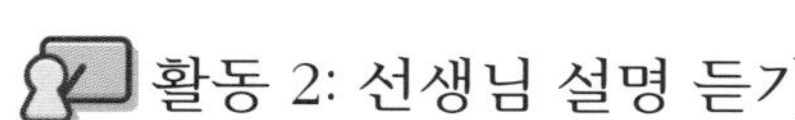

활동 2: 선생님 설명 듣기

◆ 도넛을 2개씩 묶을 때 곱셈식과 나눗셈식으로 나타내어 보세요.

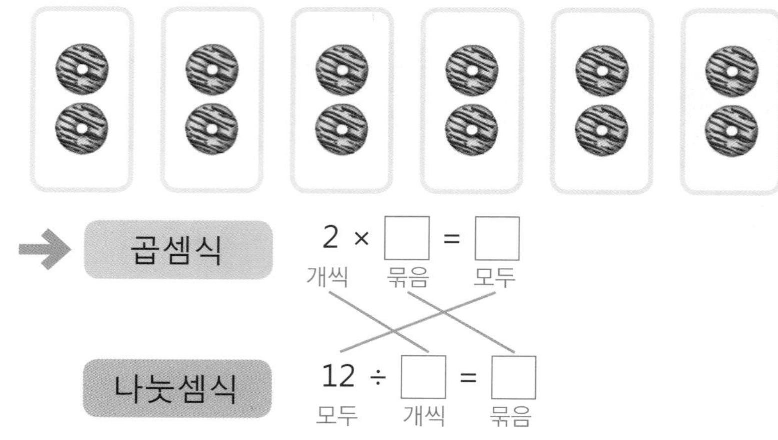

◆ 도넛을 6개씩 묶을 때 곱셈식과 나눗셈식으로 나타내어 보세요.

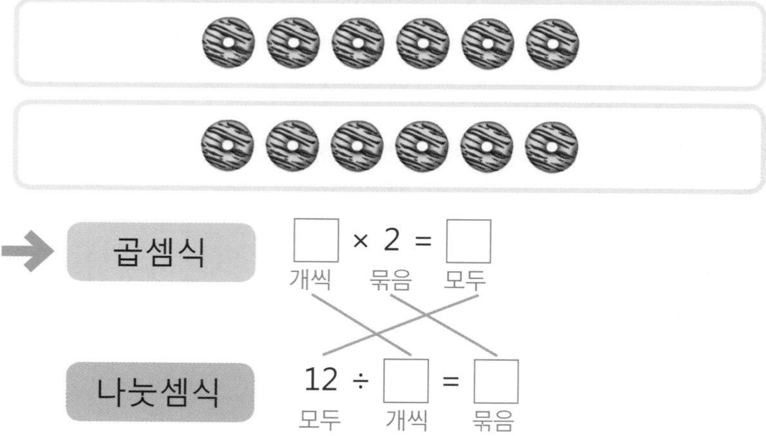

활동 3: 선생님과 함께 연습하기

1. 곱셈식을 보고 ●를 그린 후, 2개의 나눗셈식으로 바꿔 보세요.

4 × 2 = 8 →
2 × 3 = 6 →
5 × 3 = 15 →
3 × 4 = 12 →

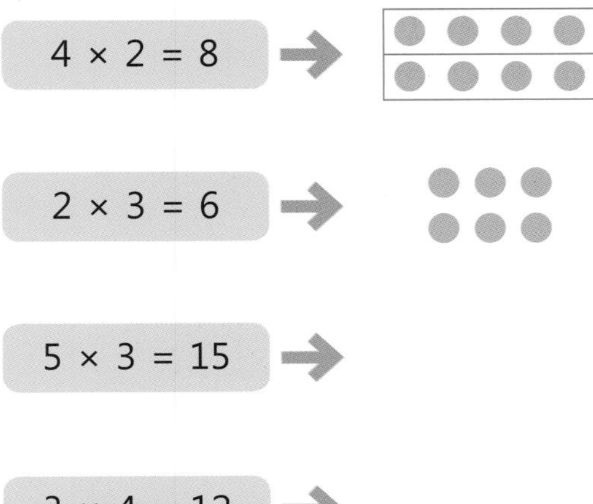

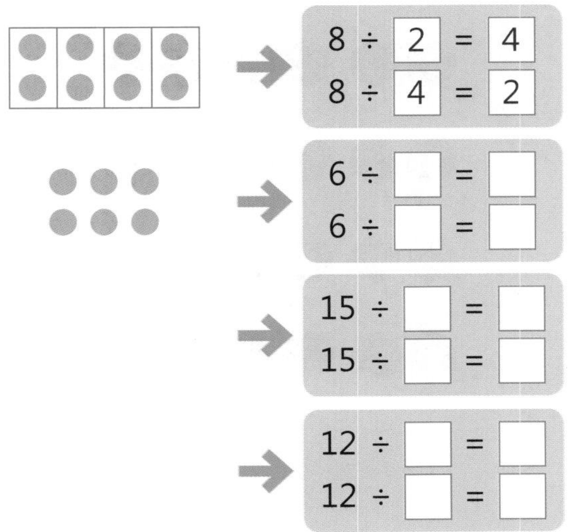

8 ÷ 2 = 4
8 ÷ 4 = 2

6 ÷ ☐ = ☐
6 ÷ ☐ = ☐

15 ÷ ☐ = ☐
15 ÷ ☐ = ☐

12 ÷ ☐ = ☐
12 ÷ ☐ = ☐

2. 나눗셈식을 보고 ●를 그린 후, 3개의 곱셈식으로 바꿔 보세요.

9 ÷ 3 = 3
9 ÷ 1 = 9 →

4 ÷ 2 = 2
4 ÷ 1 = 4 →

18 ÷ 3 = 6
18 ÷ 2 = 9 →

10 ÷ 2 = 5
10 ÷ 1 = 10 →

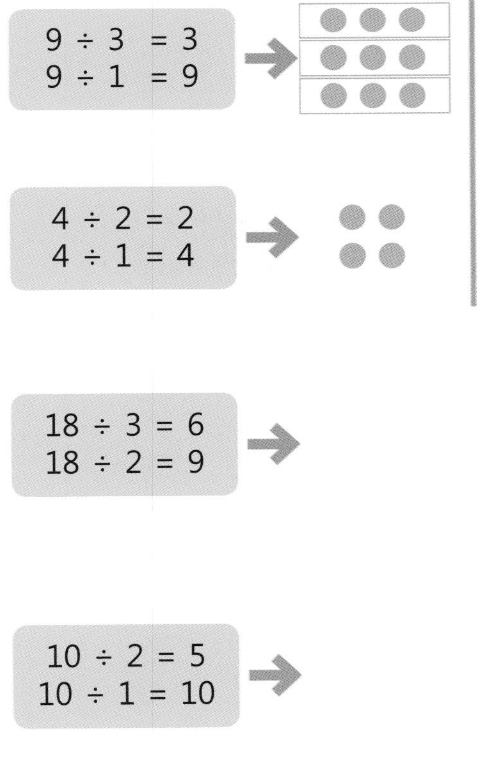

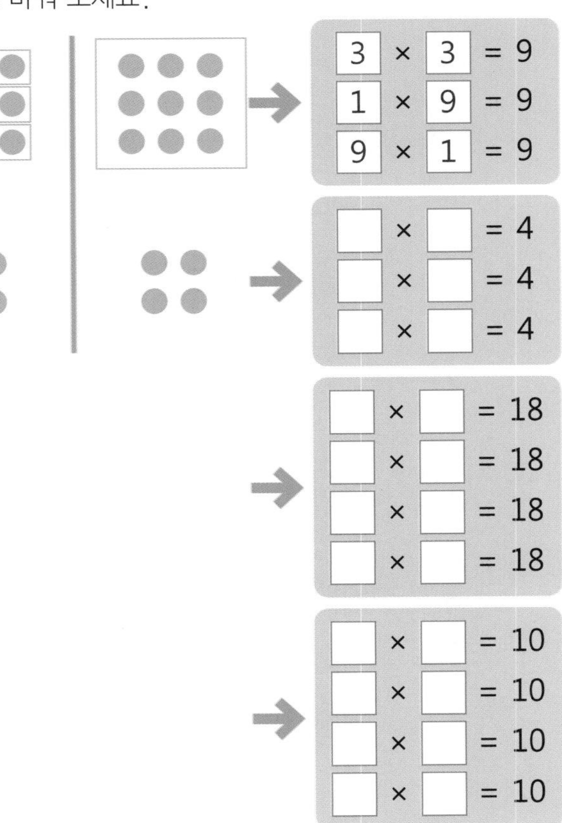

3 × 3 = 9
1 × 9 = 9
9 × 1 = 9

☐ × ☐ = 4
☐ × ☐ = 4
☐ × ☐ = 4

☐ × ☐ = 18
☐ × ☐ = 18
☐ × ☐ = 18
☐ × ☐ = 18

☐ × ☐ = 10
☐ × ☐ = 10
☐ × ☐ = 10
☐ × ☐ = 10

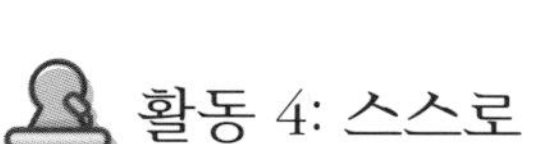

활동 4: 스스로 서기

1. 그림을 보고 ☐ 안에 알맞은 수를 써넣으세요.

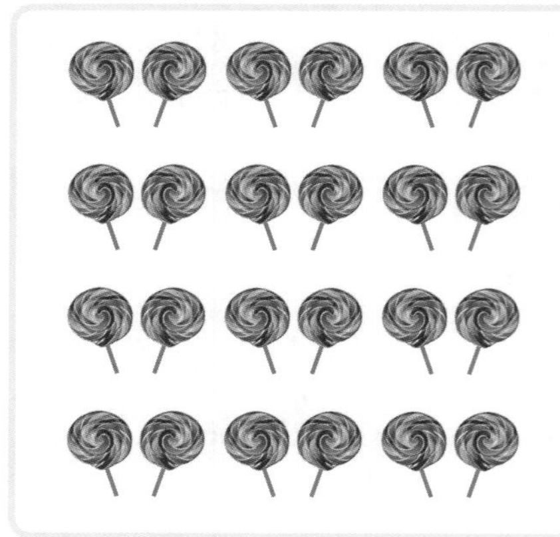

(1) 사탕이 6개씩 4줄로 놓여 있습니다.
사탕은 모두 몇 개인가요?

6 × ☐ = ☐, ☐개

(2) 사탕을 6봉지에 똑같이 나누어 담으려고 합니다.
한 봉지에 사탕을 몇 개씩 담아야 할까요?

☐ ÷ ☐ = ☐, ☐개

(3) 사탕을 4봉지에 똑같이 나누어 담으려고 합니다.
한 봉지에 사탕을 몇 개씩 담아야 할까요?

☐ ÷ ☐ = ☐, ☐개

2. 곱셈식은 나눗셈식으로, 나눗셈식은 곱셈식으로 바꿔 보세요.

20 ÷ 4 = 5 20 ÷ 5 = 4	→	☐ × ☐ = ☐ ☐ × ☐ = ☐
☐ ÷ ☐ = ☐ ☐ ÷ ☐ = ☐	←	2 × 5 = 10 5 × 2 = 10
27 ÷ 3 = 9 27 ÷ 9 = 3	→	☐ × ☐ = ☐ ☐ × ☐ = ☐
48 ÷ ☐ = ☐ 48 ÷ ☐ = ☐	←	☐ × ☐ = 48 ☐ × ☐ = 48

정리

◆ 곱셈과 나눗셈의 관계 알기

곱셈식을 2개의 나눗셈식으로, 나눗셈식을 2개의 곱셈식으로 바꿀 수 있습니다.

$3 \times 4 = 12$	$12 \div 3 = 4$
	$12 \div 4 = 3$

$12 \div 3 = 4$	$3 \times 4 = 12$
	$4 \times 3 = 12$

놀이 활동

◆ 아래 ●를 다양하게 조작하여 가능한 한 많은 곱셈식과 나눗셈식을 만들어 봅시다. 같은 시간 동안 가장 많이 만든 사람이 승리합니다.

그림	곱셈식	나눗셈식
●●●●●● ●●●●●●	$2 \times 6 = 12$, $6 \times 2 = 12$	$12 \div 2 = 6$, $12 \div 6 = 2$
●●●●●● ●●●●●● ●●●●●●		
●●●● ●●●● ●●●● ●●●●		
●●●●●●●● ●●●●●●●● ●●●●●●●●		

04 차시 곱셈식으로 나눗셈의 몫 구하기

학습목표 • 나눗셈의 몫을 곱셈식으로 구할 수 있다.

도입: 곱셈식을 이용한 나눗셈 몫 구하기

돼지 15마리를 몇 개의 우리에 나눠 넣을 수 있는지 알아봅시다.

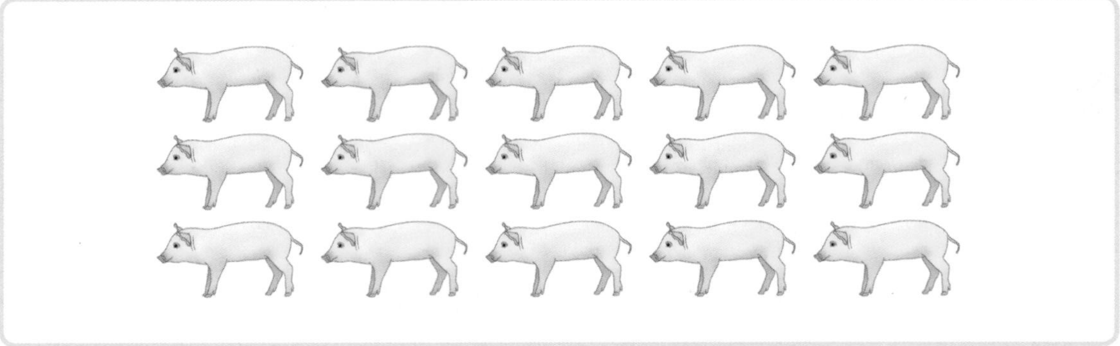

○ 돼지 15마리를 5마리씩으로 우리에 넣으려면 몇 개의 우리가 필요할까요?

계산하는 식 15 ÷ □

○ 돼지 15마리를 5마리씩 묶고 곱셈식으로 나타내어 보세요. (위 그림에서)

곱셈식 5 × □ = 15

○ 위의 두 가지 방법은 서로 어떤 관계가 있나요?

활동 1: 선생님 설명 듣기

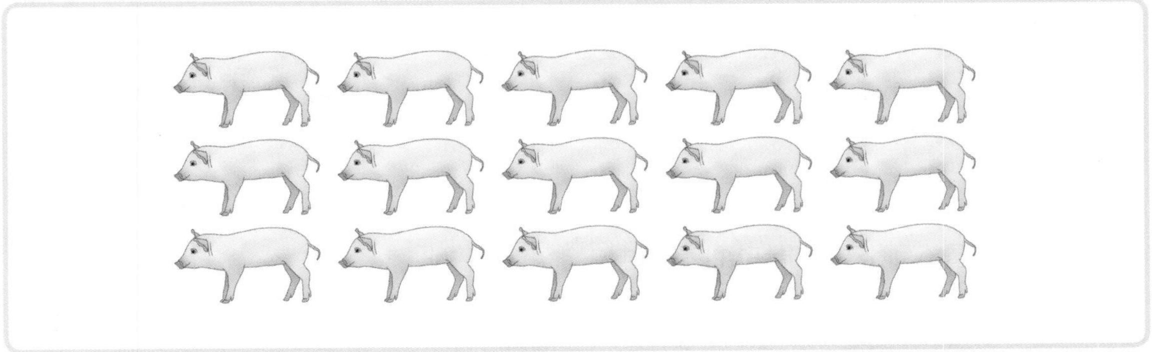

◆ 돼지 15마리를 5마리씩 우리에 넣으려면 몇 개의 우리가 필요할까요?

나눗셈식 15 ÷ 5 = □

◆ 나눗셈도 곱셈처럼 (가로식)과 (세로식)으로 나타낼 수 있습니다. 위의 나눗셈식을 세로식으로 바꿔 볼까요?

가로식 15 ÷ 5 = □ ➔ 세로식 5) 1 5 (몫 □)

(나누어지는 수) (나누는 수) (몫)

(나누는 수) (나누어지는 수)

◆ 돼지 15마리를 3마리씩 우리에 넣으려면 몇 개의 우리가 필요할까요?

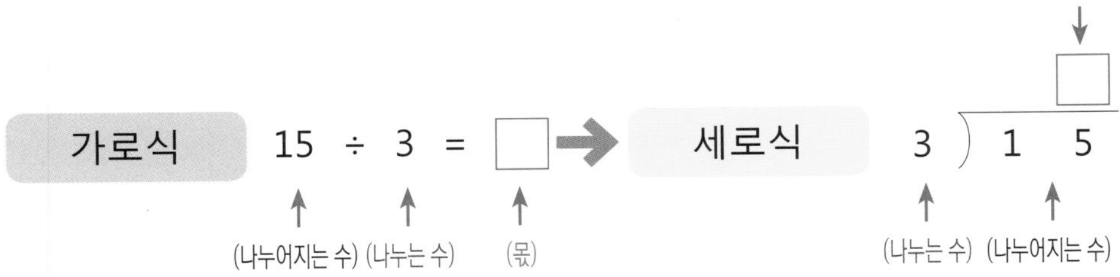

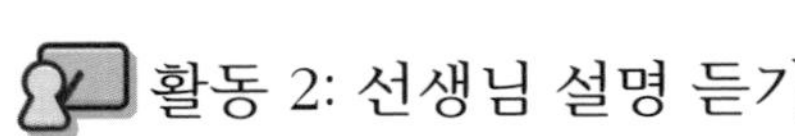

활동 2: 선생님 설명 듣기

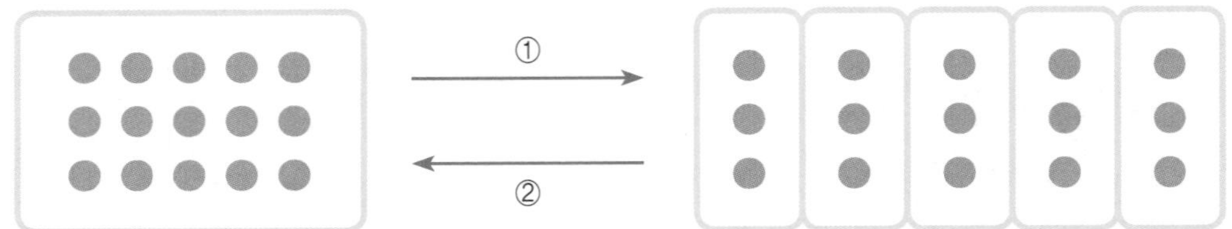

◆ ● 15개를 5묶음으로 나누면 한 묶음에 몇 개씩일까요?

① 나눗셈식 15 ÷ 5 = □

② 곱셈식 □ × 5 = 15

(× / □ / 5) 1 5)

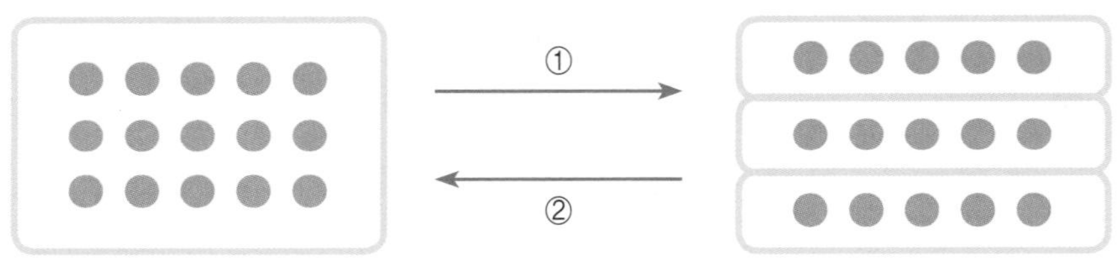

◆ ● 15개를 3묶음으로 나누면 한 묶음에 몇 개씩일까요?

① 나눗셈식 15 ÷ 3 = □

② 곱셈식 □ × 3 = 15

(× / □ / 3) 1 5)

활동 3: 선생님과 함께 연습하기

1. 곱셈식을 완성하여 나눗셈의 몫을 구해 보세요.

나눗셈		곱셈
6 ÷ 3 = □	←	3 × □ = 6
8 ÷ 2 = □	←	2 × 4 = □
10 ÷ 5 = □	←	□ × 5 = 10
16 ÷ 4 = □	←	4 × 4 = □

2. 나눗셈을 세로식으로 나타내고, 곱셈식을 활용하여 몫을 구해 보세요.

가로식 →	세로식 →	곱셈식 →	몫
18 ÷ 6 =	□)□□ (몫 □)	□ × □ = 18	
28 ÷ 7 =	□)□□ (몫 □)	□ × □ = 28	
40 ÷ 8 =	□)□□ (몫 □)	□ × □ = 40	
54 ÷ 9 =	□)□□ (몫 □)	□ × □ = 54	
35 ÷ 5 =	□)□□ (몫 □)	□ × □ = 35	

활동 4: 스스로 서기

1. 48÷8의 몫을 구하기 위해 필요한 곱셈식을 찾아 ○ 하세요.

4×7=28　　5×8=40　　8×7=56　　8×6=48

2. 관계있는 것끼리 알맞게 선으로 이어 보세요.

〈나눗셈식〉	〈곱셈식〉	〈몫〉
40 ÷ 5 = □	2 × 5 = 10	5
32 ÷ 8 = □	4 × 7 = 28	5
35 ÷ 7 = □	4 × 8 = 32	8
10 ÷ 2 = □	5 × 8 = 40	4
28 ÷ 4 = □	7 × 5 = 35	7

3. 축구공이 18개 있습니다. 3명에게 똑같이 나눠 주면 한 명이 몇 개씩 갖게 되나요?

나눗셈식	18 ÷ □ = □
곱셈식	□ × 3 = □
답	□개

정리

◆ 곱셈식으로 나눗셈의 몫 구하기

15 ÷ 5 = [3] ← 5 × [3] = 15

$$5\overline{)15}$$ (몫 [3], ×)

놀이 활동

◆ 가위바위보를 해서 이긴 사람이 나눗셈표에서 나눗셈을 하나씩 풉니다. 먼저 완성한 친구가 이깁니다. 세로식으로 바꿔 풀거나 곱셈식을 이용해도 좋습니다.

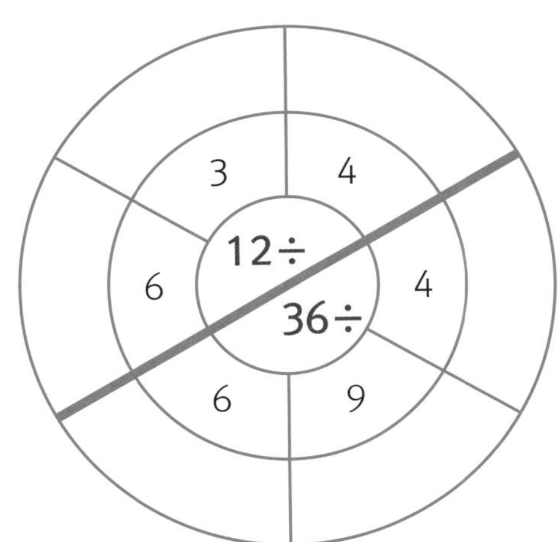

05 차시 곱셈구구로 나눗셈의 몫 구하기

학습목표 • 나눗셈의 몫을 곱셈구구로 구할 수 있다.

도입: 곱셈구구로 나눗셈 몫 구하기

앞 차시에서 곱셈식을 이용한 나눗셈 몫 구하기를 배웠어요.
곱셈구구로 나눗셈 몫 구하기를 연습하기 전에 한 번 더 복습해 봅시다.

◆ □ 안에 알맞은 수를 써넣어 봅시다.

① 곱셈식으로 나눗셈의 몫 구하기

15 ÷ 5 = □ ← 5 × □ = 15

② 가로식을 세로식으로 바꿔 몫 구하기

가로식 15 ÷ 3 = □

(나누어지는 수) (나누는 수) (몫)

세로식 3) 1 5 (몫: □)

(나누는 수) (나누어지는 수)

활동 1: 선생님 설명 듣기

◆ ●를 2개씩 더 그리며 2의 단을 이용한 나눗셈을 만들어 봅시다.

그린 횟수	● 2개씩 그리기	곱셈구구식	나눗셈식
1	● ●	2 × □ = 2	2 ÷ 2 = □
2	● ● ● ●	2 × □ = 4	4 ÷ 2 = □
3	● ● ● ● ● ●	2 × □ = 6	6 ÷ 2 = □
4		2 × □ = 8	8 ÷ 2 = □
5		2 × □ = 10	10 ÷ 2 = □
6		2 × □ = 12	12 ÷ 2 = □
7		2 × □ = 14	14 ÷ 2 = □
8		2 × □ = 16	16 ÷ 2 = □
9		2 × □ = 18	18 ÷ 2 = □

◆ 그림을 그리지 않고 곱셈구구 2의 단을 이용하여 아래의 문제를 풀어 봅시다.

2 ÷ 2 = □

8 ÷ 2 = □

6 ÷ 2 = □

12 ÷ 2 = □

10 ÷ 2 = □

18 ÷ 2 = □

16 ÷ 2 = □

4 ÷ 2 = □

14 ÷ 2 = □

활동 2: 선생님 설명 듣기

◆ 3의 단 곱셈을 이용한 나눗셈 몫 구하기

곱셈식	나눗셈식
3 × ☐ = 3	3 ÷ 3 = ☐
3 × ☐ = 6	6 ÷ 3 = ☐
3 × ☐ = 9	9 ÷ 3 = ☐
3 × ☐ = 12	12 ÷ 3 = ☐
3 × ☐ = 15	15 ÷ 3 = ☐
3 × ☐ = 18	18 ÷ 3 = ☐
3 × ☐ = 21	21 ÷ 3 = ☐
3 × ☐ = 24	24 ÷ 3 = ☐
3 × ☐ = 27	27 ÷ 3 = ☐

◆ 4의 단 곱셈을 이용한 나눗셈 몫 구하기

곱셈식	나눗셈식
4 × ☐ = 4	4 ÷ 4 = ☐
4 × ☐ = 8	8 ÷ 4 = ☐
4 × ☐ = 12	12 ÷ 4 = ☐
4 × ☐ = 16	16 ÷ 4 = ☐
4 × ☐ = 20	20 ÷ 4 = ☐
4 × ☐ = 24	24 ÷ 4 = ☐
4 × ☐ = 28	28 ÷ 4 = ☐
4 × ☐ = 32	32 ÷ 4 = ☐
4 × ☐ = 36	36 ÷ 4 = ☐

◆ 5의 단 곱셈을 이용한 나눗셈 몫 구하기

곱셈식	나눗셈식
5 × ☐ = 5	5 ÷ 5 = ☐
5 × ☐ = 10	10 ÷ 5 = ☐
5 × ☐ = 15	15 ÷ 5 = ☐
5 × ☐ = 20	20 ÷ 5 = ☐
5 × ☐ = 25	25 ÷ 5 = ☐
5 × ☐ = 30	30 ÷ 5 = ☐
5 × ☐ = 35	35 ÷ 5 = ☐
5 × ☐ = 40	40 ÷ 5 = ☐
5 × ☐ = 45	45 ÷ 5 = ☐

◆ 6의 단 곱셈을 이용한 나눗셈 몫 구하기

곱셈식	나눗셈식
6 × ☐ = 6	6 ÷ 6 = ☐
6 × ☐ = 12	12 ÷ 6 = ☐
6 × ☐ = 18	18 ÷ 6 = ☐
6 × ☐ = 24	24 ÷ 6 = ☐
6 × ☐ = 30	30 ÷ 6 = ☐
6 × ☐ = 36	36 ÷ 6 = ☐
6 × ☐ = 42	42 ÷ 6 = ☐
6 × ☐ = 48	48 ÷ 6 = ☐
6 × ☐ = 54	54 ÷ 6 = ☐

◆ 7의 단 곱셈을 이용한 나눗셈 몫 구하기

곱셈식	나눗셈식
7 × □ = 7	7 ÷ 7 = □
7 × □ = 14	14 ÷ 7 = □
7 × □ = 21	21 ÷ 7 = □
7 × □ = 28	28 ÷ 7 = □
7 × □ = 35	35 ÷ 7 = □
7 × □ = 42	42 ÷ 7 = □
7 × □ = 49	49 ÷ 7 = □
7 × □ = 56	56 ÷ 7 = □
7 × □ = 63	63 ÷ 7 = □

◆ 8의 단 곱셈을 이용한 나눗셈 몫 구하기

곱셈식	나눗셈식
8 × □ = 8	8 ÷ 8 = □
8 × □ = 16	16 ÷ 8 = □
8 × □ = 24	24 ÷ 8 = □
8 × □ = 32	32 ÷ 8 = □
8 × □ = 40	40 ÷ 8 = □
8 × □ = 48	48 ÷ 8 = □
8 × □ = 56	56 ÷ 8 = □
8 × □ = 64	64 ÷ 8 = □
8 × □ = 72	72 ÷ 8 = □

◆ 9의 단 곱셈을 이용한 나눗셈 몫 구하기

곱셈식	나눗셈식
9 × □ = 9	9 ÷ 9 = □
9 × □ = 18	18 ÷ 9 = □
9 × □ = 27	27 ÷ 9 = □
9 × □ = 36	36 ÷ 9 = □
9 × □ = 45	45 ÷ 9 = □
9 × □ = 54	54 ÷ 9 = □
9 × □ = 63	63 ÷ 9 = □
9 × □ = 72	72 ÷ 9 = □
9 × □ = 81	81 ÷ 9 = □

활동 3: 선생님과 함께 연습하기

1. 나눗셈을 하세요.

$12 \div 3 = \square$

$16 \div 4 = \square$

$20 \div 5 = \square$

$21 \div 7 = \square$

$42 \div 6 = \square$

$81 \div 9 = \square$

$56 \div 8 = \square$

$12 \div 2 = \square$

$30 \div 6 = \square$

$27 \div 3 = \square$

$28 \div 4 = \square$

$40 \div 5 = \square$

$49 \div 7 = \square$

$18 \div 2 = \square$

2. 나눗셈을 하세요.

$2 \overline{)\,1\;0}$ ☐

$3 \overline{)\,2\;4}$ ☐

$6 \overline{)\,3\;6}$ ☐

$9 \overline{)\,5\;4}$ ☐

$5 \overline{)\,1\;5}$ ☐

$8 \overline{)\,3\;2}$ ☐

$7 \overline{)\,4\;2}$ ☐

$4 \overline{)\,3\;2}$ ☐

 활동 4: 스스로 서기

1. 〈보기〉의 수 중 □ 안에 들어갈 수를 찾아 써넣어 보세요.

보기

4, 5, 12, 25

→ □ ÷ □ = 3
□ ÷ □ = 5

보기

4, 5, 9, 27, 35, 36

→ □ ÷ □ = 3
□ ÷ □ = 7
□ ÷ □ = 9

2. □ 안에 들어갈 알맞은 기호(×, ÷)를 찾아 써넣어 보세요.

40 □ 8 = 5

4 □ 4 = 16

20 □ 5 = 4

21 □ 3 = 7

4 □ 6 = 24

8 □ 9 = 72

3. □ 안에 알맞은 수를 써넣어 보세요.

32	÷	4	=	□
÷				÷
8				□
=				=
□	÷	2	=	□

18	÷	3	=	□
÷				÷
□				3
=				=
2	×	□	=	□

정리

◆ 곱셈구구로 나눗셈의 몫 구하기

×	1	2	3	4	5	6	7	8	9
1	1	2	3	4	5	6	7	8	9
2	2	4	6	8	10	12	14	16	18
3	3	6	9	12	15	18	21	24	27
4	4	8	12	16	20	24	28	32	36
5	5	10	15	20	25	30	35	40	45
6	6	12	18	24	30	36	42	48	54
7	7	14	21	28	35	42	49	56	63
8	8	16	24	32	40	48	56	64	72
9	9	18	27	36	45	54	63	72	81

12 ÷ 4 = ☐　　35 ÷ 7 = ☐　　54 ÷ 9 = ☐

놀이 활동

◆ 아래의 나눗셈을 풀고, 그 몫에 해당되는 글자를 써넣어 문장을 완성해 보세요.

최	36 ÷ 9 = ☐
!	48 ÷ 8 = ☐
는	63 ÷ 9 = ☐
상	20 ÷ 4 = ☐

고	56 ÷ 7 = ☐
야	4 ÷ 2 = ☐
항	5 ÷ 5 = ☐
너	9 ÷ 3 = ☐

3	7

1	5

4	8	2	6

06차시 (몇십)÷(몇)(1)

학습목표 • 내림이 없는 (몇십)÷(몇)의 계산 원리를 알고 계산할 수 있다.

도입: (몇십)÷(몇) 문제 상황 알기

◆ 예린이와 친구들은 갯벌체험을 하러 갔습니다. 예린이와 친구들은 모두 80개의 조개를 잡았습니다. 잡은 조개를 4개의 주머니에 똑같이 나누어 담으려고 합니다. 한 주머니에 몇 개씩 담으면 될까요?

○ 한 주머니에 담을 조개가 몇 개인지 알기 위한 식을 세워 봅시다.

○ 한 주머니에 담을 조개가 몇 개인지 어림하여 봅시다.

○ 왜 그렇게 어림하였나요?

활동 1: 선생님 설명 듣기

다른 계산을 그림과 모형으로 충분히 연습할 수 있도록 해 주세요.

◆ 80 ÷ 4를 어떻게 계산하는지 그림으로 알아봅시다.

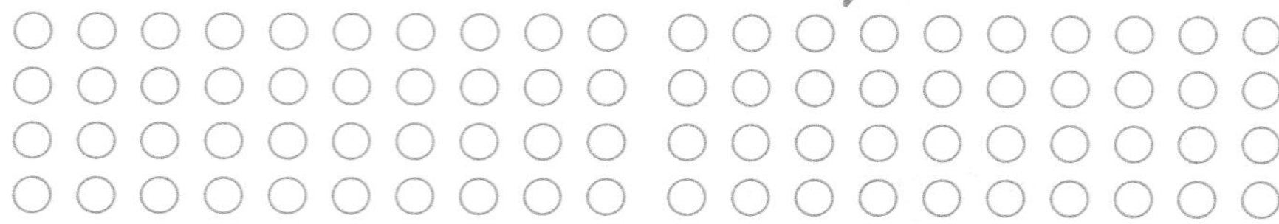

○ ◯ 80개를 똑같이 네 묶음으로 나누어 봅시다.

○ 한 묶음에 ◯가 몇 개 있습니까?

○ 80 ÷ 4는 얼마입니까?

◆ 80을 똑같이 4묶음으로 나누면 다음과 같습니다.

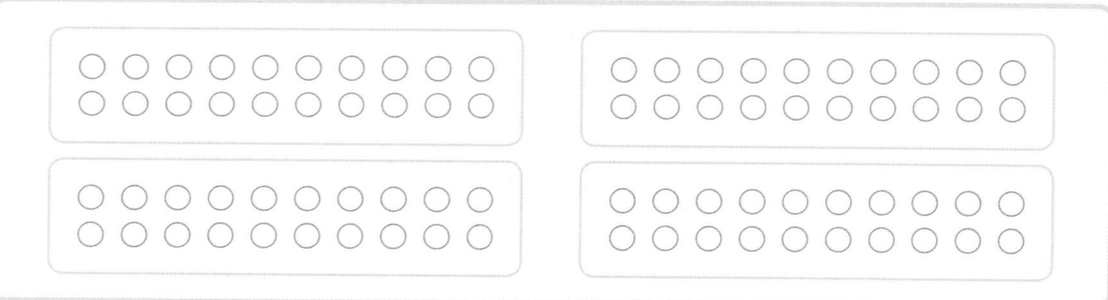

80 ÷ 4 = 20
◯ 80개를 4묶음으로 나누면 한 묶음에 ◯가 20개 있습니다.

○ 8 ÷ 4를 이용하여 80 ÷ 4의 몫을 계산할 수 있습니까?

활동 2: 선생님과 함께 연습하기

1. 80 ÷ 4를 어떻게 계산하는지 수 모형으로 알아봅시다.

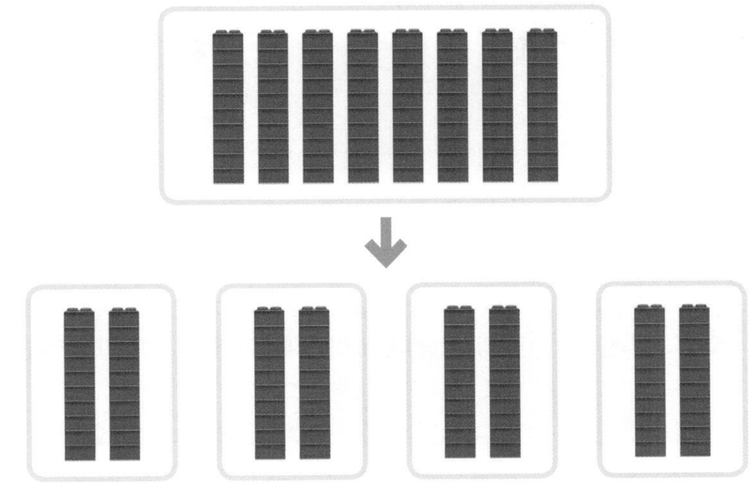

○ 수 모형은 모두 몇 개입니까?

○ 수 모형을 똑같이 네 묶음으로 나누면 한 묶음에 몇 개씩 나누어집니까?

○ 80 ÷ 4는 얼마입니까?

80 ÷ 4는 십 모형 8개를 4로 나누는 것과 같습니다. 따라서 8 ÷ 4를 이용하여 계산할 수 있습니다. 한 묶음에 십 모형이 2개씩 들어가므로 20이 됩니다.
즉, 80 ÷ 4 = 20입니다.

2. 60 ÷ 3은 얼마인지 수 모형을 놓아 해결해 봅시다. 얼마입니까?

3. 80 ÷ 4를 세로로 계산해 봅시다.

80 ÷ 4 = 20 →
```
    2
4 ) 8
    8   ⇦ 4 × 2
    0
```
→
```
    2 0
4 ) 8 0
    8 0   ⇦ 4 × 20
      0
```

- 80 ÷ 4를 세로로 계산할 때 자릿값이 큰 수(십의 자리 수)부터 나누어 줍니다. 즉, 왼쪽에서 오른쪽으로 계산해 나갑니다. 80을 4묶음으로 나누면 한 묶음에 20이 되므로 80의 위에 자리를 맞추어 20을 쓰고 8의 아래에 4와 20의 곱인 80을 씁니다. 더 이상 나눌 것이 없으므로 80 빼기 80을 하여 아래에 0을 씁니다.
- 내림이 없는 (몇십)÷(몇)은 (몇)÷(몇)의 나눗셈 뒤에 0을 하나 더 붙여서 계산하는 것과 같습니다.

4. 다음을 계산해 봅시다.

```
2 ) 6 0        4 ) 4 0        3 ) 9 0
```

50 ÷ 5 =

80 ÷ 2 =

 활동 3: 스스로 서기

1. 60 ÷ 3을 그림으로 나타내어 보고 계산하여 봅시다.

60 ÷ 3 = □

2. 수 모형을 보고 □ 안에 알맞은 수를 써넣어 봅시다.

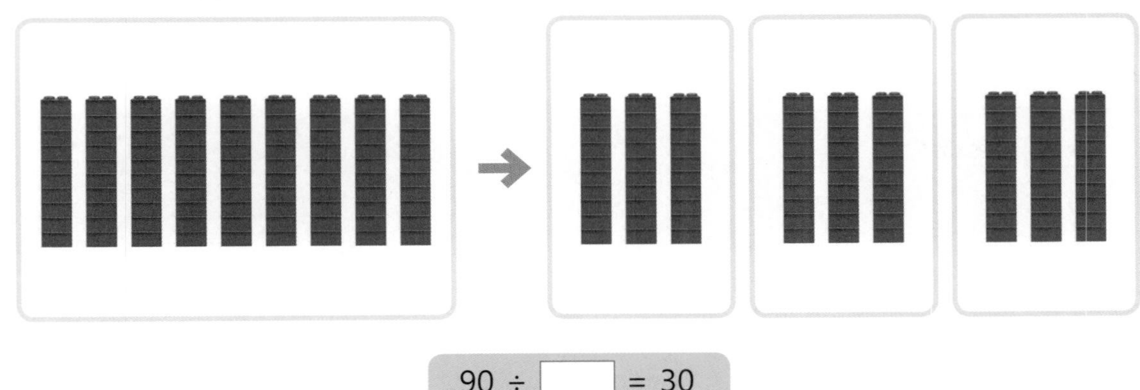

90 ÷ □ = 30

3. 8÷2를 이용하여 80÷2를 계산하려고 합니다. 빈칸에 알맞은 수를 써넣으세요.

8 ÷ 2 = □ → 80 ÷ 2 = □

4. 다음을 계산해 봅시다.

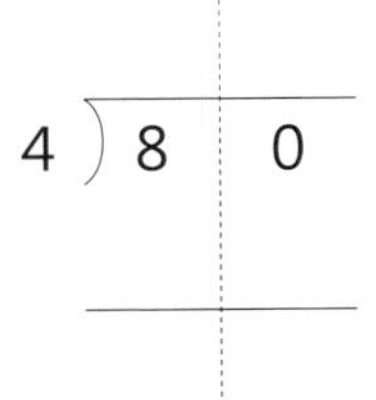

$4\overline{)80}$ $6\overline{)60}$ $2\overline{)40}$

정리

◆ (몇십)÷(몇)의 계산 방법

$80 \div 4 = 20$ →

$$\begin{array}{r} 2 \\ 4\,\overline{)\,8} \\ 8 \quad \Leftarrow 4 \times 2 \\ \hline 0 \end{array}$$

→

$$\begin{array}{r} 20 \\ 4\,\overline{)\,80} \\ 80 \quad \Leftarrow 4 \times 20 \\ \hline 0 \end{array}$$

일의 자리끼리의 나눗셈과 같이 계산한 후 0을 뒤에 붙입니다.

놀이 활동: 스피드 게임

• 준비물: 초시계

◆ 아래의 문제를 짝과 함께 동시에 풀이합니다. 빠른 시간 내에 많은 문제를 정확하게 풀이하는 사람이 이깁니다. 시작!

60 ÷ 3	20 ÷ 5	40 ÷ 8
30 ÷ 3	40 ÷ 2	90 ÷ 3
50 ÷ 5	80 ÷ 4	70 ÷ 7
80 ÷ 2	60 ÷ 2	90 ÷ 9

4단계 나눗셈

07 차시 (몇십)÷(몇)(2)

학습목표 • 내림이 있는 (몇십)÷(몇)의 계산 원리를 알고 계산할 수 있다.

도입: 내림이 있는 (몇십)÷(몇) 문제 상황 알기

◆ 예린이는 갯벌체험장에서 먹을 간식으로 미니 초콜릿 80개를 준비하였습니다. 한 사람에게 5개씩 나누어 준다면 몇 사람에게 나누어 줄 수 있을까요?

○ 초콜릿을 몇 사람에 나누어 줄 수 있는지 알아보기 위한 식을 세워 봅시다.

○ 초콜릿을 몇 사람에게 나누어 줄 수 있는지 어림하여 봅시다.

○ 왜 그렇게 어림하였나요?

활동 1: 선생님 설명 듣기

◆ 80 ÷ 5를 어떻게 계산하는지 그림으로 알아봅시다.

○ ◯ 80개를 5개씩 묶어 봅시다.

○ ◯ 80개를 5개씩 묶으면 모두 몇 묶음입니까?

○ 80 ÷ 5는 얼마입니까? 어림한 값과 비교해 봅시다.

◆ 80을 똑같이 5개씩 묶으면 다음과 같습니다.

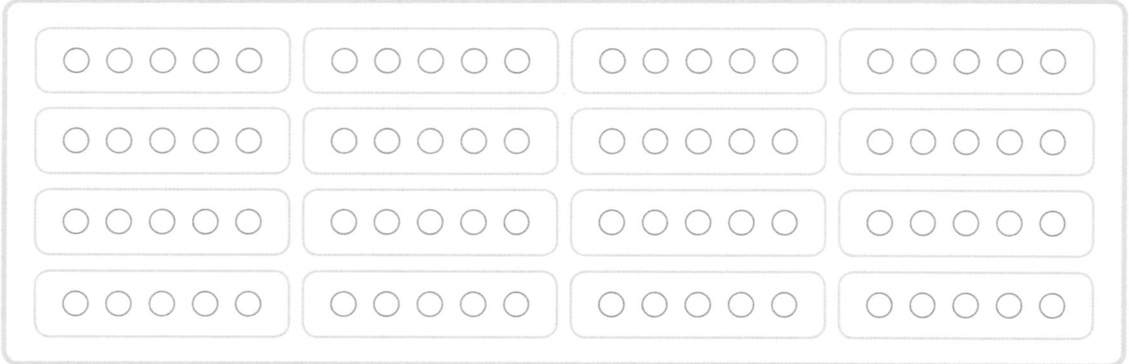

80 ÷ 5 =16
80개를 5개씩 묶으면 16묶음입니다.

활동 2: 선생님과 함께 연습하기

1. 80 ÷ 5를 어떻게 하는지 수 모형으로 알아봅시다.

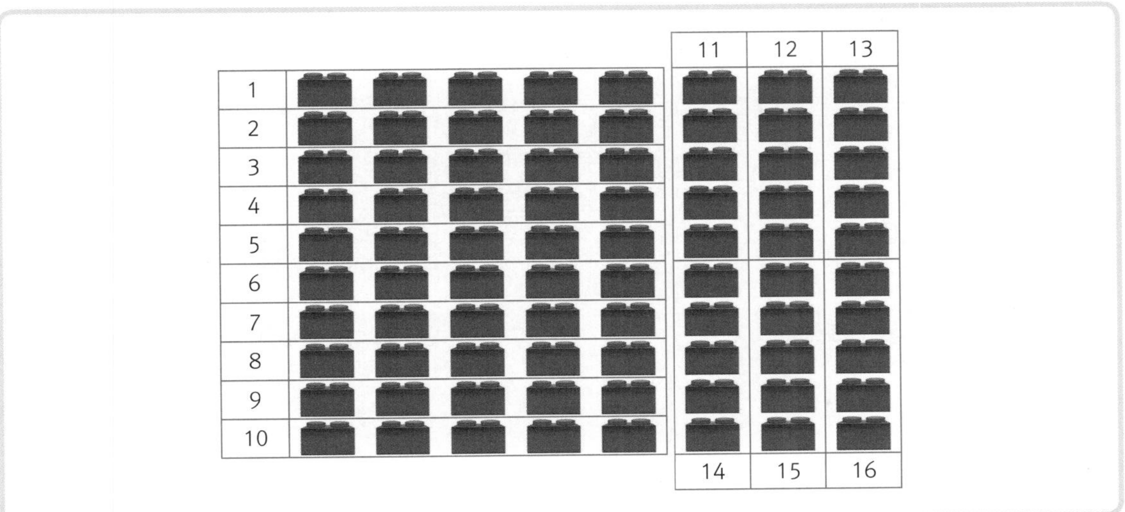

○ 수 모형은 모두 몇 개입니까?

○ 수 모형을 똑같이 5개씩 묶으면 몇 묶음입니까?

○ 80 ÷ 5는 얼마입니까?

2. 80 ÷ 5를 세로로 계산해 봅시다.

$$5\overline{)80} \rightarrow \begin{array}{r} 1 \\ 5\overline{)80} \\ 50 \\ \hline 30 \end{array} \Leftarrow 5 \times 10 \rightarrow \begin{array}{r} 16 \\ 5\overline{)80} \\ 50 \\ \hline 30 \\ 30 \\ \hline 0 \end{array} \Leftarrow 5 \times 6$$

80에서 먼저 50을 5개씩 묶으면 10묶음이 됩니다. 나머지 30을 5개씩 묶으면 6묶음이 됩니다. 따라서 80 ÷ 5 = 16입니다.

3. 다음을 계산해 봅시다.

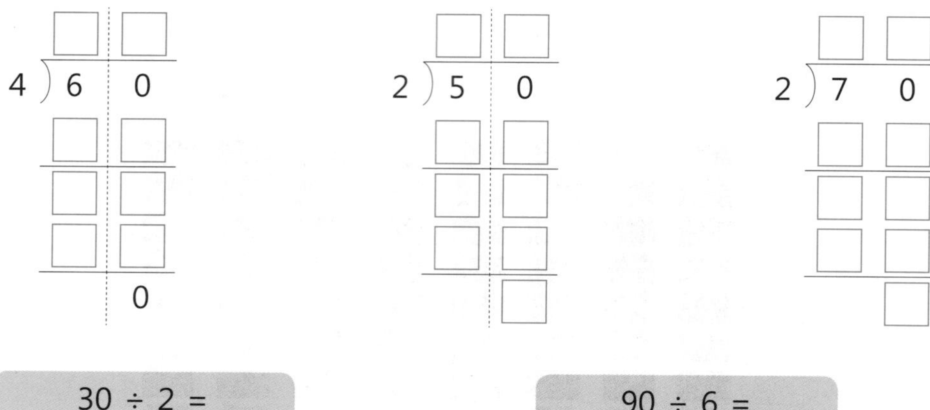

30 ÷ 2 =

90 ÷ 6 =

활동 3: 스스로 서기

1. 수 모형을 보고 □ 안에 알맞은 수를 써넣어 봅시다.

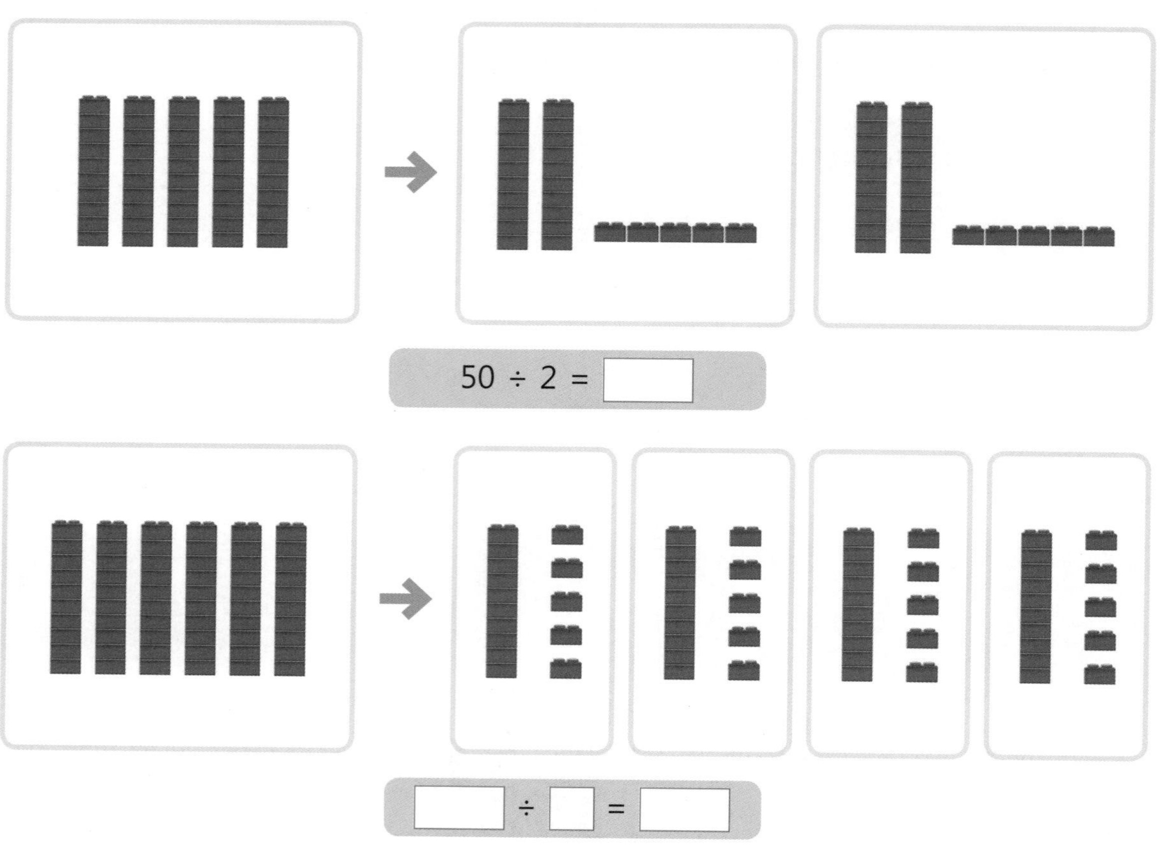

2. 다음을 계산해 봅시다.

$$\begin{array}{r} \square\ \square \\ 5\overline{)\,6\ \ 0} \\ \square\ \square \\ \hline \square\ \square \\ \square\ \square \\ \hline 0 \end{array}$$

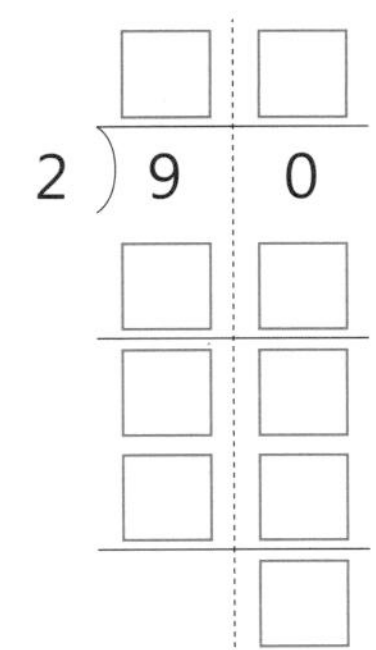

$$\begin{array}{r} \square\ \square \\ 2\overline{)\,9\ \ 0} \\ \square\ \square \\ \hline \square\ \square \\ \square\ \square \\ \hline \square \end{array}$$

$$\begin{array}{r} \square\ \square \\ 5\overline{)\,7\ \ 0} \\ \square\ \square \\ \hline \square\ \square \\ \square\ \square \\ \hline \square \end{array}$$

정리

◆ 내림이 있는 (몇십)÷(몇)의 계산 방법

$$5\overline{)\,8\ \ 0}$$

➔

$$\begin{array}{r} 1 \\ 5\overline{)\,8\ \ 0} \\ 5\ \ 0 \\ \hline 3\ \ 0 \end{array}$$

⇦ 5 × 10

➔

$$\begin{array}{r} 1\ \ 6 \\ 5\overline{)\,8\ \ 0} \\ 5\ \ 0 \\ \hline 3\ \ 0 \\ 3\ \ 0 \\ \hline 0 \end{array}$$

⇦ 5 × 6

$$\begin{array}{r} 1\ \ 6 \\ 5\overline{)\,8\ \ 0} \\ 5\ \ 0 \\ \hline 3\ \ 0 \\ 3\ \ 0 \\ \hline 0 \end{array}$$

 놀이 활동: 암호 풀이하기

◆ 다음 암호를 풀어 보고 암호에 대한 답을 찾아보세요.

70 ÷ 5	90 ÷ 5	60 ÷ 4
대	용	?

50 ÷ 2	60 ÷ 5	70 ÷ 2
가	말	의

80 ÷ 5	30 ÷ 2	90 ÷ 2
반	자	은

○ 암호문

15	25	18	35	16	14	12	45	15

○ 정답은?

08 차시 나머지가 없는 (몇십몇)÷(몇)(1)

학습목표 • 나머지가 없는 (몇십몇)÷(몇)의 계산 원리를 알고 계산할 수 있다.

도입: 나머지가 없는 (몇십몇)÷(몇) 문제 상황 알기

◆ 예린이와 친구들은 갯벌에서 조개뿐만 아니라 꽃게도 잡았습니다. 잡은 꽃게는 모두 36마리입니다. 세 주머니에 똑같이 나누어 담으려면 한 주머니에 몇 마리씩 담아야 할까요?

○ 한 주머니에 꽃게를 몇 마리 담아야 하는지 알아보기 위한 식을 세워 봅시다.

○ 한 주머니에 담아야 하는 꽃게가 몇 마리인지 어림하여 봅시다.

○ 왜 그렇게 어림하였나요?

활동 1: 선생님 설명 듣기

◆ 36 ÷ 3을 어떻게 계산하는지 그림으로 알아봅시다.

○ ◯ 36개를 똑같이 3묶음으로 묶어 봅시다.

○ 한 묶음에 ◯가 몇 개 있습니까?

○ 36 ÷ 3은 얼마입니까? 어림한 값과 비교하여 봅시다.

◆ 36을 똑같이 3묶음으로 묶으면 다음과 같습니다.

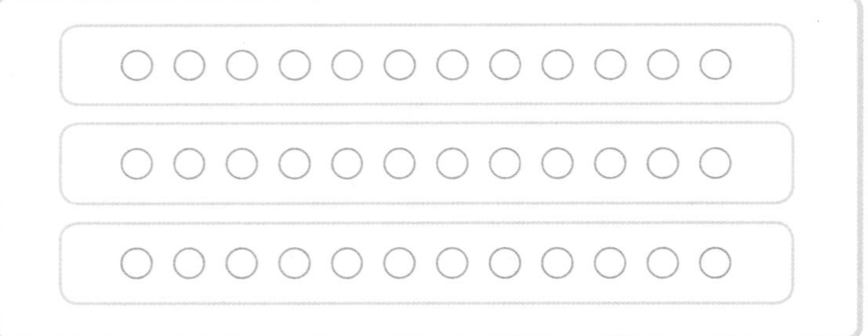

36 ÷ 3 =12
36개를 3묶음으로 묶으면 한 묶음에 ◯가 12개 있습니다.

활동 2: 선생님과 함께 연습하기

1. 36 ÷ 3을 어떻게 계산하는지 수 모형으로 알아봅시다.

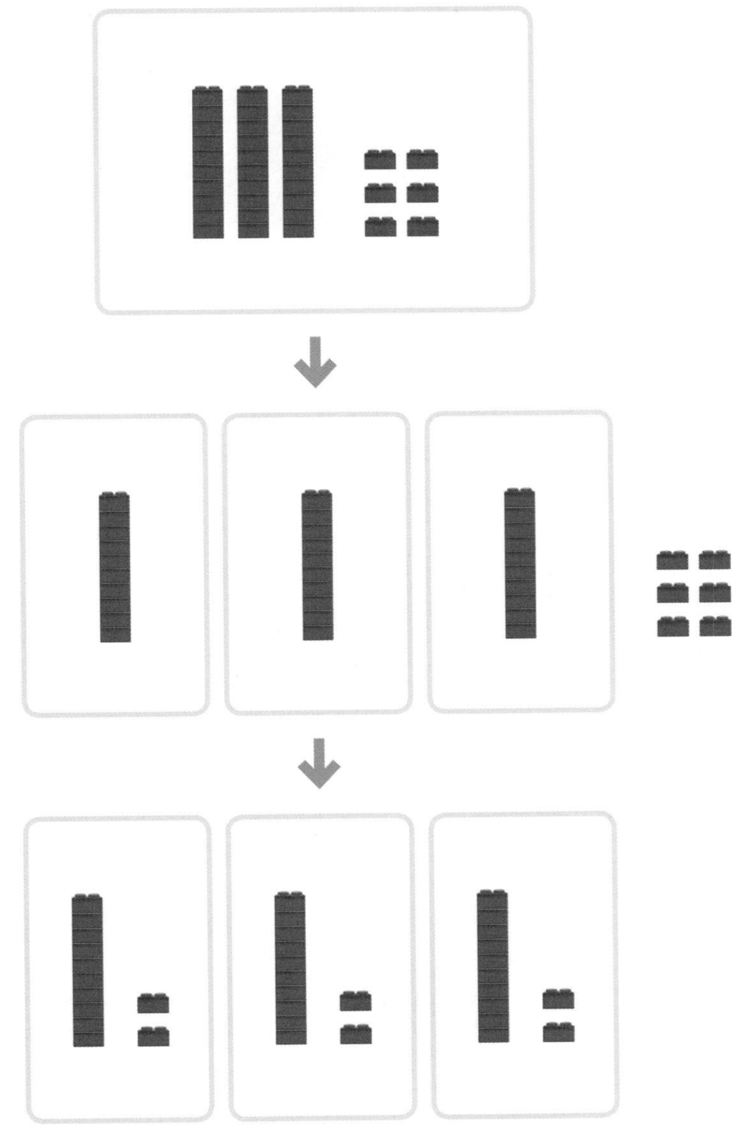

1. 십 모형 3개를 똑같이 3묶음으로 나누면 한 묶음에 십 모형 ☐ 개씩 나누어집니다.
2. 일 모형 6개를 똑같이 3묶음으로 나누면 한 묶음에 일 모형 ☐ 개씩 나누어집니다.

2. 36 ÷ 3을 세로셈으로 계산해 봅시다.

$$3\overline{)\,3\quad 6} \;\rightarrow\; \begin{array}{r} 1 \\ 3\overline{)\,3\;6} \\ 3\;0 \end{array} \Leftarrow 3\times 10 \;\rightarrow\; \begin{array}{r} 1\;2 \\ 3\overline{)\,3\;6} \\ 3\;0 \\ \hline 6 \\ 6 \\ \hline 0 \end{array} \Leftarrow 3\times 2$$

1. 십의 자리 숫자 3에는 3이 1번 들어가므로 몫의 십의 자리에 1을 씁니다. 3의 아래에 3과 10을 곱한 값 30을 자리에 맞추어 씁니다.
2. 36에서 30을 빼면 6이므로 일의 자리 숫자 6을 그대로 내려씁니다.
3. 6에는 3이 2번 들어가므로 일의 자리에 2를 씁니다. 6 아래에 3과 2를 곱한 값 6을 자리에 맞추어 씁니다.
4. 6 빼기 6은 0이므로 0을 아래에 씁니다.

☆ 세로로 나눗셈을 계산할 때에는 나누어지는 수의 높은 자리 수부터 차례로 나누어 각 자리에 맞추어 몫을 써야 합니다.

3. 다음을 계산해 봅시다.

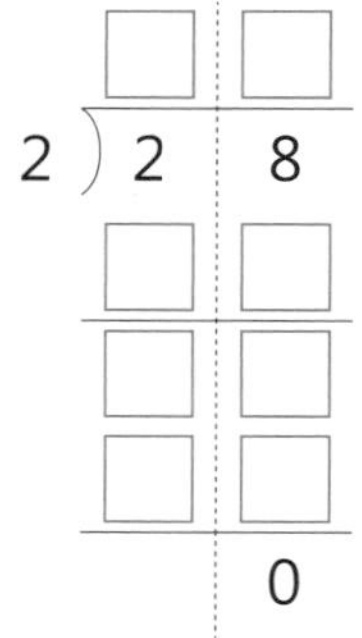

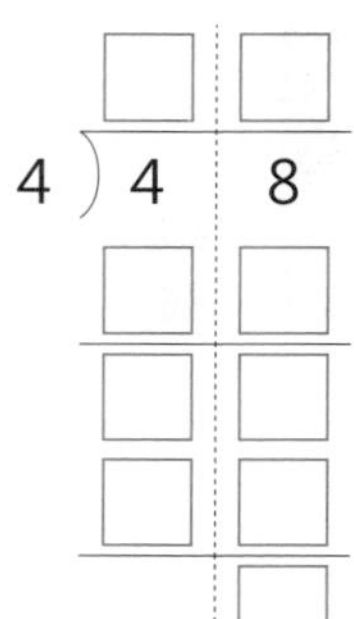

3) 3 9

22 ÷ 2 =

26 ÷ 2 =

활동 3: 스스로 서기

1. 수 모형을 보고 ☐ 안에 알맞은 수를 써넣어 봅시다.

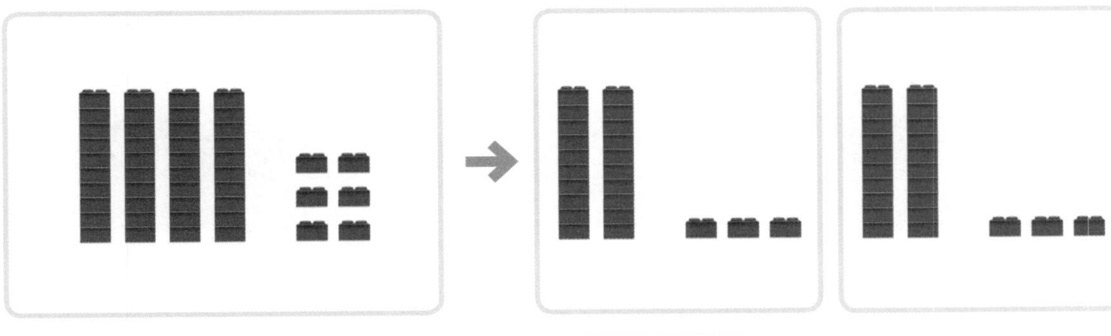

46 ÷ 2 = ☐

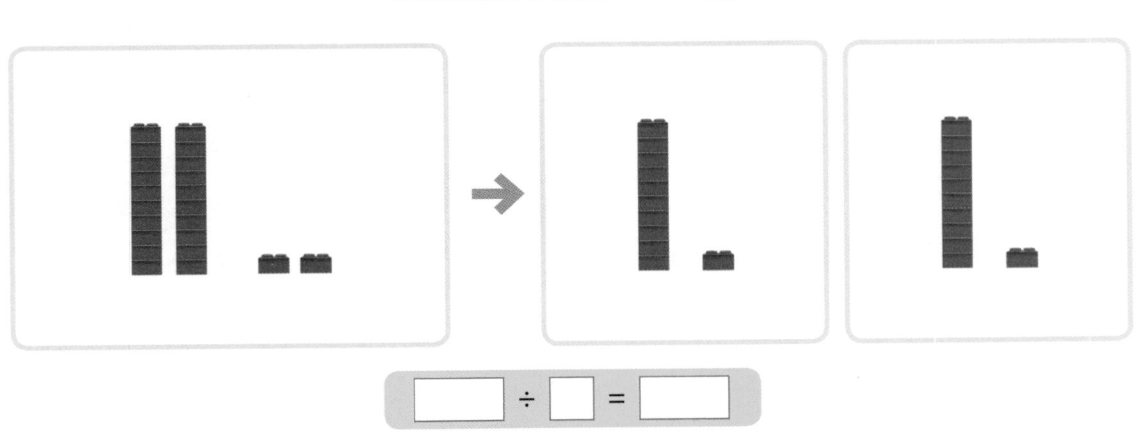

☐ ÷ ☐ = ☐

2. 빈칸에 알맞은 수를 넣어 봅시다.

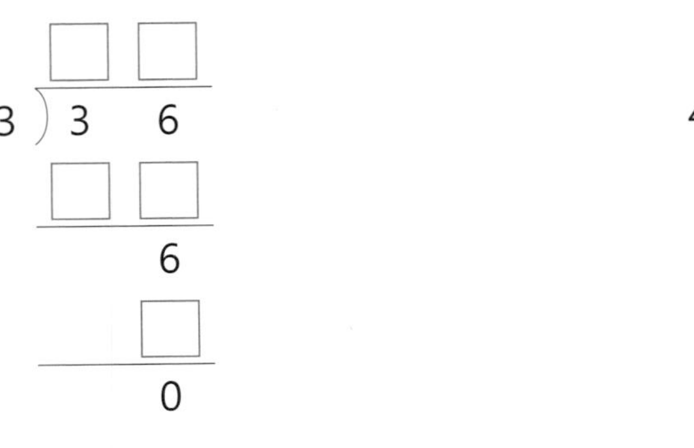

33 ÷ 3 = ☐

☐ ☐
4) 8 4
8 0
☐
4
☐

63 ÷ 3 = ☐

3. 계산 결과가 같은 것끼리 연결해 봅시다.

66 ÷ 3 •		• 36 ÷ 3
24 ÷ 2 •		• 44 ÷ 2
69 ÷ 3 •		• 46 ÷ 2

4. 다음을 계산해 봅시다.

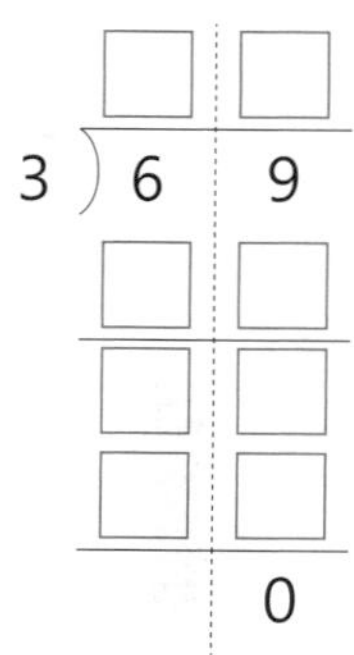

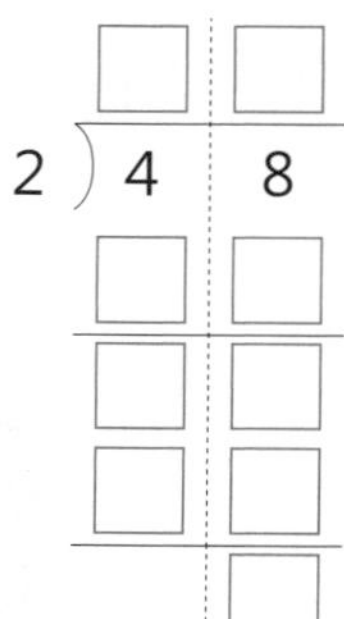

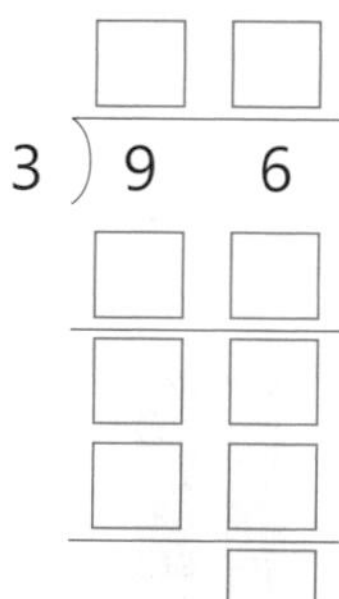

정리

◆ 나머지가 없는 (몇십몇)÷(몇)의 계산 방법

3) 3 6 → 1 / 3) 3 6 / 3 0 ⇦ 3 × 10 / 6 → 1 2 / 3) 3 6 / 3 0 / 6 / 6 ⇦ 3 × 2 / 0

1. 십의 자리 숫자 3에는 3이 1번 들어가므로 몫의 십의 자리에 1을 씁니다. 3의 아래에 3과 10을 곱한 값 30을 자리에 맞추어 씁니다.

2. 36에서 30을 빼면 6이므로 일의 자리 숫자 6을 그대로 내려씁니다.
3. 6에는 3이 2번 들어가므로 일의 자리에 2를 씁니다. 6 아래에 3과 2를 곱한 값 6을 자리에 맞추어 씁니다.
4. 6 빼기 6은 0이므로 0을 아래에 씁니다.

놀이 활동: 누구 몫이 더 클까? 〈부록〉 나눗셈식 카드

◆ 다음 나눗셈식 카드를 자른 후 잘 섞어 엎어 놓습니다. 그리고 각자 카드를 한 장씩 고릅니다. 몫이 큰 사람이 1점을 얻습니다. 게임 종료 후 점수가 많은 사람이 이깁니다.

66 ÷ 6	63 ÷ 3	96 ÷ 3
24 ÷ 2	36 ÷ 3	48 ÷ 4
93 ÷ 3	44 ÷ 4	39 ÷ 3
84 ÷ 4	88 ÷ 4	68 ÷ 2

09 차시 나머지가 없는 (몇십몇)÷(몇)(2)

학습목표 • 내림이 있고 나머지가 없는 (몇십몇)÷(몇)의 계산 원리를 알고 계산할 수 있다.

도입: 나머지가 없는 (몇십몇)÷(몇) 문제 상황 알기

◆ 예린이와 친구들은 갯벌에서 고둥을 잡았습니다. 잡은 고둥은 모두 48마리입니다. 세 주머니에 똑같이 나누어 담으려면 한 주머니에 몇 마리씩 담아야 할까요?

○ 한 주머니에 고둥을 몇 마리 담아야 하는지 알아보기 위한 식을 세워 봅시다.

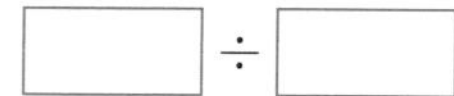

○ 한 주머니에 담아야 하는 고둥은 몇 마리인지 어림하여 봅시다.

○ 왜 그렇게 어림하였나요?

활동 1: 선생님 설명 듣기

◆ 48 ÷ 3을 어떻게 계산하는지 그림으로 알아봅시다.

○ ◯ 48개를 똑같이 3묶음으로 묶어 봅시다.

○ 한 묶음에 ◯가 몇 개 있습니까?

○ 48 ÷ 3은 얼마입니까? 어림한 값과 비교하여 봅시다.

◆ 48을 똑같이 3묶음으로 묶으면 다음과 같습니다.

48 ÷ 3 =16
48개를 3묶음으로 묶으면 한 묶음에 ◯가 16개가 있습니다.

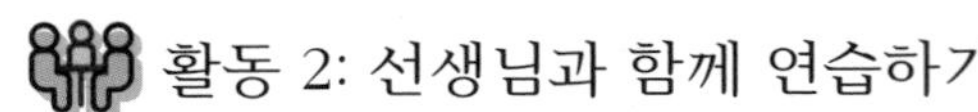

활동 2: 선생님과 함께 연습하기

1. 48 ÷ 3을 어떻게 계산하는지 수 모형으로 알아봅시다.

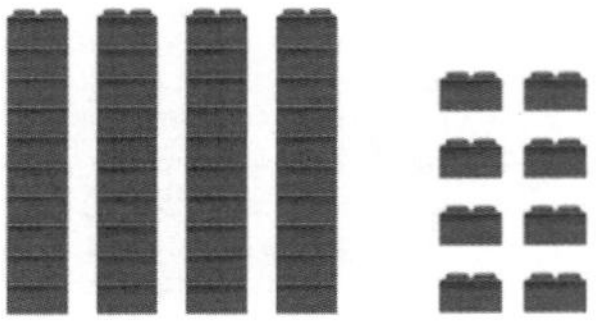

48 ÷ 3

3	4	8

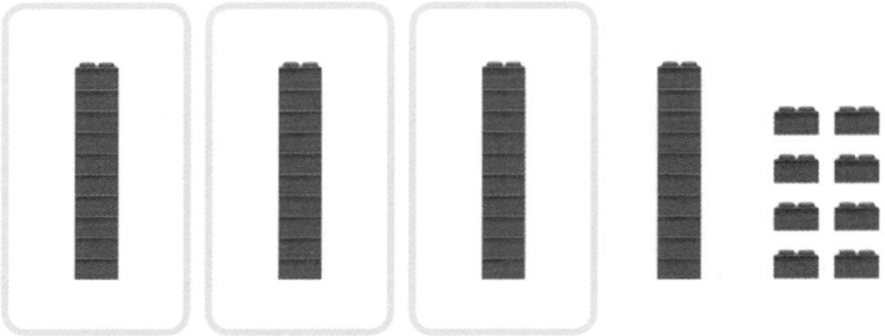

십의 자리

	1		
3	4	8	
	3	0	⇦ 3 × 10

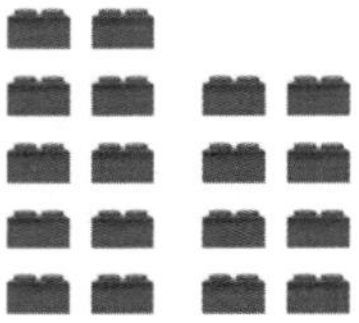

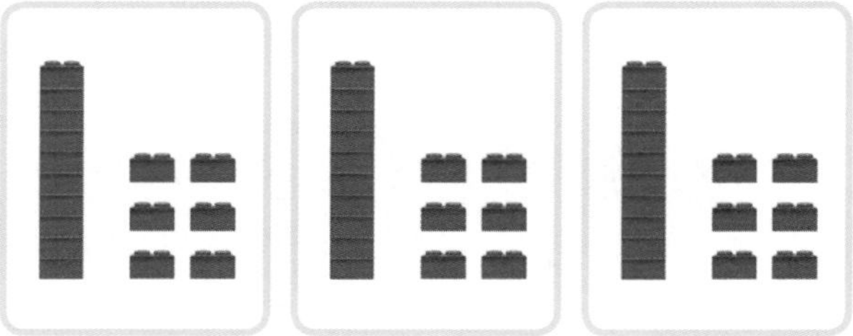

일의 자리

	1	6	
3	4	8	
	3	0	
	1	8	
	1	8	⇦ 3 × 6
		0	

1. 십 모형 4개를 똑같이 3묶음으로 나누면 한 묶음에서 십 모형 1개씩 나누어지고 십 모형 1개와 일 모형 8개가 남습니다.
2. 남은 십 모형 1개를 일 모형 10개로 바꿔서 일 모형 18개를 똑같이 3묶음으로 나누면 한 묶음에 일 모형 6개씩 나누어집니다.
   48 ÷ 3 = 16

$$3\overline{)48} \rightarrow \begin{array}{r} 1 \\ 3\overline{)48} \\ 30 \end{array} \Leftarrow 3 \times 10 \rightarrow \begin{array}{r} 16 \\ 3\overline{)48} \\ 30 \\ \hline 18 \\ 18 \\ \hline 0 \end{array} \Leftarrow 3 \times 6$$

1. 십의 자리 숫자 4에는 3이 1번 들어가므로 몫의 십의 자리에 1을 씁니다. 4의 아래에 3과 10을 곱한 값 30을 자리에 맞추어 씁니다.
2. 십의 자리 4에서 3을 빼면 1이 남으므로 1을 내려 쓰고 일의 자리 숫자 8을 그대로 내려 씁니다.
3. 18에는 3이 6번 들어가므로 일의 자리에 6을 씁니다. 18 아래에 18을 자리에 맞추어 씁니다.
4. 18빼기 18은 0이므로 0을 아래에 씁니다.

☆ (몇십몇)÷(몇)에서 나누어지는 수의 십의 자리 수가 나누는 수보다 크거나 같으면 몫은 두 자리 수입니다.

48 ÷ 3 = 16
4 > 3 두 자리 수

2. 다음을 계산해 봅시다.

$$\begin{array}{r} 4\square \\ 2\overline{)94} \\ \square 0 \\ \hline 14 \\ \square\square \\ \hline \square \end{array} \quad \begin{array}{l} \\ \\ \Leftarrow 2 \times \square \\ \\ \Leftarrow 2 \times \square \end{array}$$

$$\begin{array}{r} 2\square \\ 3\overline{)75} \\ \square 0 \\ \hline 15 \\ \square\square \\ \hline \square \end{array} \quad \begin{array}{l} \\ \\ \Leftarrow 3 \times \square \\ \\ \Leftarrow 3 \times \square \end{array}$$

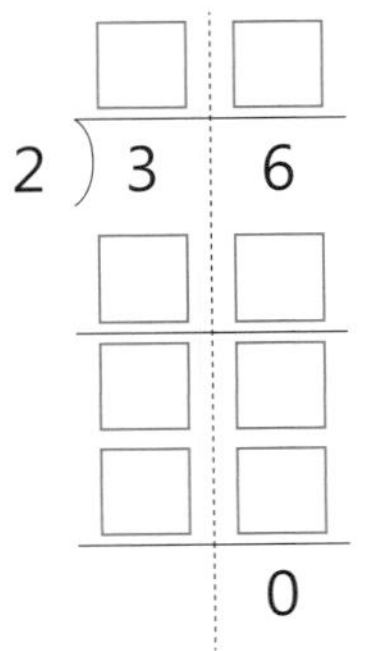

$$\begin{array}{r} \square\square \\ 2\overline{)36} \\ \square\square \\ \hline \square\square \\ \square\square \\ \hline 0 \end{array}$$

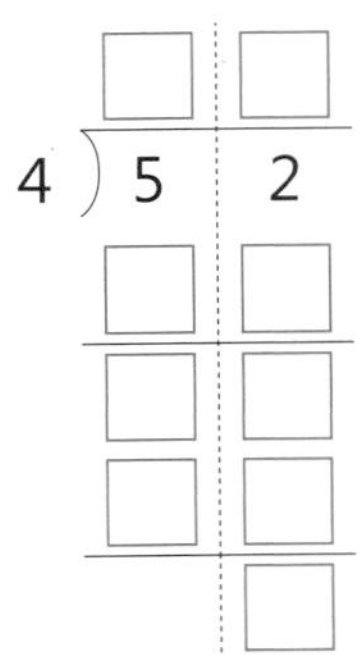

$$\begin{array}{r} \square\square \\ 4\overline{)52} \\ \square\square \\ \hline \square\square \\ \square\square \\ \hline \square \end{array}$$

75 ÷ 5 =

38 ÷ 2 =

활동 3: 스스로 서기

1. 수 모형을 보고 □ 안에 알맞은 수를 써넣어 봅시다.

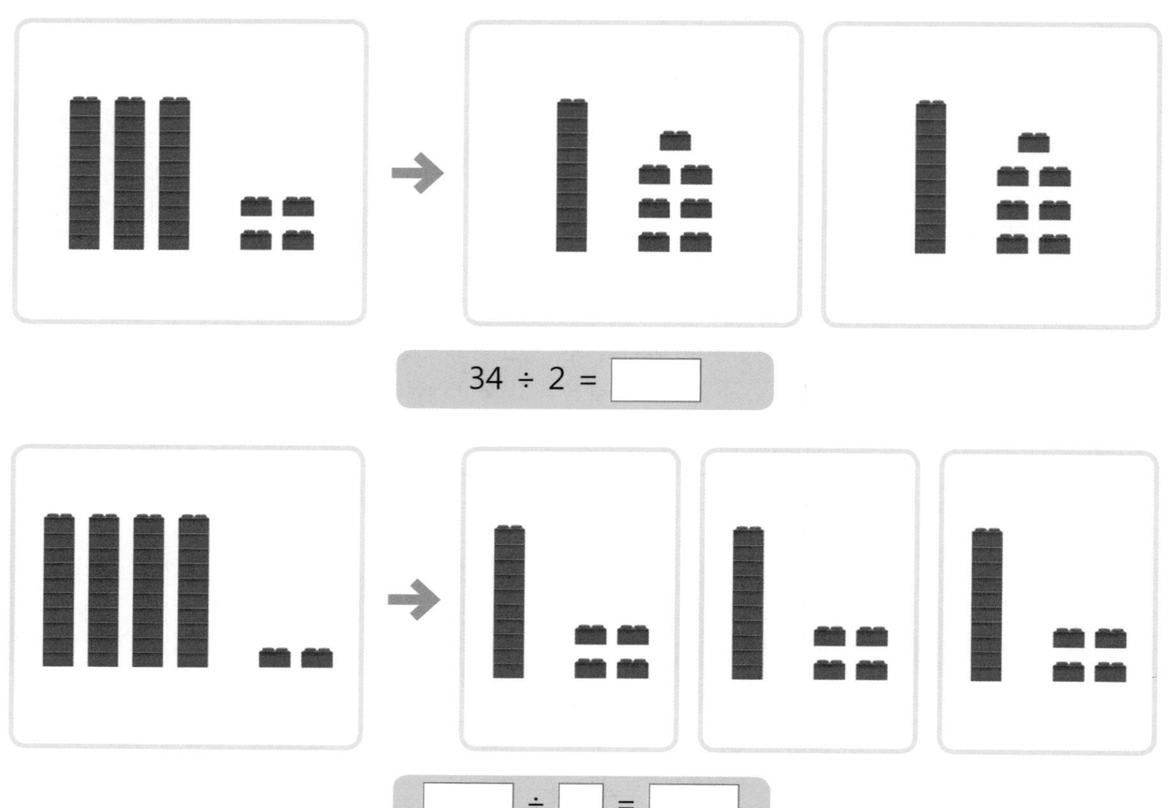

34 ÷ 2 = □

□ ÷ □ = □

2. 빈칸에 알맞은 수를 넣어 봅시다.

```
     2 □              2 □
2 ) 5  4         4 ) 9  2
    □  0 ⇨ 2 × □     □  0 ⇨ 4 × □
    1  4             1  2
    □  □ ⇨ 2 × □     □  □ ⇨ 4 × □
       □                □
```

3. 나눗셈을 잘못 계산한 친구는 누구입니까?

혁수	세은
85 ÷ 5 = 12	56 ÷ 2 = 28
(　　　　　)	(　　　　　)

4. 다음을 계산해 봅시다.

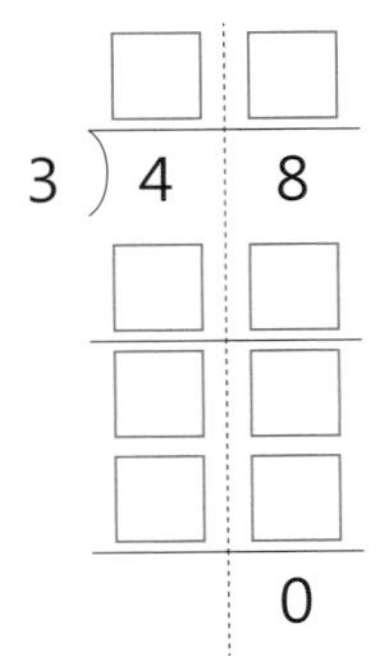

$3\overline{)48}$ … 0

$5\overline{)75}$ … 0

정리

◆ (몇십몇)÷(몇)의 계산 방법

$3\overline{)4\ 8}$ → $3\overline{)4\ 8}$ 몫 1, 3 0 ⇦ 3 × 10 → $3\overline{)4\ 8}$ 몫 1 6, 3 0, 1 8, 1 8 ⇦ 3 × 6, 0

1. 십의 자리 숫자 4에는 3이 1번 들어가므로 몫의 십의 자리에 1을 씁니다. 4의 아래에 3을 쓰고 8의 아래에 0을 씁니다.
2. 십의 자리 4에서 3을 빼면 1이 남으므로 1을 내려 쓰고 일의 자리 숫자 8을 그대로 내려 씁니다.
3. 18에는 3이 6번 들어가므로 몫의 일의 자리에 6을 씁니다. 18 아래에 18을 자리에 맞추어 씁니다.
4. 18 빼기 18은 0이므로 0을 아래에 씁니다.

놀이 활동: 땅따먹기 게임

1. 가위바위보를 하여 순서를 정합니다. 바둑알이나 지우개 등을 '발사' 위치에 놓고 튕겨서 들어간 칸의 문제를 맞게 풀면 그 칸을 차지하게 됩니다. 짝과 색이나 모양을 달리하여 자신의 땅을 표시합니다. 많은 땅을 차지한 사람이 이깁니다.

2. '꽝'에 들어가면 친구에게 발사 차례가 넘어갑니다.

<table>
<tr><td rowspan="4">발사!</td><td>90 ÷ 6 = □</td><td>34 ÷ 2 = □</td><td>46 ÷ 2 = □</td><td>72 ÷ 6 = □</td><td rowspan="4">발사!</td></tr>
<tr><td>45 ÷ 3 = □</td><td>꽝</td><td>96 ÷ 8 = □</td><td>76 ÷ 4 = □</td></tr>
<tr><td>80 ÷ 5 = □</td><td>54 ÷ 3 = □</td><td>75 ÷ 5 = □</td><td>42 ÷ 3 = □</td></tr>
<tr><td>65 ÷ 5 = □</td><td>48 ÷ 3 = □</td><td>꽝</td><td>84 ÷ 7 = □</td></tr>
</table>

10 차시 나머지가 있는 (몇십몇)÷(몇)(1)

학습목표 • 내림이 없고 나머지가 있는 (몇십몇)÷(몇)의 계산 원리를 알고 계산할 수 있다.

도입: 나머지가 있는 (몇십몇)÷(몇) 문제 상황 알기

◆ 예성이는 친구들과 나누어 먹으려고 곶감 17개를 가지고 왔습니다. 한 사람에게 3개씩 나누어 주면 몇 사람에게 나누어 줄 수 있고 남는 것은 몇 개일까요?

○ 곶감 17개를 3개씩 나누어 줄 때 몇 사람에게 나누어 줄 수 있는지 알아보기 위한 식을 세워 봅시다.

○ 곶감을 몇 사람에게 나누어 줄 수 있는지 어림하여 봅시다.

○ 왜 그렇게 어림하였나요?

활동 1: 선생님 설명 듣기

◆ 17 ÷ 3을 어떻게 계산하는지 그림으로 알아봅시다.

○ ◯ 17개를 똑같이 3개씩 묶어 봅시다.

○ ◯를 3개씩 묶으면 몇 묶음이 됩니까?

○ 묶고 남은 ◯는 몇 개입니까?

○ 17 ÷ 3은 얼마입니까? 어림한 값과 비교하여 봅시다.

◆ 17을 3개씩 묶으면 다음과 같습니다.

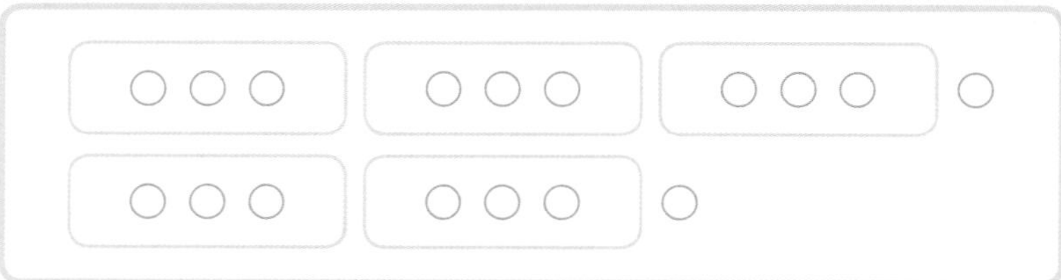

17 ÷ 3 = 5 ⋯ 2

◯ 17개를 3개씩 묶으면 5묶음이 되고 2개가 남습니다.

활동 2: 선생님과 함께 연습하기

1. 17 ÷ 3을 어떻게 계산하는지 수 모형으로 알아봅시다.

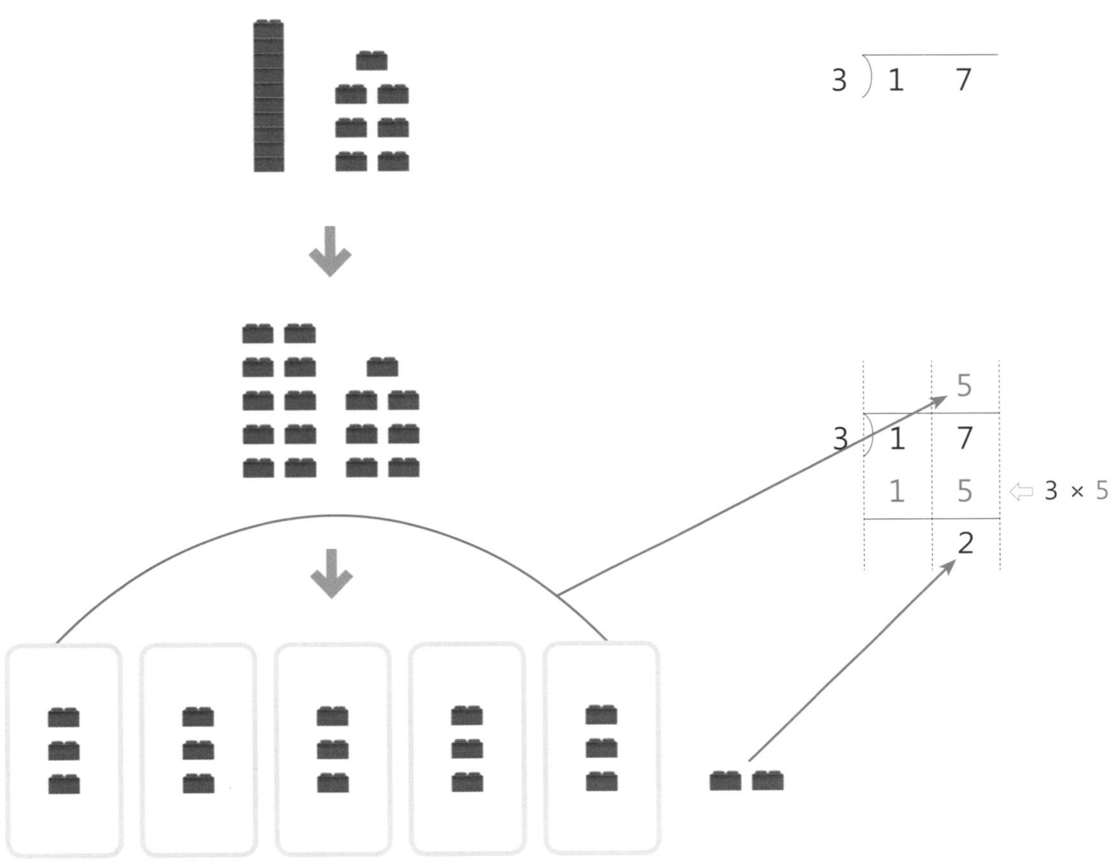

1. 십 모형 1개는 3개씩 묶으면 3번 묶을 수 있습니다. 일 모형은 1개가 남습니다.
2. 일 모형 7개는 3개씩 묶으면 2번 묶을 수 있습니다. 일 모형은 1개 남습니다.
3. 17을 3개씩 묶으면 5묶음이 되고 2개가 남습니다.
   17 ÷ 3 = 5 ⋯ 2

17을 3으로 나누면 몫은 5이고 2가 남습니다.
이때 2를 17 ÷ 3의 나머지라고 합니다.

17 ÷ 3 = 5 ⋯ 2
(나누어지는 수) (나누는 수) (몫) (나머지)

나누는 수 ⇨ 3) 1 7 ⇦ 나누어지는 수
5 ⇦ 몫
1 5
2 ⇦ 나머지

나머지가 없으면 나머지가 0이라고 말할 수 있습니다.
나머지가 0일 때, 나누어떨어진다고 합니다.

$$3\overline{)\,1\ 7}$$ →

```
      5
3 ) 1 7
    1 5  ⇦ 3 × 5
    ---
      2
```

1. 십의 자리 숫자 1에는 3이 들어가지 않으므로 몫의 일의 자리에 5를 씁니다. 3과 5를 곱한 값 15를 17 아래에 자리에 맞추어 씁니다.
2. 일의 자리 7에서 5를 빼면 2가 남으므로 2를 내려 씁니다.

☆ 나눗셈 식의 나머지는 항상 나누는 수보다 작아야 합니다.
나머지 < 나누는 수

2. 나눗셈의 몫과 나머지를 각각 찾아 써 봅시다.

```
      4
4 ) 1 7     몫 (    )
    1 6
    ---
      1     나머지 (    )
```

3. 다음을 계산해 봅시다.

17 ÷ 4 = □ ··· □　　　29 ÷ 3 = □ ··· □

```
      □              □
8 ) 4 2        7 ) 5 9
    □ □            □ □
    ---            ---
      □              □
```

 활동 3: 스스로 서기

1. 수 모형을 보고 □ 안에 알맞은 수를 써넣어 봅시다.

11 ÷ 3 = □ ··· □

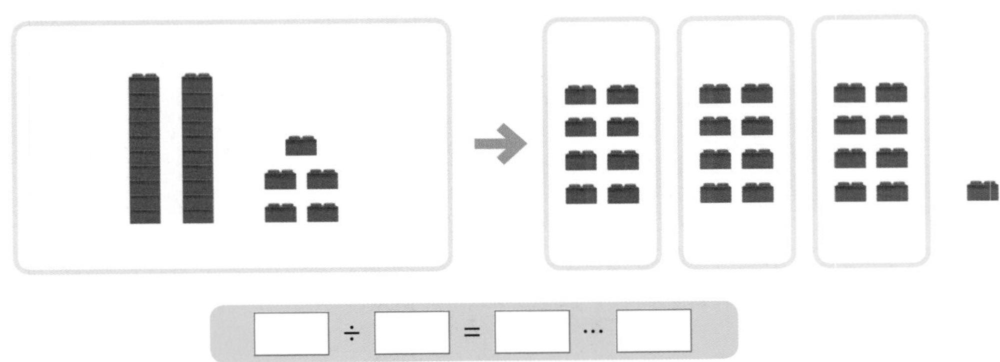

□ ÷ □ = □ ··· □

2. 빈칸에 알맞은 단어를 넣어 봅시다.

```
                5    ⇦ □
□ ⇨ 3 ) 1  7    ⇦ □
        1  5
        ────
           2    ⇦ □
```

3. 다음을 계산해 봅시다.

37 ÷ 4 = □ ··· □　　　26 ÷ 3 = □ ··· □

4. 다음을 계산해 봅시다.

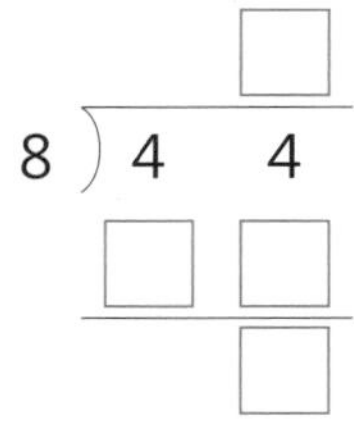

$$\begin{array}{r} \square \\ 7\overline{)\,4\ \ 8} \\ \square\ \square \\ \hline \square \end{array}$$

5. 다음 계산 결과 나머지가 가장 큰 것은 무엇입니까?

26 ÷ 4	39 ÷ 6	47 ÷ 8
(　　　　)	(　　　　)	(　　　　)

정리

◆ 내림이 없고 나머지가 있는 (몇십몇)÷(몇)의 계산 방법

$$3\overline{)\,1\ \ 7} \quad \rightarrow \quad \begin{array}{r} 5 \\ 3\overline{)\,1\ \ 7} \\ 1\ \ 5 \\ \hline 2 \end{array} \Leftarrow 3 \times 5$$

1. 십의 자리 숫자 1에는 3이 들어가지 않으므로 몫의 일의 자리에 5를 씁니다. 3과 5를 곱한 값 15를 17 아래에 씁니다.
2. 일의 자리 7에서 5를 빼면 2가 남으므로 2를 내려 씁니다.

 놀이 활동: 빙고게임

◆ 아래 문제를 풀이합니다. 그리고 빙고판에 문제 번호와 답을 씁니다. 짝과 순서를 정해 문제 번호를 부르고 답이 맞으면 색칠할 수 있습니다. 한 줄 빙고를 먼저 만드는 사람이 이깁니다.

1. 13 ÷ 3 = □ … □	2. 27 ÷ 5 = □ … □	3. 35 ÷ 4 = □ … □
4. 17 ÷ 2 = □ … □	5. 62 ÷ 7 = □ … □	6. 46 ÷ 5 = □ … □
7. 83 ÷ 9 = □ … □	8. 59 ÷ 6 = □ … □	9. 68 ÷ 8 = □ … □

□	□	□
□	□	□
□	□	□

11차시 나머지가 있는 (몇십몇)÷(몇)(2)

학습목표 • 내림이 있고 나머지가 있는 (몇십몇)÷(몇)의 계산 원리를 알고 계산할 수 있다.

도입: 나머지가 있는 (몇십몇)÷(몇) 문제 상황 알기

◆ 승연이는 송편을 54개 만들었습니다. 네 상자에 똑같이 나누어 담으려고 합니다. 한 상자에 몇 개씩 담을 수 있고, 몇 개가 남을까요?

○ 송편을 한 상자에 몇 개씩 담아야 하는지 알아보기 위한 식을 세워 봅시다.

○ 한 상자에 담아야 하는 송편이 몇 개인지 어림하여 봅시다.

○ 왜 그렇게 어림하였나요?

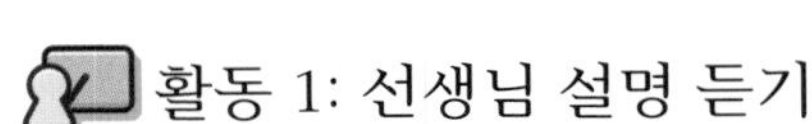

활동 1: 선생님 설명 듣기

◆ 54 ÷ 4를 어떻게 계산하는지 그림으로 알아봅시다.

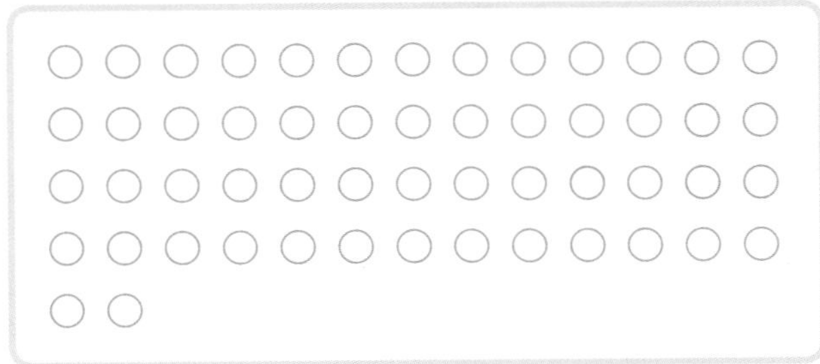

○ ◯ 54개를 똑같이 4묶음으로 나누어 봅시다.

○ 한 묶음에 ◯가 몇 개 있습니까?

○ 묶고 남은 ◯는 몇 개입니까?

○ 54 ÷ 4의 몫은 ☐이고 나머지는 ☐입니다.

◆ 54를 4묶음으로 나누면 다음과 같습니다.

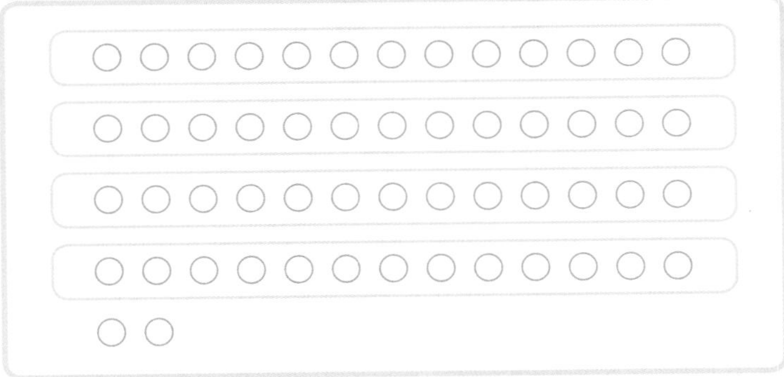

$54 \div 4 = 13 \cdots 2$

◯ 54개를 4묶음으로 나누면 한 묶음은 13개가 되고 2개가 남습니다.

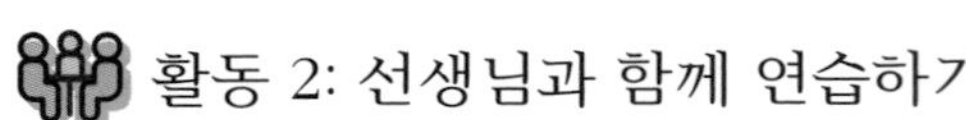

활동 2: 선생님과 함께 연습하기

1. 54 ÷ 4를 어떻게 계산하는지 수 모형으로 알아봅시다.

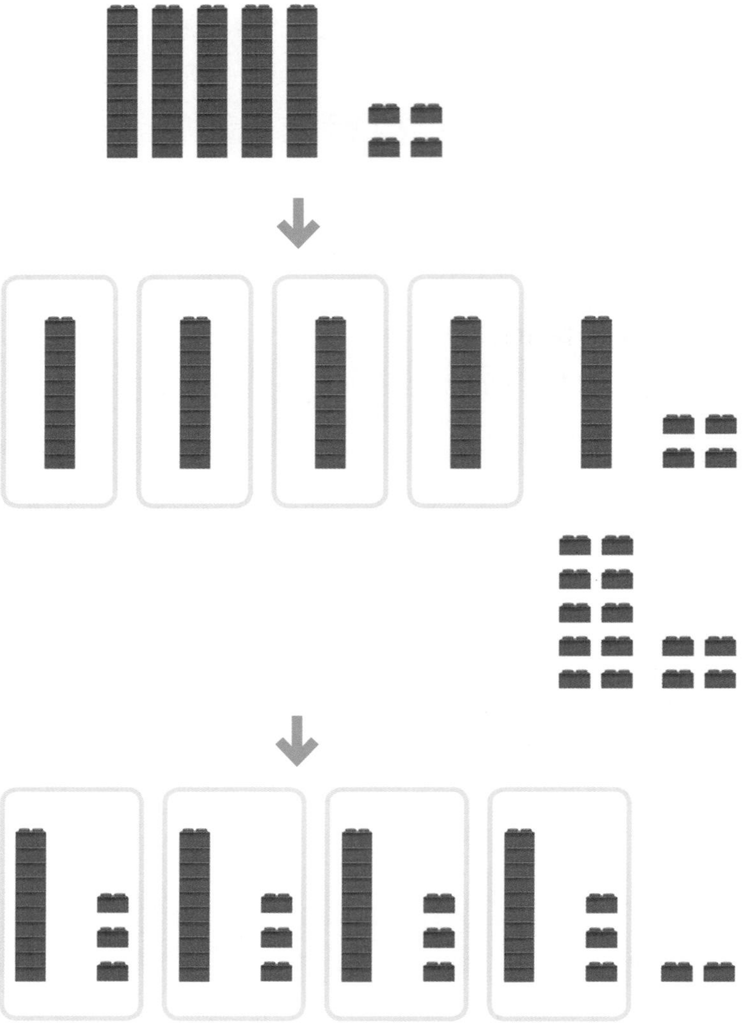

4	5	4	

↓

	1		
4	5	4	
	4	0	4 × 10
	1	4	

↓

	1	3	
4	5	4	
	4	0	
	1	4	
	1	2	4 × 3
		2	

1. 십 모형 4개를 똑같이 4묶음으로 나누면 한 묶음에 십 모형 1개씩 나누어지고 십 모형 1개와 일 모형 4개가 남습니다.
2. 남은 십 모형 1개를 일 모형 10개로 바꿔서 일 모형 14개를 똑같이 4묶음으로 나누면 한 묶음에 일 모형 3개씩 나누어지고 일 모형 2개가 남습니다.
3. 54를 4묶음으로 나누면 한 묶음에 13개가 되고 2개가 남습니다.
   54 ÷ 4 = 13 ⋯ 2

4) 5 4 →

1
4) 5 4
4 0 4 × 10
1 4

→

1 3
4) 5 4
4 0
1 4
1 2 4 × 3
2

1. 십의 자리 숫자 5에는 4가 1번 들어가므로 몫의 십의 자리에 1을 씁니다. 5의 아래에 4를 쓰고 4의 아래에 0을 씁니다.
2. 십의 자리 5에서 4를 빼면 1이 남으므로 1을 내려 쓰고 일의 자리 숫자 4를 그대로 내려 씁니다.
3. 14에는 4가 3번 들어가므로 몫의 일의 자리에 3을 씁니다. 14 아래에 12를 자리에 맞추어 씁니다.
4. 14 빼기 12는 2이므로 2를 아래에 씁니다.

2. 다음을 계산해 봅시다.

3) 4 6 →

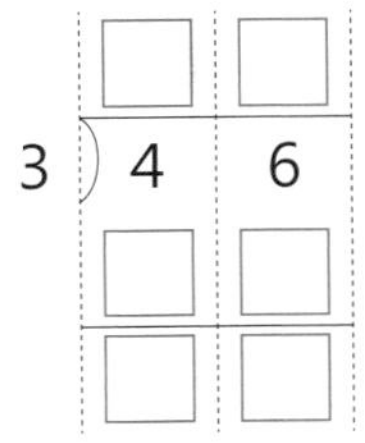

→

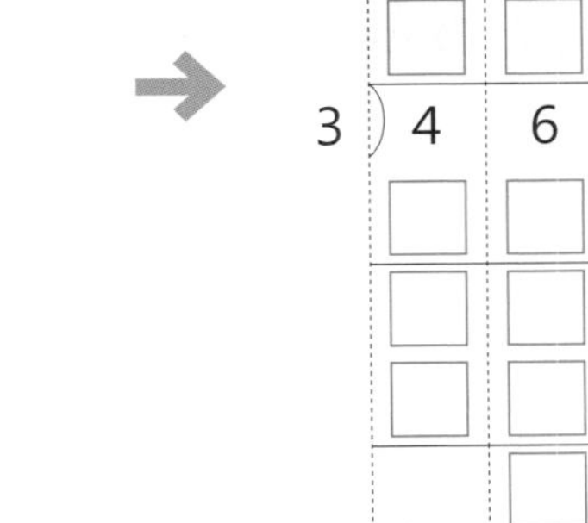

□ □ … □
4) 7 4

68 ÷ 5 = □ … □

88 ÷ 7 = □ … □

 활동 3: 스스로 서기

1. 수 모형을 보고 ☐ 안에 알맞은 수를 써넣어 봅시다.

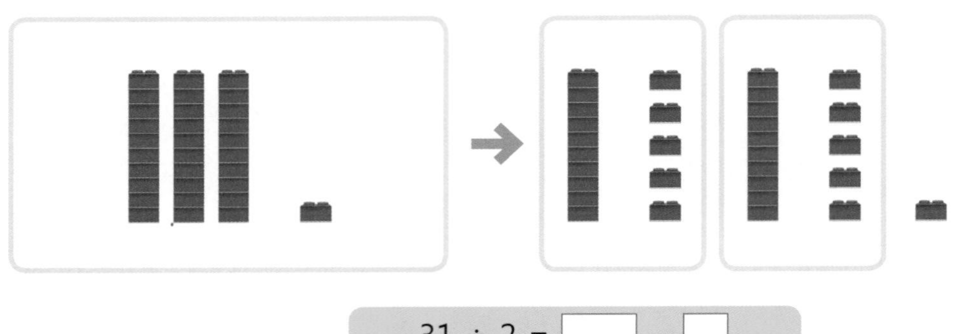

31 ÷ 2 = ☐ … ☐

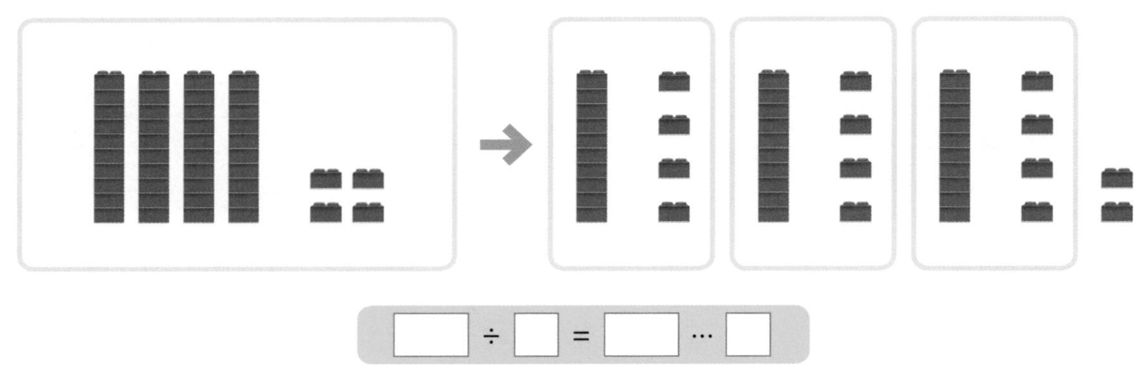

☐ ÷ ☐ = ☐ … ☐

2. 식과 계산 결과를 바르게 이어 봅시다.

식	계산 결과
68 ÷ 5 •	• 몫: 13, 나머지: 3
58 ÷ 4 •	• 몫: 48, 나머지: 1
97 ÷ 2 •	• 몫: 14, 나머지: 2

3. 빈칸에 알맞은 수를 써넣어 봅시다.

$$\begin{array}{r} 1\ \square \\ 2\overline{)3\ 7} \\ 2\ 0 \\ \hline 1\ 7 \\ 1\ 6 \\ \hline \square \end{array} \qquad \begin{array}{r} \square\ 6 \\ 3\overline{)4\ 9} \\ 3\ 0 \\ \hline 1\ 9 \\ 1\ 8 \\ \hline \square \end{array}$$

4. 다음을 계산해 봅시다

$$5\overline{)6\ 8}$$

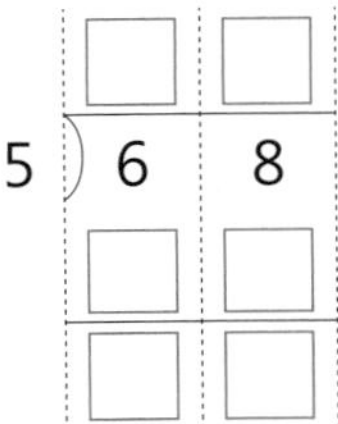

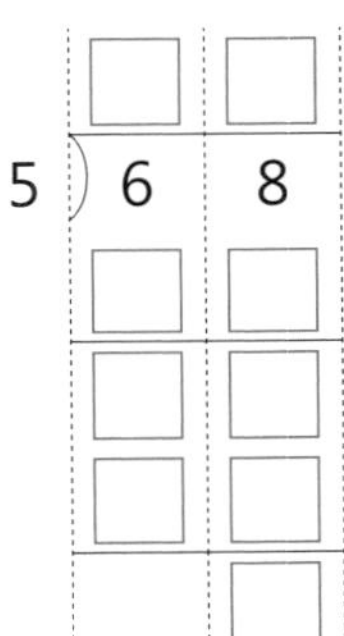

$$\begin{array}{r} \square\ \square \\ 3\overline{)8\ 6} \\ \square\ \square \\ \hline \square\ \square \\ \square\ \square \\ \hline \square \end{array} \qquad \begin{array}{r} \square\ \square \\ 3\overline{)7\ 1} \\ \square\ \square \\ \hline \square\ \square \\ \square\ \square \\ \hline \square \end{array}$$

정리

◆ 내림이 있고 나머지가 있는 (몇십몇)÷(몇)의 계산 방법

4) 5 4 →

	1	
4)	5	4
	4	0 (4 × 10)
	1	4

→

	1	3
4)	5	4
	4	0
	1	4
	1	2 (4 × 3)
		2

1. 십의 자리 숫자 5에는 4가 1번 들어가므로 몫의 십의 자리에 1을 씁니다. 5의 아래에 4를 쓰고 4의 아래에 0을 씁니다.
2. 십의 자리 5에서 4를 빼면 1이 남으므로 1을 내려 쓰고 일의 자리 숫자 4를 그대로 내려 씁니다.
3. 14에는 4가 3번 들어가므로 몫의 일의 자리에 3을 씁니다. 14 아래에 12를 자리에 맞추어 씁니다.
4. 14 빼기 12는 2이므로 2를 아래에 씁니다.

놀이 활동: 나머지가 큰 수를 찾아라

◆ 아래 세 나눗셈식을 계산하여 나머지가 큰 것을 찾아봅시다. 나머지가 큰 식을 먼저 찾는 사람이 이깁니다. 시작!

3) 5 2

5) 7 9

12차시 나눗셈 계산 결과 확인하기

학습목표 • 나머지가 있는 나눗셈의 계산이 맞는지 확인할 수 있다.

도입: 문제 상황 알기

◆ 도넛 15개를 친구들에게 나누어 주려고 합니다. 한 명에게 2개씩 주면 몇 명에게 나누어 줄 수 있는지 알아봅시다. 그리고 잘 나누어 주었는지 어떻게 확인할 수 있을까 생각해 봅시다.

○ 도넛을 ⬭로 묶어서 2개씩 한 묶음으로 만들어 봅시다.

○ 도넛은 2개씩 몇 묶음이고 나머지는 몇 개입니까?

2개씩 □ 묶음이고 나머지는 □ 개입니다.

○ 몫과 나머지를 넣어 나눗셈식을 완성해 봅시다.

15 ÷ 2 = □ ⋯ □

○ 나눗셈의 계산이 맞는지 어떻게 확인할 수 있을까요?

활동 1: 선생님 설명 듣기

$15 \div 2 = 7 \cdots 1$

$2 \times 7 + 1 = 15$

나누는 수 × 몫 + 나머지 = 나누어지는 수

나누는 수와 몫의 곱에 나머지를 더하면 나누어지는 수가 되어야 합니다.

1. 나눗셈식 23 ÷ 4에 알맞게 ◯를 4개씩 묶어 몫과 나머지를 구하고 계산이 맞는지 확인하여 봅시다.

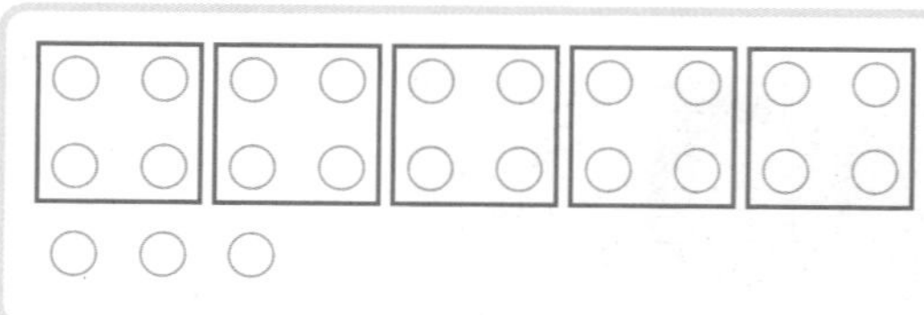

4개씩 [5] 묶음이고 나머지는 [3] 개입니다.

[23] ÷ [4] = [5] ⋯ [3]

이 계산이 맞는지 확인하는 방법은

[4] × [5] + [3] = [23]

2. 나눗셈식 32 ÷ 5에 알맞게 ◯를 5개씩 묶어 몫과 나머지를 구하고 계산이 맞는지 확인하여 봅시다.

◯ ◯ ◯ ◯ ◯ ◯ ◯ ◯ ◯ ◯
◯ ◯ ◯ ◯ ◯ ◯ ◯ ◯ ◯ ◯
◯ ◯ ◯ ◯ ◯ ◯ ◯ ◯ ◯ ◯
◯ ◯

5개씩 [ ] 묶음이고 나머지는 [ ] 개입니다.

[32] ÷ [5] = [ ] ⋯ [ ]

이 계산이 맞는지 확인하는 방법은

[5] × [ ] + [ ] = [32]

활동 2: 선생님과 함께 연습하기

1. 나눗셈을 세로로 계산한 결과가 맞는지 확인해 봅시다.

```
      5
7 ) 4 1
    3 5
    ---
      6
```

41을 7로 나누면 몫이 5이고 나머지는 6입니다.
41은 7씩 5묶음이고 나머지는 1입니다.
이 계산이 맞는지 확인하는 방법은

[7] × [5] + [6] = [41]

따라서 계산 결과가 올바릅니다.

```
    1 8
2 ) 3 7
    2 0
    ---
    1 7
    1 6
    ---
      1
```

37을 2로 나누면 몫이 18이고 나머지는 1입니다.
37은 2씩 18묶음이고 나머지는 1입니다.
이 계산이 맞는지 확인하는 방법은

[2] × [ ] + [ ] = [ ]

따라서 계산 결과가 [ ].

2. 나눗셈을 하고 계산이 맞는지 확인해 봅시다.

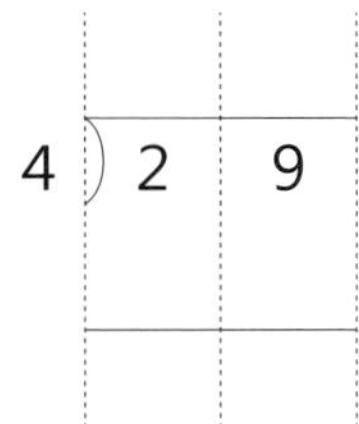

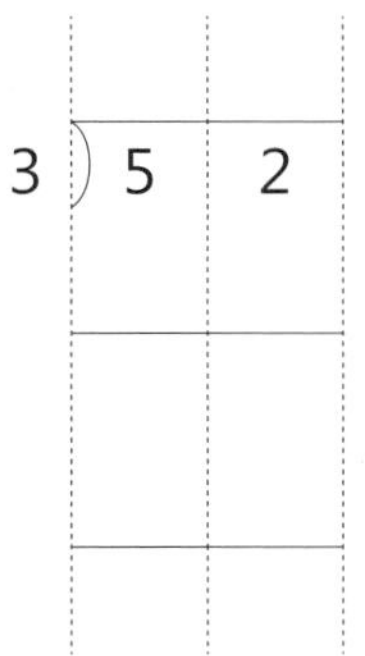

[ ] × [ ] + [ ] = [ ]   [ ] × [ ] + [ ] = [ ]

 활동 3: 스스로 서기

1. 빈칸에 알맞은 말을 써넣어 봅시다.

나머지가 있는 나눗셈식의 계산이 맞는지 확인하는 방법

나누는 수 × ☐ + ☐ = 나누어지는 수

2. 수 모형을 보고 ☐ 안에 알맞은 수를 써넣어 봅시다.

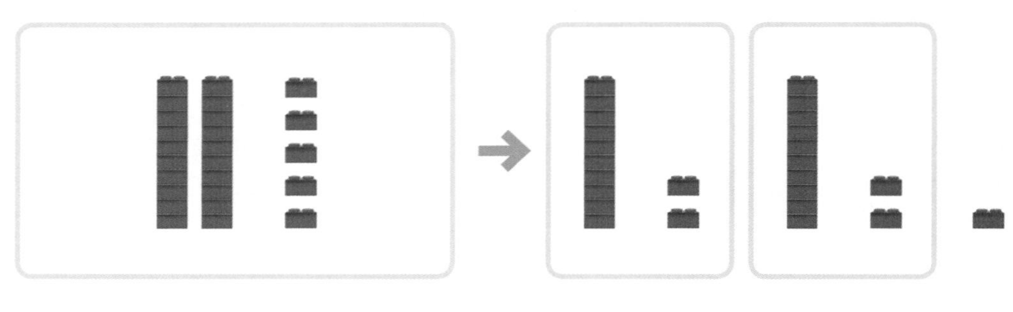

25 ÷ 2 = ☐ … ☐

→ 2 × ☐ + ☐ = 25

3. 나눗셈을 하고 계산 결과가 맞는지 확인해 봅시다.

8)74

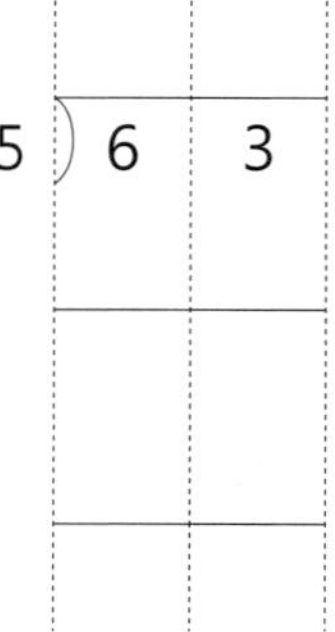

5)63

☐ × ☐ + ☐ = ☐　　☐ × ☐ + ☐ = ☐

정리

◆ 나머지가 있는 나눗셈식의 계산이 맞는지 확인하는 방법

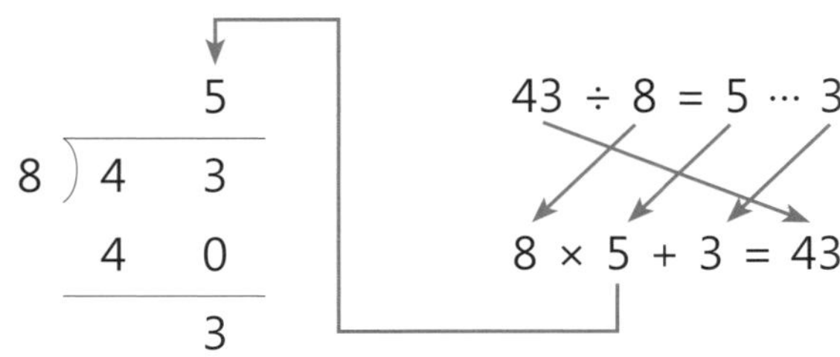

나누는 수 × 몫 + 나머지 = 나누어지는 수

놀이 활동: 틀린 나눗셈식을 찾아라

◆ 선생님이 보여 주는 나눗셈식과 그 계산이 맞는지 확인하는 식에서 어느 부분이 틀렸는지 찾아봅시다. 틀린 부분을 찾고 바른 식을 말하면 1점을 얻습니다. 그럼 시작!

25 ÷ 2 = 12 ··· 1

→ 2 × 12 + 2 = 26

```
     9
3 ) 2 8
    2 7
      2
```

3 × 9 + 2 = 28

37 ÷ 4 = 9 ··· 1

→ 4 × 1 + 9 = 26

```
     1 2
5 ) 6 3
    5
    1 3
    1 0
      3
```

5 × 12 + 3 = 64

정답지

3 단계

1차시 p. 20

◈ 도입

1. 8, 10, 6, 4, 16, 12, 14, 18
2. 예) 귀찮다. 번거롭다 등
3. 곱셈 등 자유로운 대답 허용

◈ 활동 1

1. 4, 8, 14, 16, 18
2. 2개
3. 16개

◈ 활동 2

4, 12, 7, 8, 18

◈ 활동 3

1. 3, 8, 5, 12
2. 5, 12, 7
3. 2, 4, 6, 8, 10, 12, 14, 16, 18

◈ 활동 4

1. 6, 3, 6/ 8, 4, 8
2. (좌우 방향으로) 8, 4, 6, 18, 16, 10, 12, 14
3. (좌우 방향으로) 5, 6, 4, 3, 7, 8

◈ 놀이 활동

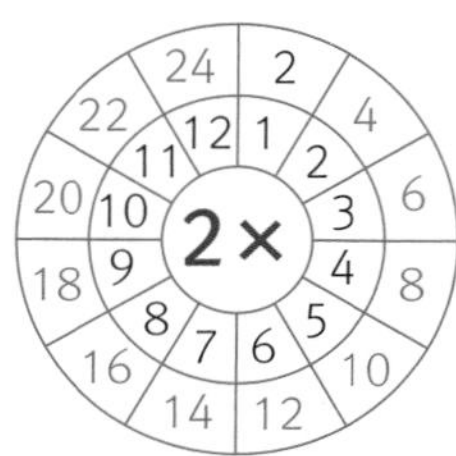

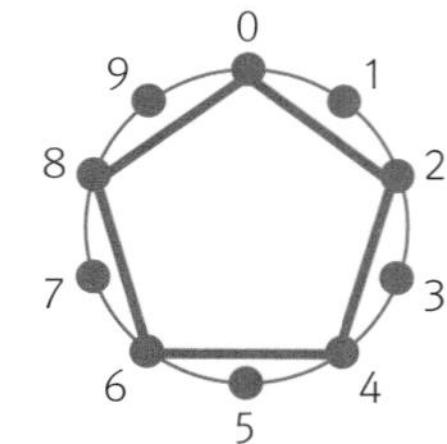

2차시 p. 27

◈ 도입

1. 5, 10, 15, 20, 25, 30, 35, 40, 45
2. 5개
3. 45
4. 곱셈 5×9=45

◈ 활동 2

1. 2, 5, 20, 8
2. 25, 6, 35
3. 5, 10, 15, 20, 25, 30, 35, 40, 45

◈ 활동 3

1. 3, 15, 3, 15/ 5, 25, 5, 25
2.

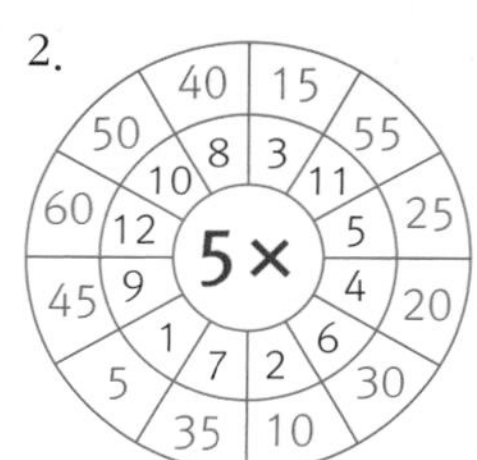

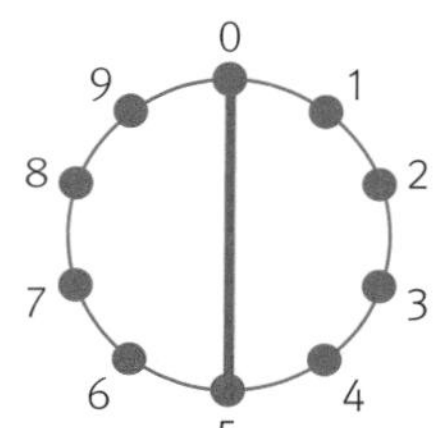

3. (좌우 방향으로) 2, 3, 9, 5, 6, 4

3차시 p. 33

◈ 도입

1. 3, 6, 9, 12, 15, 18
2. 3개
3. 18개
4. 3+3+3+3+3+3=18
5. 3×6=18

◈ 활동 1

3, 6, 9

◈ 활동 2

1. 3, 12, 5, 18
2. 5, 18, 7
3. 3, 6, 9, 12, 15, 18, 21, 24, 27

◈ 활동 3

1. 9, 3, 9/12, 4, 12
2. 12, 6, 9, 27, 24, 15, 18, 21
3. (좌우 방향으로) 1. 4, 3, 2, 7, 9

◈ 놀이 활동

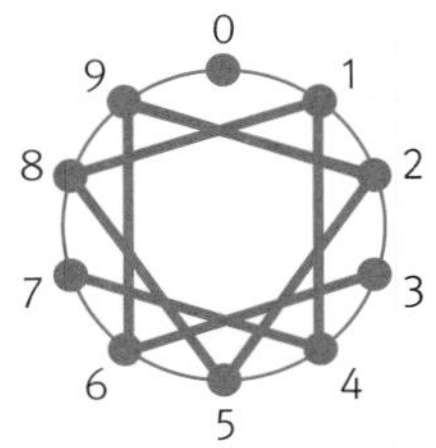

4차시 p. 39

◈ 도입

1. 6, 12, 18, 24, 30, 36
2. 6개
3. 36개
4. 6+6+6+6+6+6=36
5. 6×6=36

◈ 활동 2

1. 3, 24, 5, 36
2. 3, 24, 5
3. 6, 12, 18, 24, 30, 36, 42, 48, 54

◈ 활동 3

1. 24, 4, 24/42, 7, 42
2. (좌우 방향으로) 24, 12, 18, 54, 48, 30, 36, 42
3. (좌우 방향으로) 4, 2, 8, 3, 5, 9

◈ 놀이 활동

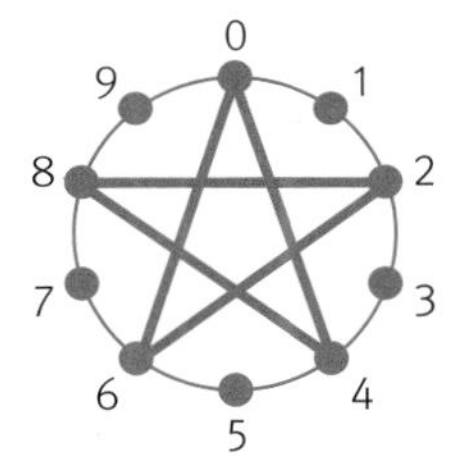

5차시 p. 45

◈ 도입

1. 4, 8, 12, 16, 20
2. 4개
3. 20개
4. 4+4+4+4+4=20
5. 4×5=20

◈ 활동 1

12, 5, 32

◈ 활동 2

1. 3, 16, 5, 24
2. 5, 24, 7
3. 4, 8, 12, 16, 20, 24, 28, 32, 36

◈ 활동 3

1. 16, 4, 16/24, 6, 24
2. (좌우 방향으로) 16, 8, 12, 36, 32, 20, 24, 28
3. (좌우 방향으로) 5, 9, 2, 7, 6, 3

◈ 놀이 활동

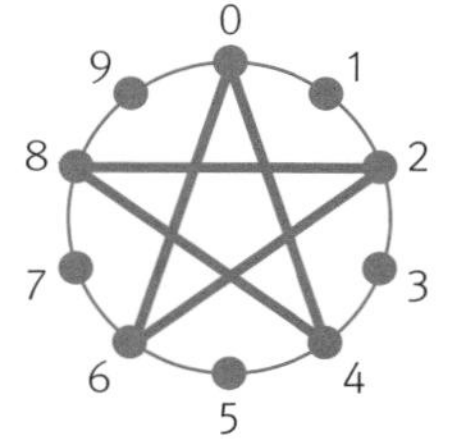

6차시 p. 51

◈ 도입

1. 8, 16, 24, 32, 40
2. 8개
3. 40개
4. 8+8+8+8+8=40
5. 8×5=40

◈ 활동 2

1. 3, 32, 6, 64
2. 2, 24, 4
3. 8, 16, 24, 32, 40, 48, 56, 64, 72

◈ 활동 3

1. 40, 5, 40/64, 8, 64
2. (좌우 방향으로) 32, 16, 24, 72, 64, 40, 48, 56
3. (좌우 방향으로) 3, 9, 4, 8, 5, 7

◈ 놀이 활동

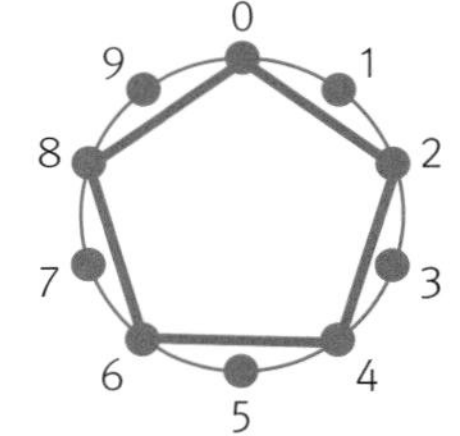

7차시 p. 57

◈ 도입

1. 7, 14, 21, 28, 35
2. 7개
3. 35개
4. 7+7+7+7+7=35
5. 7×5=35

◈ 활동 2

1. 2, 28, 6, 49
2. 21, 4, 35
3. 7, 14, 21, 28, 35, 42, 49, 56, 63

◈ 활동 3

1. 28, 4, 28/56, 8, 56
2. (좌우 방향으로) 28, 14, 21, 63, 56, 35, 42, 49
3. (좌우 방향으로) 5, 2, 4, 9, 6, 3

◈ 놀이 활동

14	28	49	21
7	6	12	56
10	11	24	42
9	18	31	63
4	26	30	35

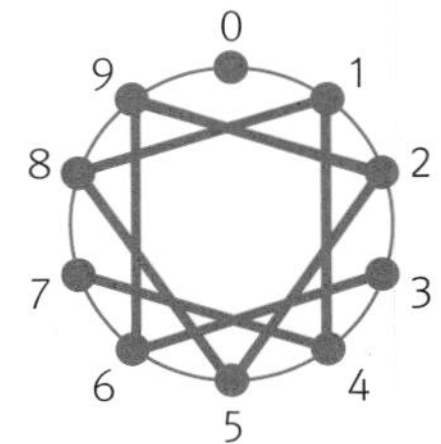

8차시 p. 63

◈ 도입

1. 9, 18, 27, 36
2. 9개
3. 36개
4. 9+9+9+9=36
5. 9×4=36

◈ 활동 1

1. 일의 자리 수와 십의 자리 수가 바뀌었다.
2. 일의 자리 수와 십의 자리 수를 더한 값은 모두 9이다.
3. 9의 단 곱셈구구에서 2와 9, 3과 8, 4와 7, 5와 6의 곱의 결과, 일의 자리 수와 십의 자리 수가 바뀐다. 그리고 9의 단 곱셈구구에서 일의 자리 수와 십의 자리 수를 더한 값은 9가 된다.

◈ 활동 2

1. 3, 36, 6, 72
2. 2, 27, 4
3. 9, 18, 27, 36, 45, 54, 63, 72, 81

◈ 활동 3

1. 36, 4, 36/63, 7, 63
2. (좌우 방향으로) 36, 18, 27, 81, 72, 45, 54, 63
3. (좌우 방향으로) 3, 8, 4, 6, 5, 9

◈ 놀이 활동

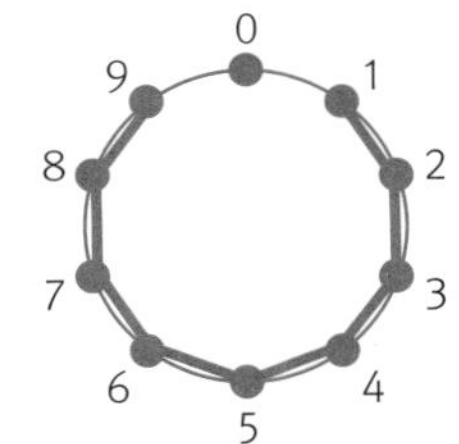

9차시 p. 71

◈ 도입

1. 1, 2, 3, 4, 5, 6, 7
2. 1마리
3. 7마리
4. 1+1+1+1+1+1+1=7
5. 1×7=7

◈ 활동 1

2. 3, 5, 7, 8

◈ 활동 2

1. 0, 0, 0, 0, 0
   0/ 0×5=0/ 0, 0, 0, 0
2. 0×2=0, 0점/ 3점/ 2×0=0, 0점/ 3×0=0, 0점

◈ 활동 3

1. 3, 4, 6, 8/ 2, 0, 7
2. 2, 5, 6, 2, 0, 4
3. 1, 2, 3, 4, 5, 6, 7, 8, 9
4. 0, 0, 0, 0
5.

공에 적힌 수	1	2	3
꺼낸 횟수(번)	1	2	0
점수(점)	1	4	0
총점	5		

◈ 활동 4

1. 3, 3, 3/ 8, 8, 8/ 1, 2/ 0, 0/ 1, 4/ 0, 0
2. (좌우 방향으로) 4, 1, 0, 0/ 0, 9, 3, 0
   8, 0, 0, 5/ 6, 7, 0, 0
3. (좌우 방향으로) 2, 0, 0, 0/ 3, 0, 8, 0/ 5, 1, 0, 0
4. 총점 13점

점수판의 수	0	1	2	3	4
맞힌 횟수(번)	4	4	3	1	0
점수(점)	0	4	6	3	0

10차시 p. 80

◈ 도입

1. 20이 2개 있다는 뜻이다.

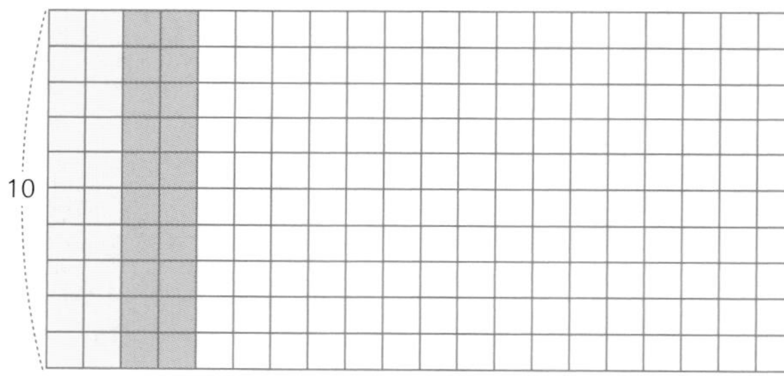

3. 40

◈ 활동 1

1.

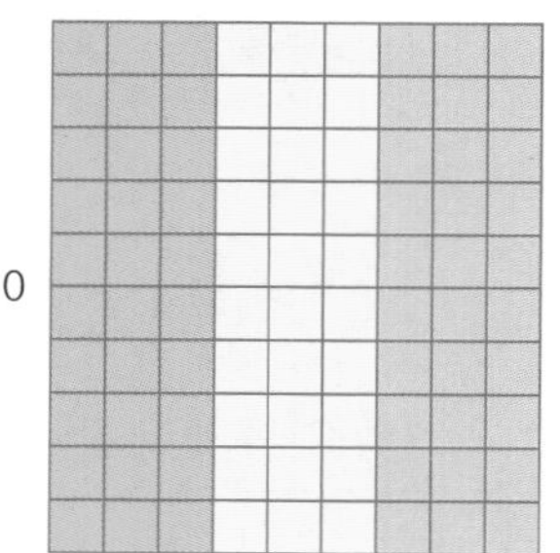

30×3=90

2.

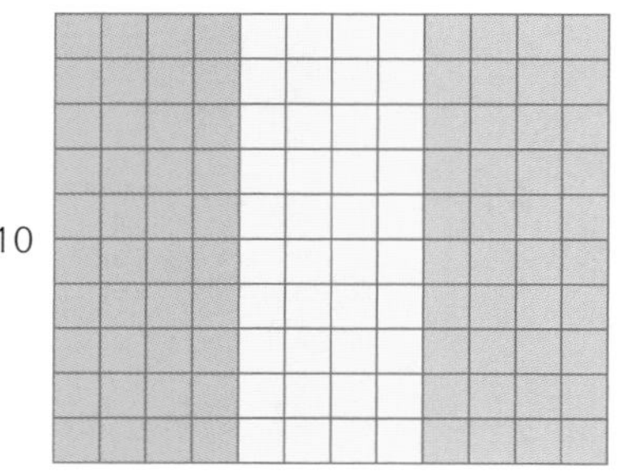

40×3=120

◈ 활동 2

1. 4개/ 2, 4/ 40장
2. 9개/ 3, 9/ 90
3. 12개/ 3, 12/ 120
4. 60, 60, 120

◈ 활동 3

1. 3, 30/ 4, 80
2. 3
3. 30, 60, 80, 90
4.

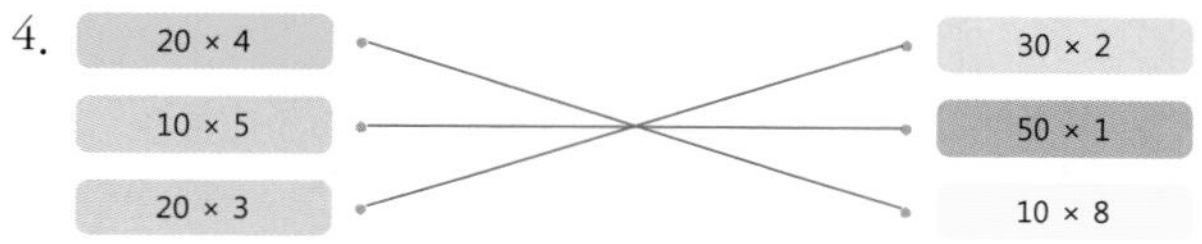

11차시 p. 86

◈ 도입

1. 10, 10, 3, 30
2. 12×3
3.

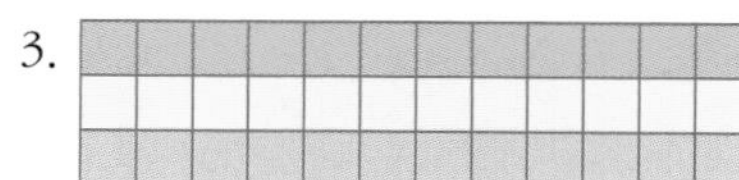

4. 예) 30이라고 어림하였는데 계산 결과가 36이므로 비슷하다.

◈ 활동 1

1. 12×3, 3개, 6개, 36개, 십 모형은 십 모형끼리, 일 모형은 일 모형끼리 계산한다.
2. 12×4, 4개, 8개, 48개, 십 모형은 십 모형끼리, 일 모형은 일 모형끼리 계산한다.

◈ 활동 2

2. 4, 84/ 6, 26/ 6, 96/ 82/ 69

◈ 활동 3

1. 3, 36/ 2, 42
2. 39, 46, 82, 96
3. 4, 84/ 6, 26/ 28/ 66/ 93/ 86

◈ 놀이 활동

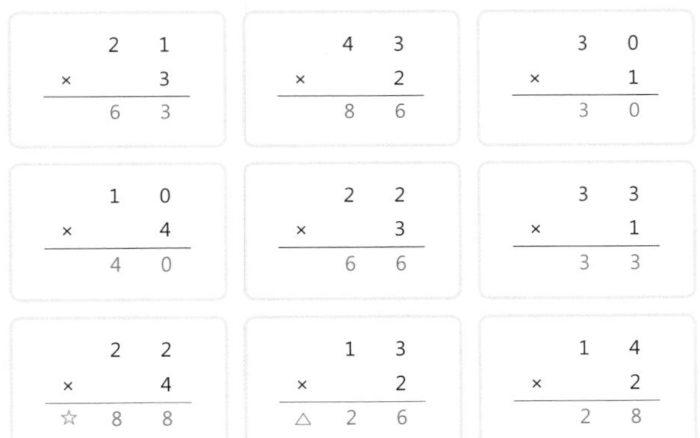

12차시 p. 92

◈ 도입

1. 30, 30, 4, 120
2. 덧셈이나 곱셈으로 구할 수 있다.

3.

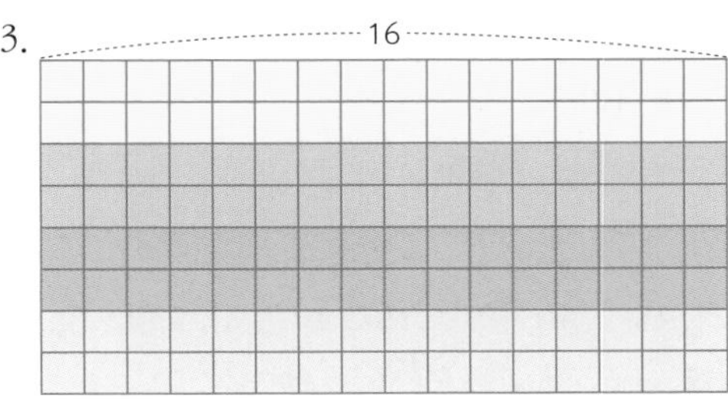

4. 예) 120이라고 어림하였는데 계산 결과가 128이므로 비슷하다.

◈ 활동 1

1. 32×4, 8개, 12개, 128개, 일 모형은 일 모형끼리, 십 모형은 십 모형끼리 계산하여 십 모형이 10개 이상이 되면 백 모형으로 바꾸어 준다.
2. 51×2, 2개, 10개, 102개, 일 모형은 일 모형끼리, 십 모형은 십 모형끼리 계산하여 십 모형이 10개 이상이 되면 백 모형으로 바꾸어 준다.

◈ 활동 2

2. 8, 248/ 6, 186/ 8, 168/ 126/ 108

◈ 활동 3

1. 2, 104/ 3, 123
2. 100, 129, 248, 108
3. 5, 105/ 8, 128/ 126/ 159/ 248/ 426

13차시 p. 98

◈ 도입

1. 10, 10, 3, 30
2. 덧셈이나 곱셈으로 구할 수 있다.

3.

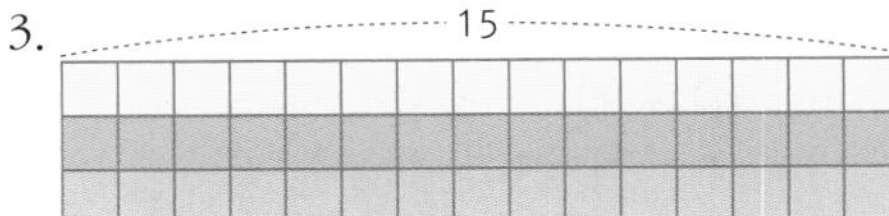

4. 예) 30이라고 어림하였는데 계산 결과가 45이므로 조금 차이가 난다.

◈ 활동 1

1. 15×3, 3개, 15개, 10이 넘으므로 10은 십 모형으로 보낸다, 45개
2. 15×5, 5개, 25개, 20은 십 모형으로 보낸다, 75개

◈ 활동 2

2. 8, 68/ 7, [2], 87/ [1], 6, [1], 96/ [3], 72/ 80

◈ 활동 3

1. 3, 45/ 3, 72
2. 85, 78, 76, 90
3. 4, 64/ [1], 0, [1], 30/ [2], 81/ [1], 72/ 92/ 84

14차시 p. 104

◈ 도입

1. 40, 40, 4, 160
2. 덧셈이나 곱셈으로 구할 수 있다.
3. 36+36+36+36=144
4. 예) 160개 정도로 어림하였는데 계산 결과가 144이므로 조금 차이가 난다.

◈ 활동 1

1. 36×4, 12개, 24개, 144개, 일 모형은 일 모형끼리 십 모형은 십 모형끼리 계산하여 올림이 있는 경우 다음 자리로 올림하여 계산한다.
2. 36×3, 9개, 18개, 108개, 일 모형은 일 모형끼리 십 모형은 십 모형끼리 계산하여 올림이 있는 경우 다음 자리로 올림하여 계산한다.

◈ 활동 2

2. 8, 108/ 4, 434/ [1], 8, [1], 318/ [3], 135/ 184

◈ 활동 3

1. 2, 110/ 3, 108
2. 434, 318, 135, 188
3. 5, 115/ [2], 8, [2], 148/ [1], 138/ [1], 116/ [1], 315/ 474

15차시 p. 111

◈ 도입

1. 200, 200, 3, 600
2. 약 200권으로 책장이 3개 있으므로 600권이 좀 넘을 것 같다.
3. 231, 231, 693
4. 90권 정도 차이가 난다. 십의 자리까지 어림하면 차이가 적을 것 같다.

◈ 활동 1

1. 231×3, 6개, 9개, 3개, 693권, 231×3=693
2. 약 300권, 123×3, 3개, 6개, 9개, 369권, 백의 자리값까지는 같다. 백, 십, 일의 자리와 곱하는 수를 각각 곱하여 자리 수에 맞게 쓴다.

◈ 활동 2

3. 6, 36, 636/ 6, 46, 846/ 642/ 532/ 248
4. 484, 3 0 4 × 2 = [600] + [0] + [8]

   [8] = [608]

   [0]

   [600]

   339, 448

◈ 활동 3

1. 3, 366/ 241×2=482
2. 6, 36, 936/ 406/ 882/ 246
3. 284, 3 0 4 × 2 = 600 + 0 + 8
   8 = 608
   0
   600
4. 662, 369
5. <

16차시 p. 119

◈ 도입

1. 덧셈식: 318+318+318
   곱셈식: 318×3
2. 약 900개
3. 1) 300, 300, 3, 900
   2) 320, 320, 3, 960

◈ 활동 1

1. 318×3/ 9개, 900/ 3개, 30/ 24개, 24/ 900, 30, 24, 954, 비슷하다 등
2. 225×2/ 200, 200, 2, 400/ 4개, 400/ 4개, 40/ 10개, 10/ 400, 40, 10, 450, 비슷하다 등

◈ 활동 2

3. 5, 35/ [2], 8, [2], 28, [2], 828/ [1], 256/ [1], 675/ 942
4. 492,

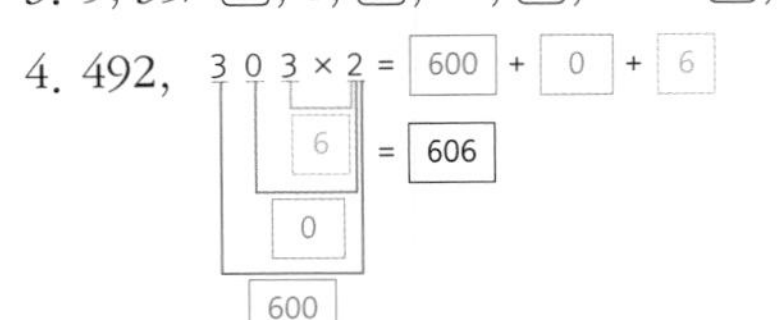

342, 864

◈ 활동 3

1. 3, 372/ 245×2=490
2. [1], 2, [1], 72, [1], 972/ 412/ 890/ 654
3. 860, 1 0 4 × 5 = 500 + 0 + 20
   20 = 520
   0
   500
4. 272, 384
5. >

17차시 p. 127

◈ 도입

1. 덧셈식: 162+162
   곱셈식: 162×2
2. 약 400개
3. 1) 200, 200, 2, 400
   2) 150, 150, 2, 300 등

◈ 활동 1

1. 162×2/ 2개, 200/ 12개, 120/ 4개, 4/ 200, 120, 4, 324/ 비슷하다 등

◈ 활동 2

1. 412×3/ 400, 400, 3, 1200/ 12개, 1200/ 3개, 30/ 6개, 6/ 1200, 30, 6, 1236, 비슷하다 등

◈ 활동 3

1. 442×3/ 400, 400, 3, 1200/ 12개, 1200/ 12개, 120/ 6개, 6/ 1200, 120, 6, 1326, 비슷하다 등

◈ 활동 4

5. 9, 89, 489/ 6, 56, [1], 1356/ [1], 528/ [2], 2387/ 2368

6. 1664, 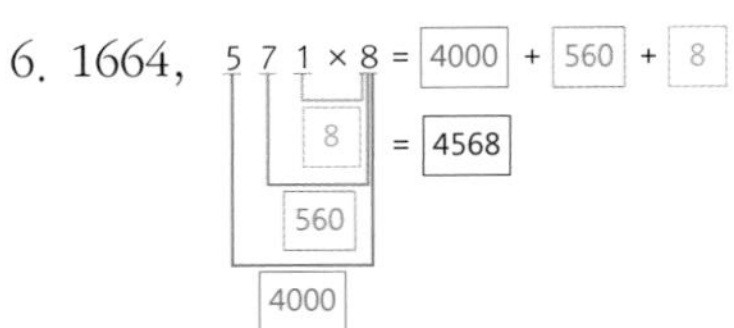

1449, 506

◈ 활동 5

1. 3, 426/ 534×2=1068
2. 6, [1], 26, [1], 1026/ [1], 908/ [1], 1386/ [1], 2457
3. 1008, 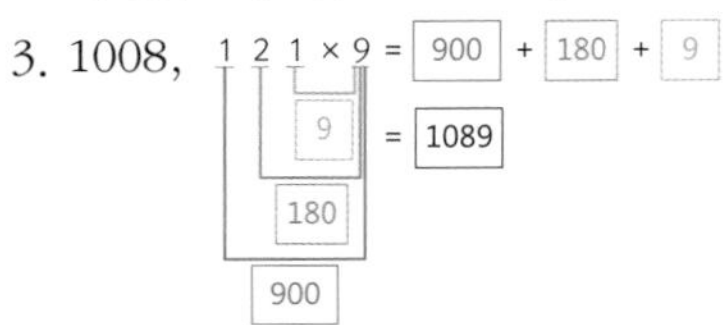

4. 786, 1026
5. 1617+1023=2640
6. <

◈ 놀이 활동

- 틀린 부분은?
  십의 자리에서 올림한 수 3을 더하지 않고 14라고 썼다.
- 바르게 계산하면?

	3		
	2	5	1
×			7
1	4	5	7

→

	3		
	2	5	1
×			7
1	7	5	7

- 틀린 부분은?
  십의 자리에서 올림한 수를 아래에 그대로 쓰고 백의 자리 수의 곱셈을 하였다.
- 바르게 계산하면?

	3	4	2
×			3
9	1	2	6

→

	3	4	2
×			3
1	0	2	6

- 틀린 부분은?
  백의 자리 수와의 곱이 틀렸다.
- 바르게 계산하면?

	2		
	6	5	2
×			4
3	2	0	8

→

	2		
	6	5	2
×			4
2	6	0	8

18차시 p. 138

◈ 도입

1. 20×30
2. 예) 600
3. 예) 20 곱하기 3은 60이므로 20 곱하기 30은 600이다.

◈ 활동 1

1. 20×30/ 20×3×10=60×10=600/
   20×30=20×3×10=60×10=600/ 같다.

◈ 활동 2

1. 20×3×10=60×10=600
5. (좌우방향으로) 3600, 1000, 1200, 4800
6. 120, 1200

◈ 활동 3

1. 13×20/ 약 200개/
   13×2×10=26×10=260/
   13×10×2=130×2=260/ 순서를 달리하여 곱하여도 계산 결과가 같다.

◈ 활동 4

1. 13×2×10   13×10×2
   =26×10   =130×2
   =260   =260
5. 880, 900, 640, 3300

6. 45, 450

◈ 활동 5

1. 1) 12×20, 2) 200개, 3) 12×2×10＝24×10＝240
2. 1) 12, 2) 72, 3) 15, 4) 20
3. 1) 1200, 2) 5600, 3) 620, 4) 960, 5) 860, 6) 3100
4. 64, 640
5. >

19차시 p. 149

◈ 도입

1. 4×17
2. 예) 80
3. 예) 20, 20, 4, 80

◈ 활동 1

1. 파란색: 4×10 분홍색: 4×7/ 40/ 28/ 40＋28＝68/ 계산한 값은 어림한 값보다 작다.

◈ 활동 2

1)

		6	
×	1	5	
	3	0	··· 6×5
	6	0	··· 6×10
	9	0	

2)

		8
	× 2	3
	2	4
1	6	0
1	8	4

3) 2

		4
×	3	7
1	4	8

4) 1

		5
×	4	3
2	1	5

◈ 활동 3

1. 파란색 모눈의 수: 8×10＝80
   분홍색 모눈의 수: 8×2＝16
   80＋16＝96

2.

1)

		9	
×	4	7	
	6	3	··· 9×7
3	6	0	··· 9×40
4	2	3	

2)

		6
×	5	3
	1	8
3	0	0
3	1	8

3) 3

		5
×	7	7
3	8	5

4) 2

		8
×	2	3
1	8	4

5) 266　　6) 130

3. 같습니다

20차시 p. 155

◈ 도입

1. 18×14
2. 예) 280
3. 예) 20, 20, 14, 280

◈ 활동 1

1.

18
10
4
18 × 10
18 × 4

180/ 72/

18×14＝(18×4)＋(18×10)＝72＋180＝252/

계산한 값이 어림한 값보다 조금 크다.

◈ 활동 2

2.

1) 1

	1	2	
×	1	5	
	6	0	··· 12×5
1	2	0	··· 12×10
1	8	0	

2) 1

	1	3
×	2	4
	5	2
2	6	0
3	1	2

3)

	1	4
×	3	2
	2	8
4	2	0
4	4	8

4)

		4	3
	×	2	5
	2	1	5
	8	6	0
1	0	7	5

◈ 활동 3

1. 34+170=204

2.

1)

	1		
	2	3	
×	1	5	
1	1	5	… 23×5
2	3	0	… 23×10
3	4	5	

2)

	1	
	1	4
×	1	3
	4	2
1	4	0
1	8	2

3)

	4	5
×	1	2
	9	0
4	5	0
5	4	0

4)

	3	2
×	1	4
1	2	8
3	2	0
4	4	8

5) 882 6) 713

◈ 놀이 활동

- 틀린 부분은?
  1과 4를 곱한 후 일의 자리에서 올림한 2를 더하지 않았다.
- 바르게 계산하면?

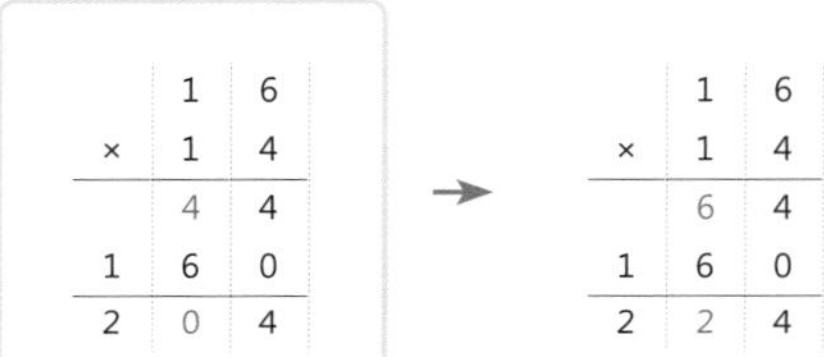

	1	6
×	1	4
	4	4
1	6	0
2	0	4

→

	1	6
×	1	4
	6	4
1	6	0
2	2	4

- 틀린 부분은?
  23과 10의 곱한 값의 자리를 잘못 썼다.
- 바르게 계산하면?

	1	
	2	3
×	1	5
1	1	5
	2	3
1	3	8

→

	1	
	2	3
×	1	5
1	1	5
2	3	
3	4	5

- 틀린 부분은?
  7과 3의 곱에서 2를 올림하지 않고 아래에 그대로 썼다.
- 바르게 계산하면?

	2	7
×	1	3
6	2	1
2	7	0
8	9	1

→

	2	7
×	1	3
	8	1
2	7	0
3	5	1

21차시 p. 161

◈ 도입

1. 53×29
2. 예) 1500
3. 예) 50, 30, 50, 30, 1500

◈ 활동 1

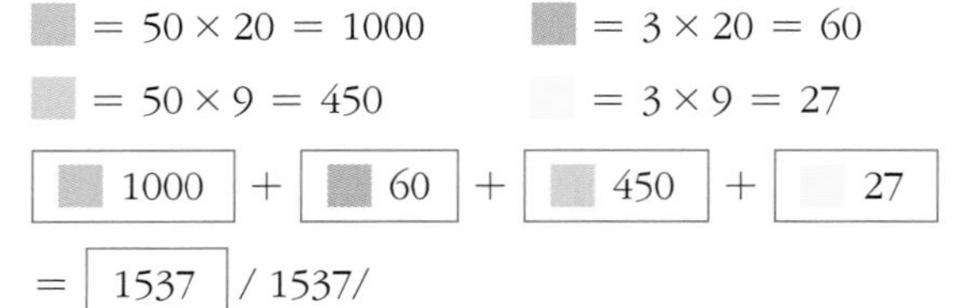

계산한 값이 어림한 값보다 조금 크다.

◈ 활동 2

2. 9, 2

3.

1)

	1	2		
		5	7	
	×	2	3	
	1	7	1	… 57×3
1	1	4	0	… 57×20
1	3	1	1	

2)

	1	1	
		4	6
	×	3	2
		9	2
1	3	8	0
1	4	7	2

3)

	3	3	
		7	5
	×	7	6
	4	5	0
5	2	5	0
5	7	0	0

◈ 활동 3

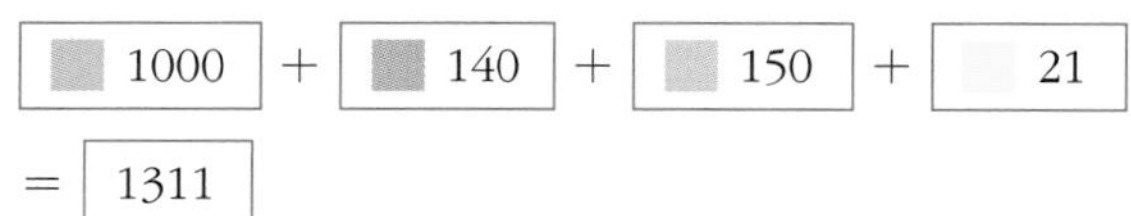

2.

1)

	1	1		
		5	6	
	×	3	2	
	1	1	2	… 56×2
1	6	8	0	… 56×30
1	7	9	2	

2)

		2	
		8	4
	×	2	6
	5	0	4
1	6	8	0
2	1	8	4

3)

		2	5
	×	6	4
	1	0	0
1	5	0	0
1	6	0	0

4) 1537 5) 4085

3.

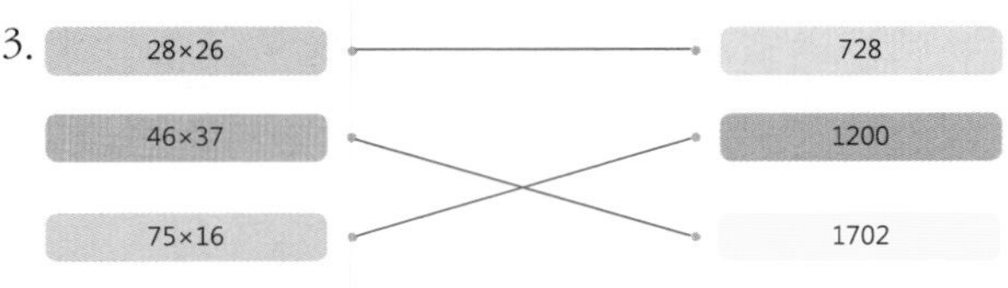

4. >

4 단계

1차시 p. 174

◈ 도입

- 2
- 2
- 4÷2=2

◈ 활동 1

3, 4, 5, 6, 7, 8, 9

- 1
- 나눗셈식(÷2)을 이용해요.

◈ 활동 2

몫

- 4, 몫, 나누어지는 수
- 5, 몫, 나누어지는 수, 나누는 수
- 6, 몫, 나누어지는 수, 나누는 수
- 7, 몫, 나누어지는 수, 나누는 수
- 8, 8, 16, 2
- 9, 9, 18, 2

◈ 활동 3

2, 5, 4, 4, 3, 6, 2, 3

◈ 활동 4

1. | ○○ | ○○ | ○○ |

   2, 2

2. | ○○○ | ○○○ | ○○○ | ○○○ |

   3, 4, 3

3.

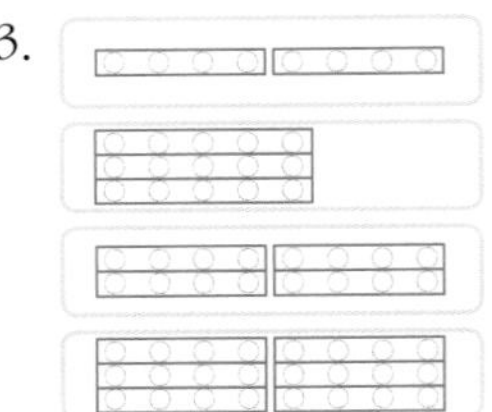

2차시 p. 181

◈ 도입

- 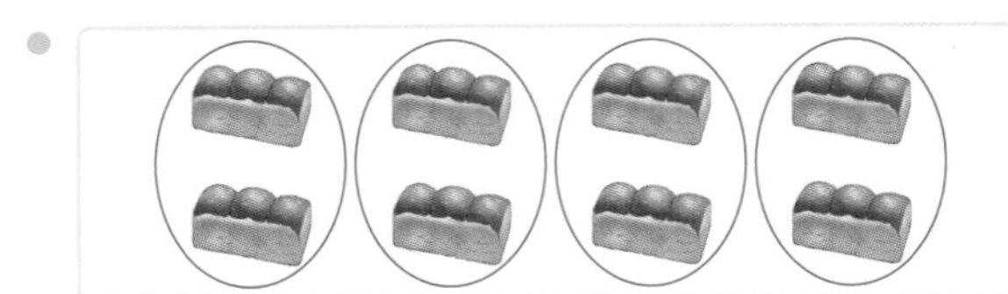
- 4
- 4
- 8÷2=4

◈ 활동 1

4, 5, 6, 7, 8, 9

- 1
- 나눗셈식(÷2)을 이용해요.

◈ 활동 2

- 4
- 5
- 6, 6
- 7, 7
- 8, 8
- 9, 9

◈ 활동 3

1. 2, 2/ 5, 2/ 4, 3/ 2, 7/ 3, 5/ 4, 2/
   8, 2/ 7, 3

◈ 활동 4

1. 6, 6
2. 2, 2, 2, 2, 2, 0, 5, 10, 2, 5
3. 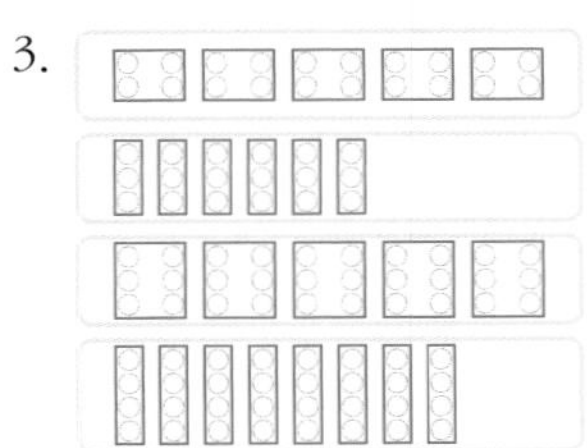

◈ 놀이 활동

나누어지는 수	나누는 수 (묶어 세기)	몫	나눗셈식
12	2	6	12 ÷ 2 = 6
	3	4	12 ÷ 3 = 4
	4	3	12 ÷ 4 = 3
	6	2	12 ÷ 6 = 2
15	3	5	15 ÷ 3 = 5
	5	3	15 ÷ 5 = 3
18	2	9	18 ÷ 2 = 9
	3	6	18 ÷ 3 = 6
	6	3	18 ÷ 6 = 3
	9	2	18 ÷ 9 = 2
20	2	10	20 ÷ 2 = 10
	4	5	20 ÷ 4 = 5
	5	4	20 ÷ 5 = 4
	10	2	20 ÷ 10 = 2

3차시 p. 188

◈ 도입

- 2, 3, 6
- 6, 3, 2
- 반대인 것 같아요.

◈ 활동 1

3, 4
- 2개씩 1묶음이면 모두 2개입니다.
- 2개씩 2묶음이면 모두 4개입니다.
- 2개씩 3묶음이면 모두 6개입니다.
- 2개씩 4묶음이면 모두 8개입니다.

3, 4
- 2개를 2개씩 묶으면 1묶음이 됩니다.
- 4개를 2개씩 묶으면 2묶음이 됩니다.
- 6개를 2개씩 묶으면 3묶음이 됩니다.
- 8개를 2개씩 묶으면 4묶음이 됩니다.

◈ 활동 2

- 6, 12
  2, 6
- 6, 12
  6, 2

◈ 활동 3

1. 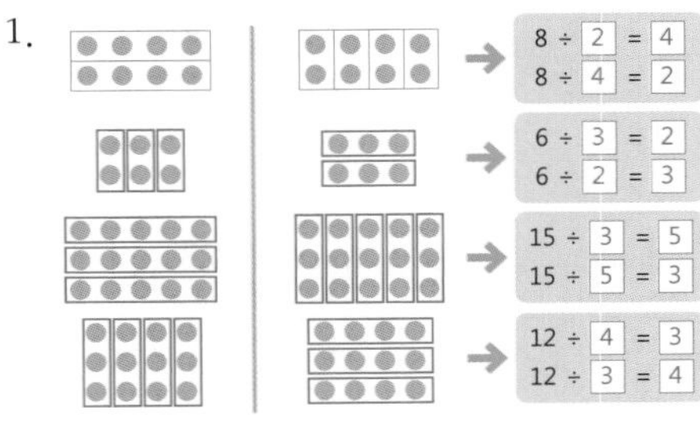

2. 3 × 3 = 9
   1 × 9 = 9
   9 × 1 = 9

   2 × 2 = 4
   4 × 1 = 4
   1 × 4 = 4

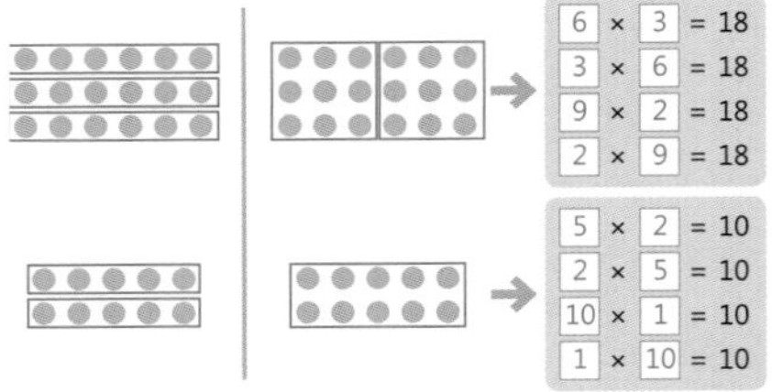

◈ 활동 4

1. (1) 4, 24, 24
   (2) 24, 6, 4, 4
   (3) 24, 4, 6, 6
2. 4, 5, 20
   5, 4, 20
   10, 2, 5
   10, 5, 2
   3, 9, 27
   9, 3, 27
   6, 8, 6, 8
   8, 6, 8, 6

◈ 놀이 활동

곱셈식	나눗셈식
2×6=12, 6×2=12	12÷2=6, 12÷6=2
4×3=12, 3×4=12	12÷4=3, 12÷3=4
2×9=18, 9×2=18	18÷2=9, 18÷9=2
3×6=18, 6×3=18	18÷3=6, 18÷6=3
2×8=16, 8×2=16	16÷2=8, 16÷8=2
4×4=16	16÷4=4
3×8=24, 8×3=24	24÷3=8, 24÷8=3
4×6=24, 6×4=24	24÷4=6, 24÷6=4
2×12=24, 12×2=24	24÷2=12, 24÷12=2

4차시 p. 194

◈ 도입

- 5
- 3

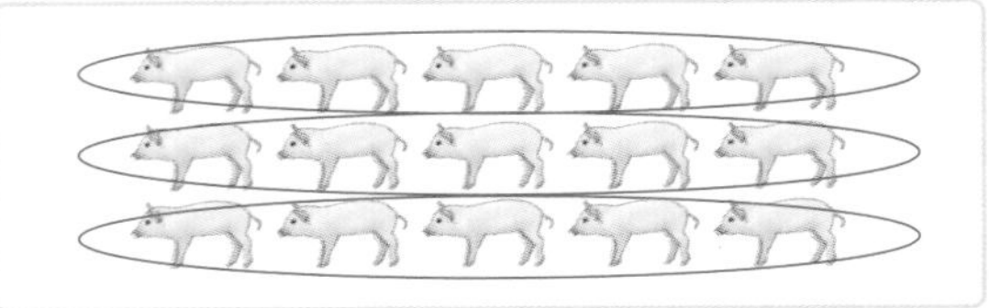

- 반대인 것 같아요.

◈ 활동 1

- 3
- 3, 3
- 5, 5

◈ 활동 2

- 3, 3, 3
- 5, 5, 5

◈ 활동 3

1. 2, 2
   4, 8
   2, 2
   4, 16
2.

세로식	곱셈식	몫
6)18 → 3	6 × 3 = 18	3
7)28 → 4	7 × 4 = 28	4
8)40 → 5	8 × 5 = 40	5
9)54 → 6	9 × 6 = 54	6
5)35 → 7	5 × 7 = 35	7

◈ 활동 4

1. 4×7=28,   5×8=40,   8×7=56,   (8×6=48)

2.
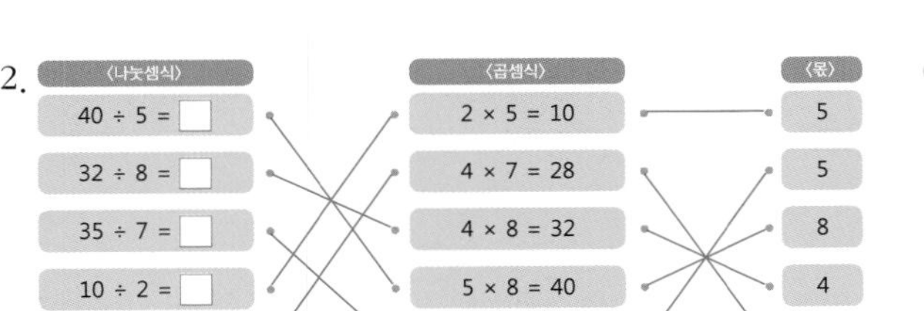

3. 3, 6
6, 18
6

◈ 놀이 활동

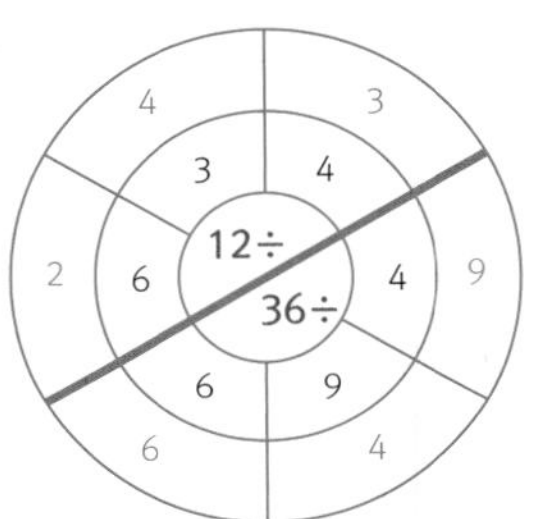

5차시 p. 200

◈ 도입

3, 3
5, 5

◈ 활동 1

그린 횟수	● 2개씩 그리기	곱셈구구식	나눗셈식
1	●●	2 × 1 = 2	2 ÷ 2 = 1
2	●●●●	2 × 2 = 4	4 ÷ 2 = 2
3	●●●●●●	2 × 3 = 6	6 ÷ 2 = 3
4	●●●●●●●●	2 × 4 = 8	8 ÷ 2 = 4
5	●●●●●●●●●●	2 × 5 = 10	10 ÷ 2 = 5
6	●●●●●●●●●●●●	2 × 6 = 12	12 ÷ 2 = 6
7	●●●●●●●●●●●●●●	2 × 7 = 14	14 ÷ 2 = 7
8	●●●●●●●●●●●●●●●●	2 × 8 = 16	16 ÷ 2 = 8
9	●●●●●●●●●●●●●●●●●●	2 × 9 = 18	18 ÷ 2 = 9

- 1, 9
  4, 8
  3, 2
  6, 7
  5

◈ 활동 2

- 3~9의 단 공통: 1, 1
  2, 2
  3, 3
  4, 4
  5, 5
  6, 6
  7, 7
  8, 8
  9, 9

◈ 활동 3

1. 4, 4
   4, 3
   7, 9
   7, 6
   5, 9
   7, 8
   7, 9
2. 5, 8
   6, 6
   3, 4
   6, 8

◈ 활동 4

1. 12, 4
   25, 5
   27, 9

35, 5

36, 4

2. ÷, ×

÷, ÷

×, ×

3. 왼쪽 (시계방향) 8, 4, 2, 4

오른쪽 (시계방향) 6, 2, 1, 9

◈ 놀이 활동

● 너는 항상 최고야!

6차시 p. 207

◈ 도입

● 80÷4

◈ 활동 1

20, 20, 네

◈ 활동 2

1. 8개, 2개, 20

2. 20

4.
```
     3 0         1 0         3 0
  2)6 0       4)4 0       3)9 0
    6 0         4 0         9 0
      0           0           0
```

10, 40

◈ 활동 3

1. 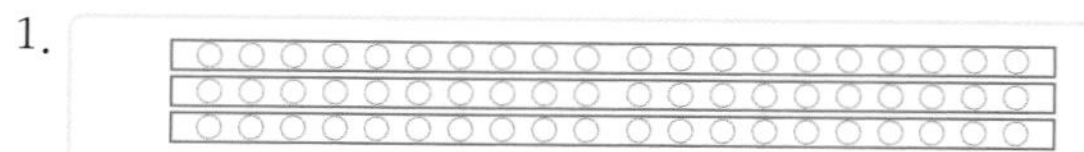

20

2. 3

3. 4, 40

4.
```
     2 0         1 0         2 0
  4)8 0       6)6 0       2)4 0
    8 0         6 0         4 0
      0           0           0
```

◈ 놀이 활동

60 ÷ 3 = 20	20 ÷ 5 = 4	40 ÷ 8 = 5
30 ÷ 3 = 10	40 ÷ 2 = 20	90 ÷ 3 = 30
50 ÷ 5 = 10	80 ÷ 4 = 20	70 ÷ 7 = 10
80 ÷ 2 = 40	60 ÷ 2 = 30	90 ÷ 9 = 10

7차시 p. 213

◈ 도입

● 80÷5

◈ 활동 1

16, 16

◈ 활동 2

1. 80개, 16개, 16

3.
```
     1 5         2 5         3 5
  4)6 0       2)5 0       2)7 0
    4 0         4 0         6 0
    2 0         1 0         1 0
    2 0         1 0         1 0
      0           0           0
```

15, 15

◈ 활동 3

1. 25, 60÷4=15

2.

```
  1 2
5)6 0
  5 0
  1 0
  1 0
    0
```

```
  4 5
2)9 0
  8 0
  1 0
  1 0
    0
```

```
  1 4
5)7 0
  5 0
  2 0
  2 0
    0
```

◈ 놀이 활동

암호문: 자가용의 반대말은?

정답: 커용

8차시 p. 219

◈ 도입

- 36÷3

◈ 활동 1

12, 12

◈ 활동 2

1. 1, 2

3.

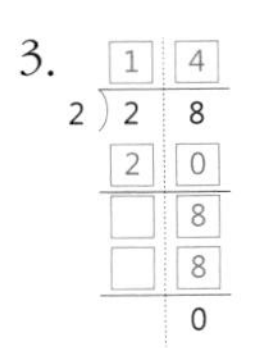

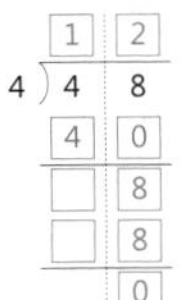

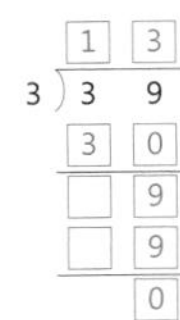

11, 13

◈ 활동 3

1. 23, 22÷2=11

2.

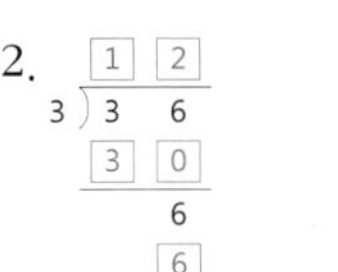

```
  2 1
4)8 4
  8 0
    4
    4
    0
```

11, 21

3.

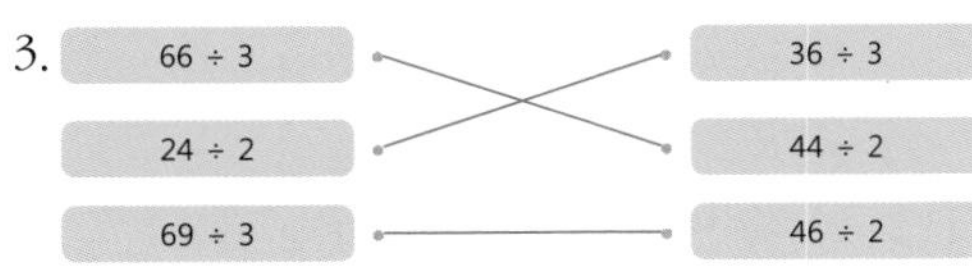

4.

```
  2 3
3)6 9
  6 0
    9
    9
    0
```

```
  2 4
2)4 8
  4 0
    8
    8
    0
```

```
  3 2
3)9 6
  9 0
    6
    6
    0
```

◈ 놀이 활동

66 ÷ 6 = 11	63 ÷ 3 = 21	96 ÷ 3 = 32
24 ÷ 2 = 21	36 ÷ 3 = 12	48 ÷ 4 = 12
93 ÷ 3 = 31	44 ÷ 4 = 11	39 ÷ 3 = 3
84 ÷ 4 = 21	88 ÷ 4 = 22	68 ÷ 2 = 34

9차시 p. 226

◈ 도입

- 48÷3

◈ 활동 1

16, 16

◈ 활동 2

2.

```
   4 [7]            2 [5]
2)9  4           3)7  5
 [8] 0 ⇨ 2×[40]   [6] 0 ⇨ 3×[20]
  1  4             1  5
 [1][4] ⇨ 2×[7]   [1][5] ⇨ 3×[5]
    [0]              [0]
```

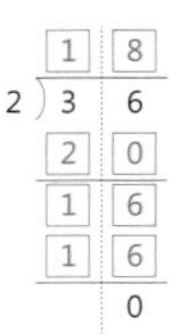

```
  [1][8]          [1][3]
2)3  6          4)5  2
 [2][0]          [4][0]
 [1][6]          [1][2]
 [1][6]          [1][2]
     0              [0]
```

15, 19

◈ 활동 3

1. 17, 42÷3=14

2.

```
   2 [7]            2 [3]
2)5  4           4)9  2
 [4] 0 ⇨ 2×[20]   [8] 0 ⇨ 4×[20]
  1  4             1  2
 [1][4] ⇨ 2×[7]   [1][2] ⇨ 4×[3]
    [0]              [0]
```

3. 혁수

4.

```
  [1][6]          [1][5]
3)4  8          5)7  5
 [3][0]          [5][0]
 [1][8]          [2][5]
 [1][8]          [2][5]
     0               0
```

10차시 p. 233

◈ 도입

● 17÷3

◈ 활동 1

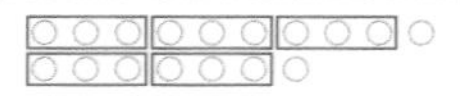

5묶음, 2개, 5사람에게 나누어 주고 2개가 남습니다.

◈ 활동 2

2. 몫 4, 나머지 1

3. 4⋯1, 9⋯2

```
     [5]           [8]
8)4  2         7)5  9
 [4][0]         [5][6]
    [2]            [3]
```

◈ 활동 3

1. 3⋯2, 25÷3=8⋯1

2.

```
                     5  ⇦ [몫]
[나누는 수] ⇨ 3)1  7  ⇦ [나누어지는 수]
                1  5
                   2  ⇦ [나머지]
```

3. 9⋯1, 8⋯2

4.

```
     [5]           [6]
8)4  4         7)4  8
 [4][0]         [4][2]
    [4]            [6]
```

5. 47÷8

◈ 놀이 활동

13 ÷ 3	27 ÷ 5	35 ÷ 4
1. = [4] ⋯ [1]	2. = [5] ⋯ [2]	3. = [8] ⋯ [3]
17 ÷ 2	62 ÷ 7	46 ÷ 5
4. = [8] ⋯ [1]	5. = [8] ⋯ [6]	6. = [9] ⋯ [1]
83 ÷ 9	59 ÷ 6	68 ÷ 8
7. = [9] ⋯ [2]	8. = [9] ⋯ [5]	9. = [8] ⋯ [4]

11차시 p. 240

◈ 도입

● 54÷4

◈ 활동 1

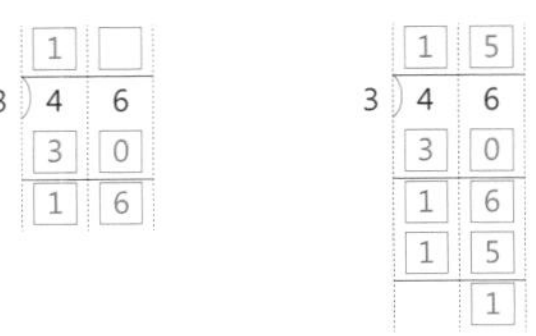

13개, 2개, 13, 2

◈ 활동 2

	1	
3)	4	6
	3	0
	1	6

	1	5
3)	4	6
	3	0
	1	6
	1	5
		1

18⋯2, 13⋯3, 12⋯4

◈ 활동 3

1. 15⋯1, 44÷3＝14⋯2

2.

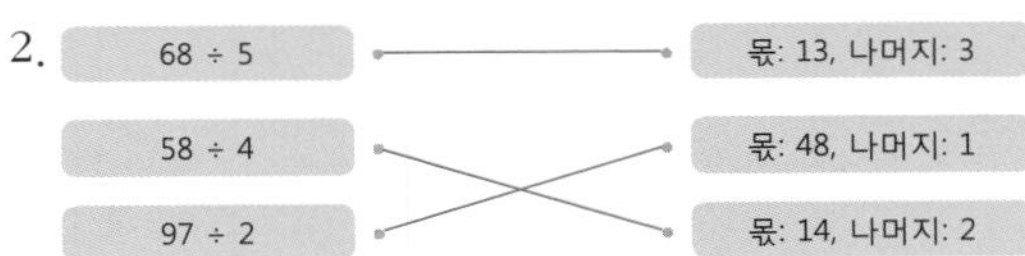

3. 8, 1, 1, 1

4.

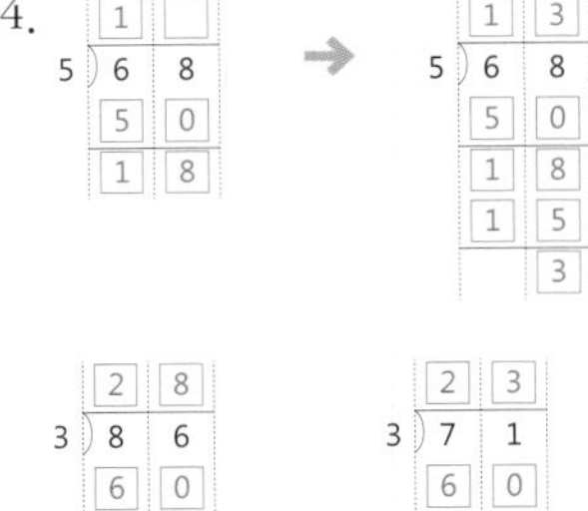

	1	3
5)	6	8
	5	0
	1	8
	1	5
		3

	2	8
3)	8	6
	6	0
	2	6
	2	4
		2

	2	3
3)	7	1
	6	0
	1	1
		9
		2

◈ 놀이 활동

	1	7
3)	5	2
	3	
	2	2
	2	1
		1

	1	6
4)	6	7
	4	
	2	7
	2	4
		3

	1	5
5)	7	9
	5	
	2	9
	2	5
		4

12차시 p. 247

◈ 도입

- 예)

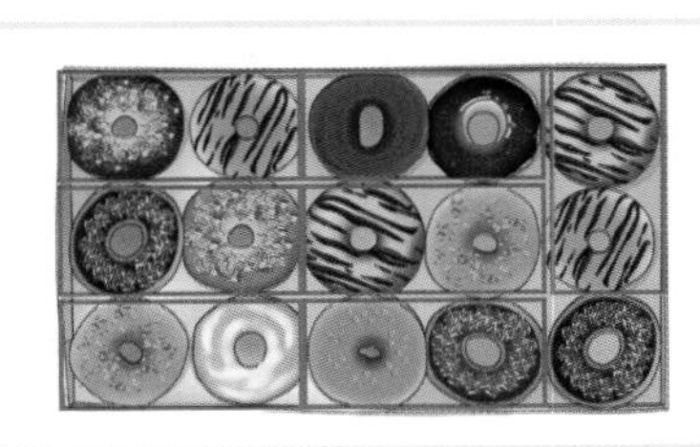

- 7, 1
- 7⋯1
- 예) 나누는 수와 몫의 곱에 나머지를 더하면 나누어지는 수가 됩니다.

◈ 활동 1

6, 2, 6⋯2, 6, 2

◈ 활동 2

1. 18, 1, 37, 올바릅니다.

2.

		7
4	2	9
	2	8
		1

4 × 7 + 1 = 29

	1	7
3	5	2
	3	0
	2	2
	2	1
		1

3 × 17 + 1 = 52

◈ 활동 3

1. 몫, 나머지
2. 12···1, 12, 1
3.

		9
8	7	4
	7	2
		2

8 × 9 + 2 = 74

	1	2
5	6	3
	5	0
	1	3
	1	0
		3

5 × 12 + 3 = 63

◈ 놀이 활동

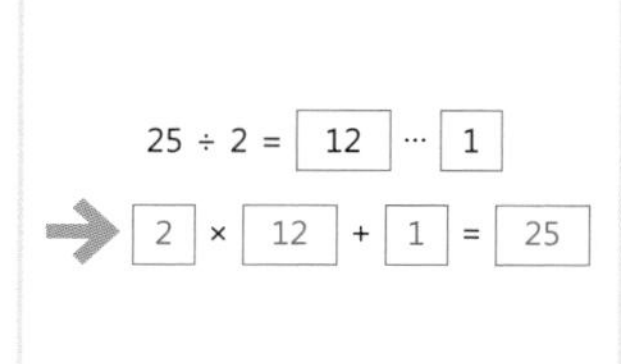

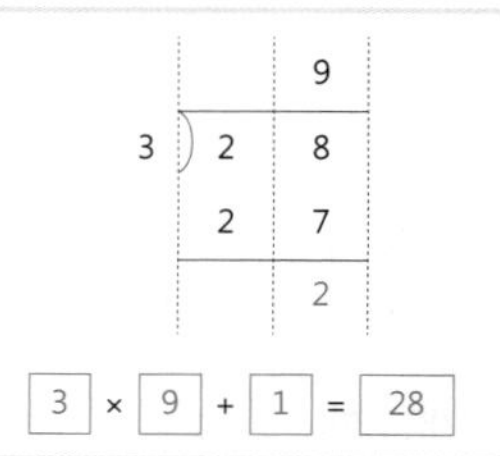

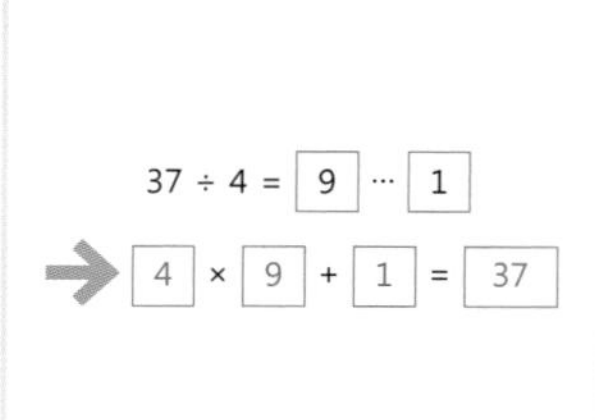

	1	2
5	6	3
	5	
	1	3
	1	0
		3

5 × 12 + 3 = 63

부록

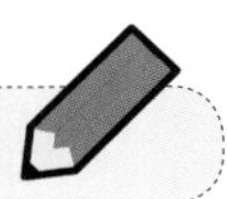

[3단계-3차시] p. 38

[2, 3, 5단 곱셈 카드] 잘라서 사용하세요.

2 × 1 =	3 × 1 =	5 × 1 =
2 × 2 =	3 × 2 =	5 × 2 =
2 × 3 =	3 × 3 =	5 × 3 =
2 × 4 =	3 × 4 =	5 × 4 =
2 × 5 =	3 × 5 =	5 × 5 =
2 × 6 =	3 × 6 =	5 × 6 =
2 × 7 =	3 × 7 =	5 × 7 =
2 × 8 =	3 × 8 =	5 × 8 =
2 × 9 =	3 × 9 =	5 × 9 =

[놀이판]

누가 누가 빨리 찾나?

곱셈 카드를 선택해서 문제를 읽고/듣고 답을 빨리 찾아 "찾았다" 외친 후 그 숫자에 나만의 표시를 합니다.

34
44 17 7
31 29
3 21
19 20
12 36
38 25 14
13 42
6 30 39
10 40 26
22 18
1 45
35 27
8 2 15
28 41
16 37 4
11 23
24 33
5
43 32 9

[놀이판]

누가 누가 빨리 찾나?

곱셈 카드를 선택해서 문제를 읽고/듣고 답을 빨리 찾아 "찾았다" 외친 후 그 숫자에 나만의 표시를 합니다.

34

44 17 7

31 29

3 21

19 20

12 36

38 25 14

13 42

6 30 39

10 40 26

22 18

1 45

35 27

8 2 15

28 41

16 37 4

11 23

24 33

5

43 32 9

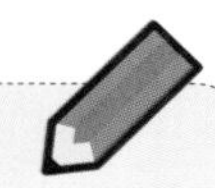

[3단계-4차시] p. 44

[3의 단 수 카드]

3	6	9
12	15	18
21	24	27

[3단계-9차시] p. 79

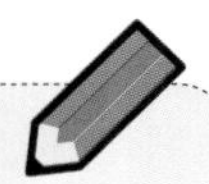

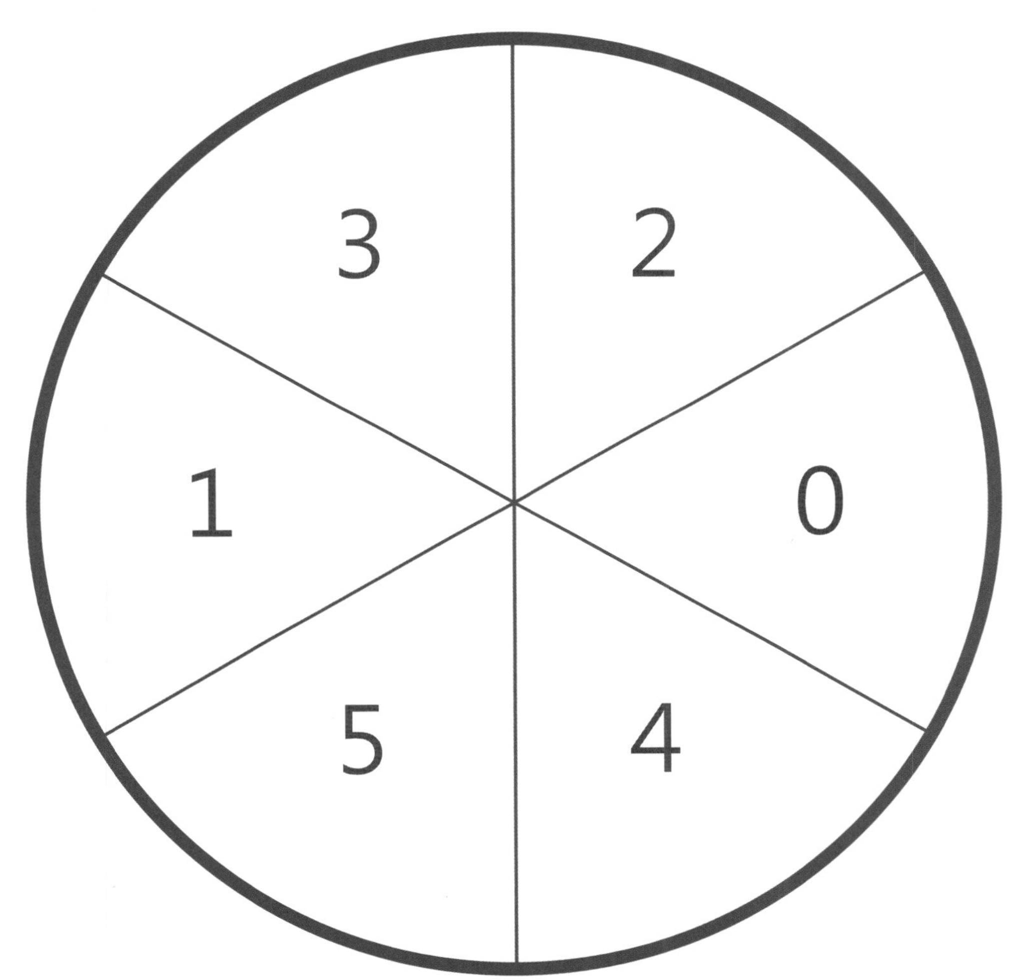

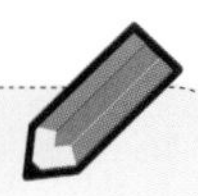

[3단계-16차시] p. 126

[교사 제시 문제]

225 × 2	114 × 4
318 × 3	215 × 4
127 × 3	428 × 2
216 × 4	309 × 2

[4단계-8차시] p. 225

[나눗셈식 카드] 잘라서 사용하세요.

66 ÷ 6	63 ÷ 3	96 ÷ 3
24 ÷ 2	36 ÷ 3	48 ÷ 4
93 ÷ 3	44 ÷ 4	39 ÷ 3
84 ÷ 4	88 ÷ 4	68 ÷ 2

저자 소개

김동일(Kim, Dongil)

서울대학교 사범대학 교육학과 교육상담전공 교수 및 대학원 특수교육전공 주임교수, 서울대학교 대학생활문화원 원장, 장애학생지원센터 상담교수, 서울대학교 특수교육연구소 소장으로 재직하고 있다. 서울대학교 교육학과를 졸업하고, 교육부 국비유학생으로 도미하여 미네소타 대학교 교육심리학과에서 석사 · 박사학위를 취득하였다.

Developmental Studies Center, Research Associate, 한국청소년상담원 상담교수, 경인교육대학교 교육학과 교수, 한국학습장애학회 회장, 서울대학교 사범대학 기획실장, 국가 청소년보호위원회 위원, BK21 미래교육디자인연구사업단 단장 등을 역임하였다. 국가 수준의 인터넷중독 척도와 개입연구를 진행하여 정보화역기능예방사업에 대한 공로로 행정안전부 장관표창 및 연구논문 · 저서의 우수성으로 한국상담학회 학술상(2014/2016)과 학지사 저술상(2012)을 수상하였다.

현재 (사)한국교육심리학회 회장, 한국아동청소년상담학회 회장, 여성가족부 학교밖청소년지원위원회(2기) 위원, 국무총리실 사행산업통합감독위원회(중독분과) 민간위원 등으로 봉직하고 있다.

『지능이란무엇인가』『학습장애아동의 이해와 교육』『청소년상담학개론』을 비롯하여 50여 권의 저 · 역서가 있으며, 300여 편의 등재전문 학술논문(SSCI/KCI)을 발표하였고, 기초학습기능 수행평가체제(BASA)를 포함한 30여 개의 표준화 검사를 개발하였다.

2017년 대한민국 교육부와
한국연구재단의 지원을 받아 수행된 연구임
(NRF-2017S1A3A2066303)

연구책임자 김동일(서울대학교 교육학과)

참여연구원 김희주(서울대학교 특수교육연구소)
안예지(서울대학교 특수교육연구소)
김희은(서울대학교 특수교육연구소)
신혜연 Gladys(서울대학교 특수교육연구소)
김은삼(서울대학교 특수교육연구소)
임희진(서울대학교 특수교육연구소)
황지영(서울대학교 특수교육연구소)
이연재(서울대학교 특수교육연구소)
조은정(서울대학교 특수교육연구소)
안제춘(서울대학교 특수교육연구소)
문성은(서울대학교 특수교육연구소)
송푸름(서울대학교 특수교육연구소)
장혜명(서울대학교 특수교육연구소)

BASA와 함께하는
수학능력 증진 개별화 프로그램

수학나침반

❷-❷ 수학 연산편

2020년 7월 25일 1판 1쇄 인쇄
2020년 7월 30일 1판 1쇄 발행

지은이 • 김동일
펴낸이 • 김진환
펴낸곳 • (주) 학지사
04031 서울특별시 마포구 양화로 15길 20 마인드월드빌딩
대표전화 • 02)330-5114 팩스 • 02)324-2345
등록번호 • 제313-2006-000265호

홈페이지 • http://www.hakjisa.co.kr
페이스북 • https://www.facebook.com/hakjisa

ISBN 978-89-997-2127-4 93370

정가 20,000원

이 도서의 국립중앙도서관 출판시도서목록(CIP)은 서지정보유통지원시스템 홈페이지(http://seoji.nl.go.kr)와 국가자료공동목록시스템(http://www.nl.go.kr/kolisnet)에서 이용하실 수 있습니다.
(CIP 제어번호: CIP2020025464)